퀀텀 스테이크

퀀텀 스테이크

안유석 지음

Stake the $1T Quantum Future

'퀀텀 10년'
포지션 선점을 향한
양자 컴퓨팅
투자 가이드

처음북스

1조 달러짜리 큐비트가 불러올 미래

인류의 역사는 정보 처리 능력, 즉 계산 능력의 발전과 함께해 왔다. 주판으로 상업 거래를 기록하고 세금을 걷던 시절부터 계산 방식의 변화는 문명의 구조를 바꾸고 부의 흐름을 새롭게 그려왔다. 20세기에 들어 인류는 진공관으로 최초의 디지털 컴퓨터를 만들었다. 인간의 계산 능력을 기계의 영역으로 확장한 거대한 도약이었다. 이후 트랜지스터와 집적회로가 계산 장치의 크기를 획기적으로 줄이고 성능을 폭발적으로 향상시키며 디지털 혁명을 이끌었다.

현재 인류는 역사상 유례없는 전환점 앞에 서 있다. 유발 하라리 Yuval Noah Harari는 저서 『넥서스』에서 "역사는 정보를 다루는 방식의 혁신을 통해 전개되어 왔다"고 통찰했다. 정보 처리 기술의 발전은 경제 구조를 넘어 인간의 삶과 권력의 본질까지 바꿔왔다. 유발 하라리가 '넥서스Nexus'라 칭한 개념은 인류 문명을 직조해 온 거대한 정보 네트워크 그 자체를 의미한다. 지금 이 네트워크는 외부 세계 분석을 넘어, 생명과 의식이라는 내부 세계까지 해독하고 재설계할 수 있는 전례 없는 힘을 갖기 시작했다. 이 거대한 전환의 중심에는 인공지능AI이 있으며, 양자 컴퓨팅은 이 변화를 가속할 혁명적 기술로 주목받고 있다.

양자 컴퓨팅은 단순한 계산 속도 향상이 아닌 계산 패러다임의 질적 도약이다. 기존 컴퓨터가 한 번에 하나의 길만 갈 수 있는 자동차라면, 양자 컴퓨터는 가능한 모든 경로를 동시에 탐색해 순식간에 목적지에 도달하는 순간 이동 장치에 비유할 수 있다. 이러한 비약적인 정보 처리 능력은 신약 개발, 신소재 설계, 금융 모델링 같은 분야의 난제들을 해결하고, AI를 인간 지능을 넘어서는 차원으로 발전시킬 잠재력을 지니고 있다.

또한 양자 컴퓨팅은 단순한 기술 혁신을 넘어, 인류의 정보 네트워크인 넥서스가 근본적으로 재편되는 시대의 개막을 알린다. 기존 컴퓨터의 속도를 높이는 점진적 개선이 아니라, 고전 물리학 기반의 디지털 논리가 가진 한계를 넘어서는 완전히 새로운 시대다. 양자 컴퓨팅은 양자역학 원리를 동력으로 삼아 새로운 차원을 열 것이며, AI와 양자 컴퓨팅으로 증폭될 넥서스는 생명의 코드를 읽고 쓰는 힘을 인류 또는 비인간 지능에게 부여할 것이다. 이는 앞으로 부와 권력이 어디로 흐를지, 나아가 인류의 미래가 어떻게 재정의될지를 결정하는 핵심 변수가 될 것이다.

양자 컴퓨팅 투자는 단순히 더 빠른 컴퓨터 개발에 돈을 대는 것이 아니다. 이는 인류가 '계산 불가능' 영역으로 여겨온 문제들을 해결할 능력에 투자하는 행위다. 신약 개발을 위한 분자 구조 분석, 금융 시장의 복잡한 위험 요인 예측, 전 세계를 잇는 물류망 최적화와 같은 거대한 난제들이 여기에 포함된다. 다시 말해 양자 컴퓨팅 투자는 속도가 아니라 복잡성을 정복하기 위한 새로운 기술에 투자하는 것이다.

양자 컴퓨팅이 약속하는 경제적 가치는 상상을 초월한다. 세계 주요 컨설팅 회사와 시장 분석 기관들은 앞으로 양자 컴퓨팅이 10년간 창출할 부의 규모에 대해 놀라울 정도로 비슷한 전망을 내놓고 있다. 맥킨지McKinsey & Company는 양자 컴퓨팅 기술이 2035년까지 약 1조 3,000억 달러의 가치를 창출할 것으로 분석했으며, 일부 핵심 산업에서는 파급 효과가 최대 2조 달러에 이를 수 있다고 예측했다. 보스턴 컨설팅 그룹BCG은 2040년까지 양자 컴퓨팅 시장이 4,500억에서 8,500억 달러에 이르는 경제적 가치를 창출할 것으로 전망했다. 또한 이 기술을 뒷받침하는 하드웨어와 소프트웨어 시장도 1,700억 달러 규모로 성장할 것이라고 내다보았다. 양자 기술 분야 전문 플랫폼인 더 퀀텀 인사이더TQI는 2035년까지 누적 가치 창출액이 1조 달러를 넘어설 것으로 추산했다.

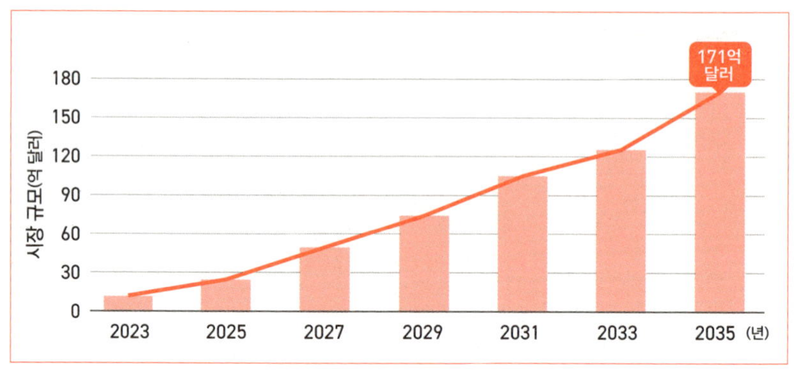

* 자료 출처: 맥킨지, 보스턴 컨설팅 그룹, 퀀텀 인사이더 등 종합 분석(CAGR 30~40%)

이 거대한 기회의 시장에서는 이미 새로운 경쟁 구도가 형성되고 있다. 양자 컴퓨팅 시장의 주도권 싸움은 두 전선에서 벌어진다. 한쪽에는 특정 기술 방식에 모든 것을 걸고 고위험과 고수익을 추구하는 '순수혈통의 개척자들'이 있다. 아이온큐IonQ, 리게티 컴퓨팅Rigetti Computing, 디 웨이브 퀀텀D-Wave Quantum, 퀀텀 컴퓨팅Quantum Computing이 대표적이다. 이들은 서로 다른 물리적 원리, 즉 '큐비트 구현 방식'을 바탕으로 독자적인 로드맵을 따르며 시장을 개척한다. 투자자들은 이들 기업을 통해 양자 하드웨어 개발 성과에 직접 투자할 수 있다.

다른 한쪽에는 막대한 자본과 연구 인력, 그리고 기존 시장 지배력을 바탕으로 생태계 전체를 그려나가는 '기존 거인들'이 있다. 구글, IBM, 마이크로소프트 같은 빅테크 기업들은 자체적으로 양자 컴퓨터를 개발할 뿐 아니라, 대중이 쉽게 이용할 수 있는 플랫폼, 소프트웨어, 클라우드 인프라를 구축하며 시장의 규칙을 세우는 중이다. 퀀티뉴엄Quantinuum이나 엔비디아NVIDIA 같은 다른 산업이나 반도체의 강자들도 자사의 핵심 역량을 활용해 이 경쟁에 뛰어들고 있다.

현재 이들 기업의 경쟁은 양자 컴퓨팅의 기본 단위인 '큐비트qubit'를 단순히 더 많이 만드는 것이 아니다. 양자 컴퓨팅 시장의 주도권 싸움은 어떤 물리적 시스템이 가장 안정적이면서도 확장하기 쉬운 큐비트를 제공할지를 두고 경쟁하는 기술 철학의 대결에 가깝다. 이온 트랩 방식, 초전도 큐비트 방식, 포토닉스(photonics, 광전자) 방식, 양자 어닐링quantum annealing 방식 등 다양한 기술이 각자 장단점을 내세우며 치열하게 경쟁하고 있다.

이 기술 경쟁의 주된 전쟁터는 클라우드다. 서비스형 양자 컴퓨팅Quantum Computing as a Service, QCaaS은 아마존 웹 서비스AWS, 마이크로소프트 애저Microsoft Azure, 구글 클라우드 플랫폼GCP 등 클라우드 서비스 제공업체CSP가 운영하는 클라우드를 통해 제공된다. 클라우드 서비스 제공업체들은 양자 컴퓨팅 기술을 대중화하며, 사용자들은 수백만 달러짜리 양자 컴퓨터를 직접 구매하거나 유지할 필요 없이 클라우드를 통해 시간 단위로 컴퓨팅 자원을 빌려 쓸 수 있다. 또한 클라우드 서비스 제공업체들은 다양한 하드웨어 기술을 한데 모아 중개하며, 하드웨어 개발사가 각자의 기술을 전 세계 고객에게 선보일 필수적인 유통 경로를 제공한다. 이를 통해 시장 흐름을 좌우하는 '킹메이커'로서 강력한 영향력을 행사한다.

이러한 역학 관계는 투자자에게 또 다른 분석거리를 제공한다. 특정 하드웨어 기술의 우수성뿐 아니라 클라우드 생태계에서의 전략적 위치와 파트너십도 기업 가치 평가의 중요한 기준이 되기 때문이다. 클라우드 플랫폼은 신생 하드웨어 기업에게 생명줄과도 같다. 하지만 여러 경쟁 기술을 한곳에 모아 제공함으로써 개별 하드웨어의 독점적 가치를 떨어뜨리고 가격 경쟁을 부추기는 경기장이 될 수도 있다.

지금은 '퀀텀 10년'이라 불리는 시대의 초입이다. 새로운 컴퓨팅 산업의 주춧돌이 놓이고 있으며, 앞으로 10년간 이루어질 기술적·전략적 선택이 미래 시장의 승자와 패자를 결정할 것이다. 이러한 격변기에는 기존의 투자 분석 기준이 힘을 잃는다. 아직 의미 있는 매출이나 이익을 내지 못하는 첨단 기술 기업, 즉 딥테크deep-tech 기업에 주가수익비율PER 같은 전통적인 재무 지표를 적용하는 것은 무의미하다.

그 대신 기술 로드맵의 타당성, 큐비트의 품질을 나타내는 지표, 산업 생태계 내 파트너십, 연구팀의 과학적 신뢰도 등을 종합 평가할 수 있는 새로운 분석 틀이 필요하다. 양자 컴퓨팅 투자는 본질적으로 물리학의 여러 가설에 분산 투자하는 것과 같다. 각 기업은 이온 트랩, 초전도 큐비트, 포토닉스 등 다양한 물리 시스템 중 무엇이 가장 확장성 있고 안정적인 컴퓨팅의 기반이 될지에 대해 서로 다른 답을 내놓고 있다. 따라서 투자자는 단순한 재무 분석가를 넘어서야 한다. 기술의 본질적 장단점을 이해하고, 경쟁하는 과학적 주장들의 타당성을 평가하며, 이 거대한 기술 경쟁의 불확실성을 고려해 투자 포트폴리오를 구성하는 심층 기술 벤처 투자자의 시각이 필요하다.

『퀀텀 스테이크』는 이에 필요한 분석 틀을 제공하고자 집필했다. 이 책은 복잡하고 변동성이 크며 세상을 바꿀 잠재력을 지닌 양자 컴퓨팅이라는 시장을 항해하려는 투자자를 위한 안내서다. 도서명에 쓰인 '스테이크stake'는 이중적 의미를 담고 있다. 새로운 기술에 투자하는 '지분'을 뜻하는 동시에, '미래가 걸려 있다at stake'는 표현처럼 중대한 일의 성패가 달려 있다는 의미도 지닌다. 이는 양자 컴퓨팅이 단순한 새로운 투자처를 넘어 인류의 미래가 걸린 거대한 게임임을 상징한다.

이 책은 시장을 이끄는 주요 기업들이 어떤 기술에 미래를 걸고 있는지 분석하고 그들의 사업 모델을 상세히 살펴본다. 이를 통해 거대한 판이 걸린 게임에서 승리하는 데 필요한 전략적 투자 원칙과 통찰력을 얻을 수 있을 것이다. 양자 컴퓨팅 시장을 이해하는 과정은 쉽지 않다. 하지만 그 끝에는 인류 역사상 가장 중요한 기술 혁명 중 하나에 동참하는 기회가 있다. 이 게임에 걸린 것은 단순한 금전적 수익을 넘어, 인류의 미래를 재편할 막대한 가능성 그 자체다.

안유석

투자자의 분석은 단순한 질문을 넘어서야 한다

지난 수십 년간 인류 문명을 완전히 바꿔놓은 고전 컴퓨터는 구조적 특성 때문에 한계에 다다르고 있다. 고전 컴퓨터의 기본 단위는 비트다. 비트는 0 또는 1이라는 두 가지 상태 중 하나만 가질 수 있다. 즉 양자 컴퓨터가 등장하기 전까지 정보 처리 능력의 발전은 0과 1이라는 명확한 신호를 더 빠르게 처리하는, 기존 방식의 연장선 위에 있었다.

기존 고전 컴퓨터의 정보 처리 속도는 중앙처리장치CPU의 클럭 속도, 코어 개수, 비트 수에 따라 결정된다. 클럭 속도는 CPU가 초당 처리할 수 있는 사이클 수를 말한다. 예를 들어 3기가헤르츠GHz CPU는 초당 30억 번의 기본 연산을 수행한다. 이후 클럭 속도만으로는 한계가 있어 코어 개수를 늘리는 방식이 등장했다. 단일 코어 CPU가 일꾼 한 명이 작업을 순차 처리하는 것이라면, 멀티코어 CPU는 일꾼 여러 명이 동시에 여러 작업을 나누어 처리하는 방식이다.

비트 수는 한 번에 처리할 수 있는 데이터의 양을 의미한다. 64비트 컴퓨터가 32비트 컴퓨터보다 빠른 이유가 바로 여기에 있다. 고전 컴퓨터는 정보 처리 속도를 높이기 위해 발전을 거듭했지만 근본적인 한계는 변하지 않았다. 각 코어는 한순간 0 또는 1 중 하나만 다루므로 복잡한 문제를 순차적으로만 탐색할 수 있다. 문제가 복잡해질수록 해결 시간이 선형적 또는 다항적으로 늘어난다.

반면 양자 컴퓨터는 앞서 말했듯이 큐비트라는 기본 단위를 활용한다. 큐비트는 '중첩superposition'이라는 양자역학의 독특한 현상 덕분에 0과 1 상태를 동시에 가질 수 있다. 양자 컴퓨팅의 기본 연산 중 하나인 아다마르 게이트Hadamard gate는 큐비트를 0과 1이 동일한 확률로 혼합된 중첩 상태로 만든다. 마치 공중에 떠서 회전하는 동전이 땅에 떨어져 앞면이나 뒷면으로 결정되기 전까지 두 가능성을 모두 품고 있는 것과 같다.

이러한 차이가 만드는 수학적 결과는 실로 경이롭다. n개의 비트를 사용하는 고전 컴퓨터는 2^n개의 가능한 상태 중 오직 단 하나만 표현하고 처리할 수 있다. 반면 n개의 큐비트를 가진 양자 컴퓨터는 중첩 원리 덕분에 2^n개의 모든 상태를 동시에 표현하고, 그 모든 상태에 대한 연산을 한 번에 수행할 수 있다. 이를 '양자 병렬성quantum parallelism'

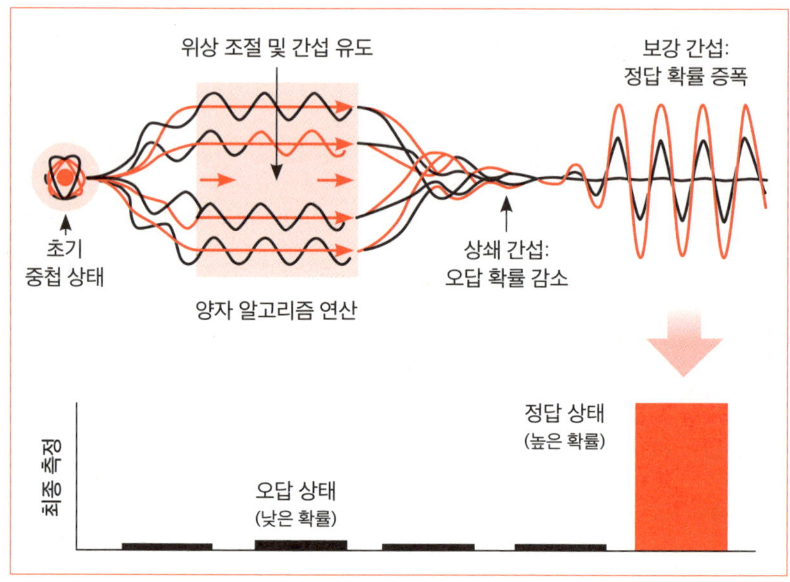

이라고 부른다. 이 때문에 큐비트가 하나씩 추가될 때마다 양자 컴퓨터의 계산 능력은 1, 2, 3처럼 선형적으로 증가하지 않는다. 대신 2배, 4배, 8배, 16배처럼 기하급수적으로 확장된다.

물론 양자 컴퓨터는 단순히 모든 가능성을 동시에 탐색하는 데 그치지 않는다. 모든 경로를 한꺼번에 탐색한 후에 '양자 간섭' 원리를 활용해 정답을 찾아낸다. 파동이 겹치면서 정답 신호는 강해지고 오답 신호는 약해지는 현상과 유사하다. 이 과정을 통해 정답일 확률은 증폭하고 오답일 확률은 상쇄하여 최종 측정 시 매우 높은 확률로 정답을 얻는다. 양자 컴퓨터는 계산 공간을 기하급수적으로 늘리는 중첩과 그중에서 정답을 골라내는 간섭의 조합으로 고전 컴퓨터와는 비교할 수 없는 잠재력을 지니고 있다. 단순히 계산 속도가 몇 배 빨라지는 양적 차이를 넘어선, 근본적으로 다른 질적 도약이다.

큐비트의 중첩 특성에 더해, 양자 세계의 또 다른 기묘한 현상인 '얽힘entanglement'이 양자 컴퓨팅의 핵심을 이룬다. 얽힘이란 둘 이상의 큐비트가 물리적으로 아무리 멀리 떨어져 있어도 하나의 시스템처럼 연결되어 움직이는 상태를 말한다. 이 현상은 알베르트 아인슈타인Albert Einstein조차 "유령 같은 원격 작용"이라고 부르며 강하게 반박했을 정도로 기이하다. 아인슈타인이 이 현상을 받아들일 수 없었던 이유는 그가 '국소성 원리'와 '실재론'이라는 두 가지 물리적 상식을 굳게 믿었기 때문이다. 국소성 원리는 어떤 정보도 빛보다 빠르게 전달될 수 없으며, 멀리 떨어진 사건은 서로 즉각적인 영향을 줄 수 없다는 개념이다. 실재론은 우리가 측정하기 전에도 물체는 이미 객관적이고 확정된 값을 가지고 있어야 한다는 생각이다.

그런데 양자 얽힘 현상은 이 두 가지 상식을 정면으로 거스르는 것처럼 보였다. 서로 얽혀 있는 두 큐비트는 물리적으로 아무리 멀리 떨어져 있어도 보이지 않는 끈으로 연결된 것처럼 하나의 시스템으로 작동한다. 한쪽 큐비트의 상태를 측정해 0으로 확정하는 순간, 다른 쪽 큐비트는 즉각 약속된 상태인 1로 확정된다. 이 과정에는 어떠한 시간 지연도, 거리의 제약도 없어 보였다.

아인슈타인은 신호가 빛보다 빨리 전달될 리 없다고 확신했다. 그는 두 입자가 분리될 때 우리가 모르는 '숨겨진 변수'가 이미 각 입자의 상태(예를 들어 1번 입자는 '0', 2번 입자는 '1')를 결정해 놓았다고 주장했다. 그는 이를 설명하기 위해 한 쌍의 장갑 비유를 들었다.

왼쪽 장갑과 오른쪽 장갑을 각각 다른 상자에 넣어 밀봉한 뒤, 하나는 지구에 두고 다른 하나는 화성으로 보냈다고 가정하자. 지구에 있는 상자를 열어 왼쪽 장갑임을 확인하는 순간, 우리는 화성에 있는 상자 안에 오른쪽 장갑이 들어 있다는 사실을 즉시 알게 된다. 정보가 화성으로 순간 이동한 것이 아니다. 상자를 포장할 때부터 '왼쪽'과 '오른쪽'이라는 속성이 결정되어 있었기 때문이다. 아인슈타인은 양자 입자도 이 장갑처럼 처음부터 정해진 속성을 가진다고 주장했다. 그러면서 현재 양자역학 이론은 이 '숨겨진 변수'를 설명하지 못하는 '불완전한 이론'일 뿐이라고 비판했다.

이 논쟁은 수십 년간 철학 영역처럼 보였으나 1960년대 물리학자 존 벨John Bell에 의해 결정적인 전환을 맞았다. 존 벨은 아인슈타인의 '국소적 숨겨진 변수' 이론이 맞다면 얽힌 입자들의 측정값이 통계적으로 특정 한계를 넘을 수 없다는 '벨의 부등식'이라는 수학적 검증법을 고안했다. 양자역학의 예측이 맞다면 이 부등식은 깨져야 했다.

이후 1980년대에 알랭 아스페Alain Aspect를 비롯한 여러 물리학자가 정교한 실험을 수행했다. 실험 결과는 벨의 부등식을 명백하게 위반했으며, 이로써 아인슈타인의 직관이 틀렸음을 결정적으로 증명했다. 양자 입자들은 상자 속 장갑처럼 처음부터 정해진 값을 가지고 있지 않았다. 한쪽이 측정되는 순간까지 0일 수도 1일 수도 있는 중첩 상태에 머물러 있다가 측정과 동시에 서로의 상태를 즉각 확정했다. 이 '유령 같은 원격 작용'은 실제로 일어나는 양자 세계의 근본 특성이었다.

그렇다면 얽힘 현상은 양자 컴퓨터에서 구체적으로 어떻게 사용될까? 이는 단순히 두 입자 간의 신비한 연결을 확인하는 데 그치지 않는다. 양자 컴퓨터는 수십, 수백 개의 큐비트가 서로 복잡하게 얽힌 거대한 단일 시스템을 구축한다. 앞서 설명한 중첩이 n개의 큐비트로 2^n개의 가능성을 동시에 보유하게 만드는 힘이라면, 얽힘은 이 2^n개의 가능성들을 하나의 거대한 논리적 그물망으로 묶는 접착제 역할을 한다. 고전 컴퓨터에서는 1번 비트의 값을 바꿔도 2번 비트의 값이 영향을 받지 않는다. 각 비트는 완전히 독립적으로 작동한다.

하지만 양자 컴퓨터에서는 큐비트들이 얽혀 있기 때문에 특정 큐비트에 연산, 즉 '양자 게이트quantum gate'를 수행하면 그 영향이 얽혀 있는 다른 모든 큐비트에 동시에 전파된다. 양자 게이트는 큐비트의 중첩이나 얽힘 같은 양자 상태를 조작하는 연산이다. 즉 2^n개의 모든 상태가 얽힘이라는 규칙 안에서 긴밀하게 상호작용하며 하나의 거대한 계산을 함께 수행한다.

이처럼 큐비트의 중첩과 얽힘이 결합되어 양자 병렬성이라는 강력한 원리가 탄생한다. 즉 양자 병렬성은 2^n개의 모든 계산 경로가 단지 중첩되어 나열된 것이 아니라, 얽힘을 통해 유기적으로 연결되어 하나의 거대한 연산을 동시에 수행하는 상태를 말한다. 고전 컴퓨터가 수십억 년에 걸쳐 풀어야 할 복잡한 문제를 양자 컴퓨터가 단 몇 시간 또는 몇 분 만에 해결할 수 있으리라 기대하는 이유가 여기에 있다.

양자 컴퓨팅 시장의 주요 성장 동인은 양자 우위Quantum Supremacy 입증을 위한 정부 투자 확대, 제약 및 금융 산업의 실용적 활용 사례 증가, 클라우드 기반의 서비스형 양자 컴퓨팅QCaaS 접근성 개선, 내결함성 양자 컴퓨팅Fault-Tolerant Quantum Computing, FTQC을 향한 기술 발전이다. 이에 대해서는 앞으로 자세히 설명하겠다.

하드웨어, 소프트웨어, 플랫폼을 모두 포함하는 양자 컴퓨팅 시장은 폭발적으로 성장하고 있다. 다수의 보고서는 이 시장이 2030년까지 연평균 30~40%가 넘는 성장률을 기록하며 수백억 달러 규모에 이를 것으로 전망한다. 이 같은 천문학적인 가치는 어디에서 나오는 것일까? 그 답은 양자 컴퓨팅이 기존 기술로는 해결할 수 없었던 한계를 돌파할 수 있는 특정 산업 분야에 있다.

산업별로 간단히 설명하자면, 제약 분야에서는 신약 개발 과정이 혁명적으로 짧아질 수 있다. 양자 컴퓨터로 복잡한 분자의 구조나 단백질의 상호작용을 원자 수준에서 매우 정확하게 모의실험, 즉 시뮬레이션할 수 있기 때문이다. 이를 통해 수년씩 걸리던 신약 후보 물질 탐색 과정을 획기적으로 단축할 수 있다.

금융 분야는 양자 컴퓨팅 기술을 가장 먼저 도입하려는 움직임을 보이고 있다. 투자 포트폴리오 최적화, 파생상품 가격 결정, 시장 시험 분석처럼 수많은 변수가 얽힌 문제에서 양자 알고리즘은 기존 모델을 압도하는 성능을 발휘할 잠재력을 지니고 있다. 특히 현재 사용되는 암호 체계를 대부분 무력화할 수 있는 양자 컴퓨터의 능력은 금융 보안의 판도를 근본적으로 바꿀 것이다. 물류 및 제조업 분야에서는 전 세계 공급망의 최적 경로 탐색, 생산 일정 조정, 자원 배분 같은 조합 최적화 문제에서 막대한 비용 절감과 효율성 향상을 기대할 수 있다. 이처럼 양자 컴퓨팅이 창출할 가치는 특정 기업의 이익을 넘어 산업 전체의 생산성을 한 단계 끌어올리는 데서 비롯된다.

여기서 투자자들이 이해해야 할 중요한 사실이 있다. 예를 들어 어떤 제약사가 양자 컴퓨터로 신약을 개발하고 수십억 달러의 가치를 창출했다고 가정해 보자. 이때 제약사가 얻는 가치와, 그 회사에 양자 컴퓨터를 제공한 기업이 올리는 수억 달러의 매출은 별개의 재무적 사건이다. 최종 사용자인 제약사가 얻는 경제적 가치는 양자 컴퓨팅 기업이 벌어들일 시장 수익보다 훨씬 크다. 즉 양자 컴퓨팅 기업에 대한 투자는 일종의 레버리지 투자다. 양자 컴퓨팅 기업의 성공은 고객에게 얼마나 큰 가치를 제공해 줄 수 있느냐에 달려 있다. 이러한 구조는 투자자에게 엄청난 성공 가능성을 안겨주는 동시에 높은 불확실성을 감수하게 만든다.

이처럼 눈부신 잠재력과 역동적인 시장 경쟁에도 불구하고, 양자 컴퓨팅 투자의 현실을 냉정하게 바라볼 필요가 있다. 현재 기술은 물리학자 존 프레스킬John Preskill이 명명한 잡음이 있는 중규모 양자Noisy Intermediate-Scale Quantum, NISQ 시대에 머물러 있다. 현재 양자 컴퓨터에 사용되는 큐비트는 외부 환경의 아주 작은 자극, 즉 '잡음'에 극도로 민감하다. 이 때문에 양자 상태가 쉽게 무너지는 '결어긋남decoherence' 현상이 발생한다. 결어긋남은 계산 과정에서 높은 오류율로 이어지며, 수행할 수 있는 계산의 깊이와 복잡성을 심각하게 제한한다.

물론 현재 양자 컴퓨터가 특정 문제에서 고전 슈퍼컴퓨터를 능가하는 '양자 우위'를 보여준 사례는 과학계의 중요한 이정표다. 하지만 이는 상업적으로 유용한 '양자 이점'과는 거리가 멀다. 양자 우위가 실험실 환경에서 특정 계산 능력의 우수성을 증명하는 개념이라면, 양자 이점은 실제 산업 현장에서 경제적 가치를 창출하는 문제를 더 빠르거나, 더 저렴하거나, 더 정확하게 해결하는 것을 의미한다.

이 간극을 메우고 진정한 양자 이점의 시대를 열기 위한 핵심 열쇠는 내결함성 양자 컴퓨팅 기술이다. 양자 오류 정정Quantum Error Correction, QEC 기술로 계산 과정에서 발생하는 오류를 실시간으로 찾아내고 바로잡는 양자 컴퓨터를 말한다.

양자 세계에서는 '복제 불가능 원리' 때문에 양자 정보를 고전 정보처럼 단순히 복사할 수 없다. 따라서 양자 오류 정정은 하나의 논리 큐비트logical qubit 정보를 다수의 물리 큐비트physical qubit에 분산해 저장하는 방식을 사용한다(이때 물리 큐비트들은 고도로 얽혀 있으며, 정보는 암호화되듯 인코딩된다). 물리 큐비트는 초전도 회로나 이온 트랩 같이 반도체 칩 위에 실제로 존재하는 물리적 장치이며, 매우 깨지기 쉽고 오류

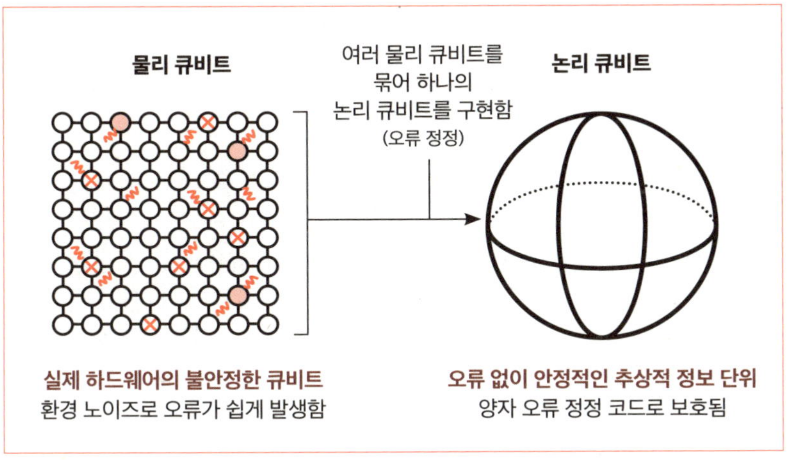

에 취약하다. 반면 논리 큐비트는 여러 개의 물리 큐비트를 묶어 만든 매우 안정적이고 신뢰할 수 있는 가상의 큐비트다. 하나의 안정적인 논리 큐비트를 만들려면 수백, 수천 개의 물리 큐비트가 필요하다.

따라서 오늘날 양자 컴퓨팅 기업의 가치는 단순히 그들이 보유한 물리 큐비트의 수로 결정되지 않는다. 오히려 양자 오류 정정이라는 어려운 과제를 해결하고 FTQC로 나아가는 기술 로드맵이 얼마나 신뢰할 만하고 실행 가능한지에 달려 있다. 투자자의 분석 역시 "큐비트를 얼마나 많이 보유했는가?"라는 단순한 질문을 넘어서야 한다. "논리 큐비트의 오류율을 얼마나 효과적으로 낮추고 있으며, 그 규모를 확장해 나갈 경로는 얼마나 현실적인가?"와 같은 깊이 있는 질문을 던져야 한다.

차례

제1부
퀀텀 지형도: 시장, 기술, 그리고 기회

제2부
순수혈통의 개척자들: 고위험 고수익

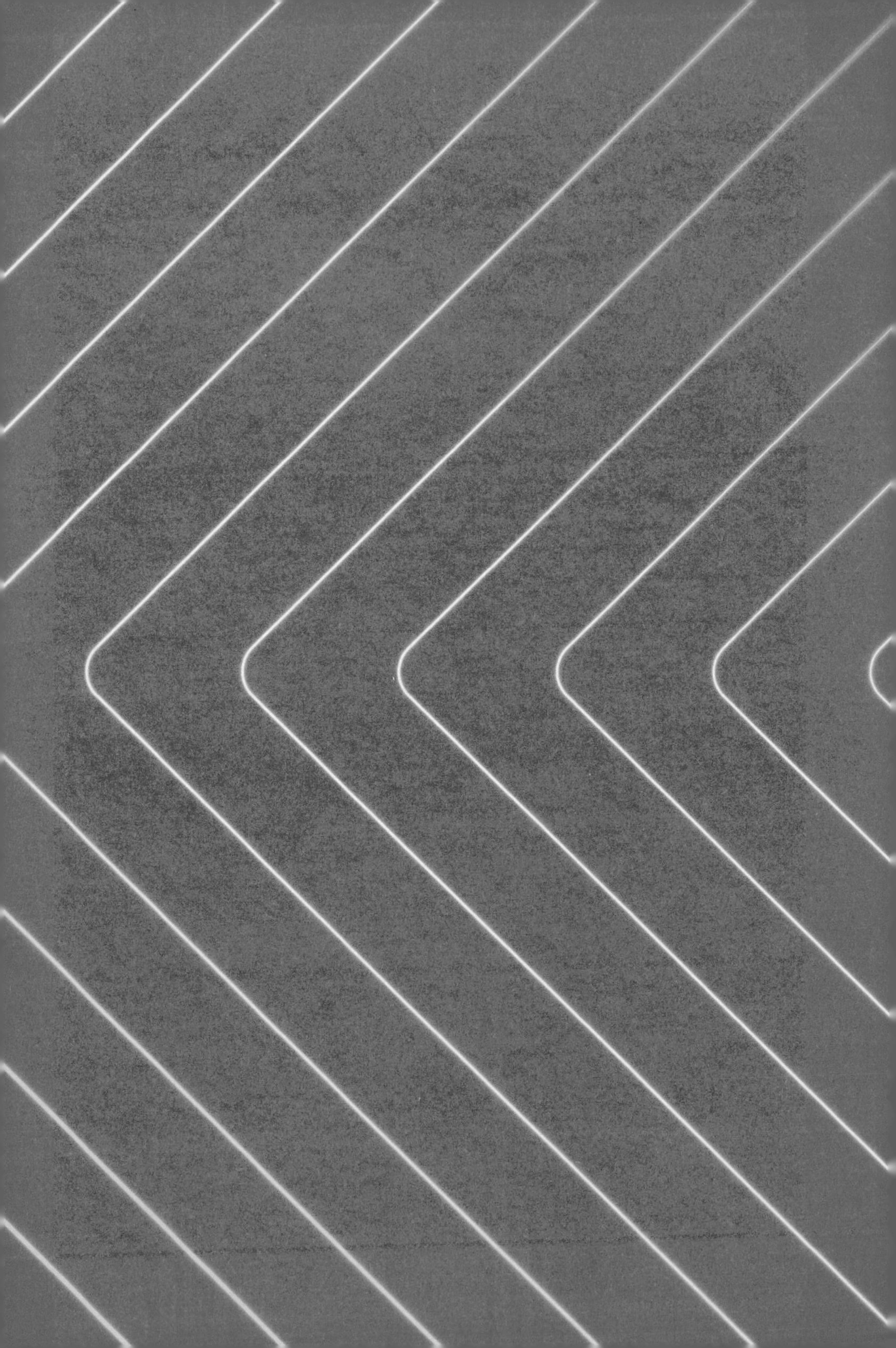

제1부

퀀텀 지형도

시장, 기술, 그리고 기회

제1장
퀀텀 경제의
서막

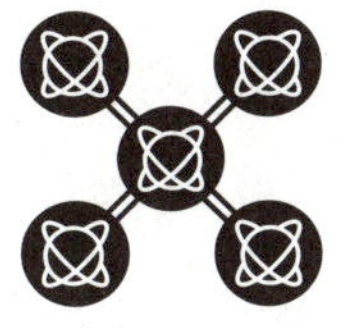

모든 정보를 0과 1의 조합으로 표현하는 이진법 체계는 두 가지 핵심 원리 위에 세워져 있다. 불 대수라는 논리 연산 방식과 고전 물리학의 법칙이다. 불 대수는 '참'과 '거짓'이라는 두 가지 값만으로 논리적 관계를 풀어내는 수학적 체계다. 컴퓨터의 비트가 0과 1 중 하나의 상태만 갖는 것처럼, 불 대수 역시 모든 것을 흑백 논리와 같이 명확하게 구분한다. "전등이 켜져 있는가?"라는 질문에 '그렇다' 또는 '아니다'로만 답하는 것과 같다. 이러한 단순하고 명쾌한 논리 덕분에 컴퓨터는 복잡한 문제도 수많은 '참'과 '거짓'의 연산으로 분해하여 순서대로 처리할 수 있다.

고전 물리학의 법칙은 우리가 일상적으로 경험하는 거시 세계의 물리 현상을 설명한다. 공을 던지면 포물선을 그리며 날아가고, 스위치를 켜면 전구에 불이 들어오는 것처럼 모든 현상의 인과가 명확하고 예측 가능하다. 고전 컴퓨터의 부품인 트랜지스터도 마찬가지다. 특정 전압이 가해지면 켜지고(1), 그렇지 않으면 꺼지는(0) 식으로 상태가 확실하게 결정된다. 이처럼 컴퓨터의 모든 작동 원리는 불확실성 없이 명확하게 정의된 물리 법칙을 따른다. 이렇게 확고한 논리 체계와 물리적 안정성을 바탕으로 고전 컴퓨터는 일상적인 계산부터 복잡한 데이터베이스 관리까지 우리에게 필요한 대부분의 작업을 빠르고 정확하게 수행하며 현대 사회의 기반이 되었다.

하지만 세상에는 고전 컴퓨터가 해결하기 어려운 문제들도 존재한다. 예를 들어 수많은 분자의 복잡한 상호작용을 그대로 모방하여 신약을 개발하거나, 전 세계 물류망을 가장 효율적으로 최적화하는 문제가 그렇다. 현대 암호 체계를 해독하는 것처럼 복잡성이 기하급수적으로 늘어나는 특정 영역에 이르면, 고전 컴퓨터는 계산 능력의 근본적인 한계에 직면한다. 고전 컴퓨터의 이러한 한계로 인해 단순한 성능 개선을 넘어, 계산 방식 자체를 완전히 새로운 패러다임으로 전환해야 할 필요성이 부각되었다.

바로 이 지점에서 양자 컴퓨팅이 기존 컴퓨터의 연장선이 아닌, 완전히 새로운 대안으로서 등장한다. 양자 컴퓨터는 양자역학의 독특한 원리를 기반으로 작동한다. 앞서 말했듯이 양자역학의 중첩 원리

비트와 큐비트의 차이

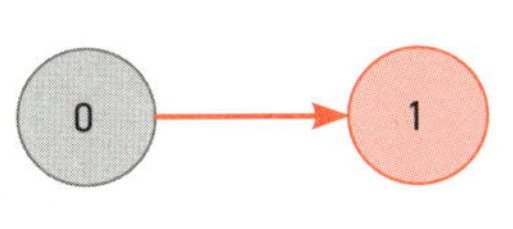
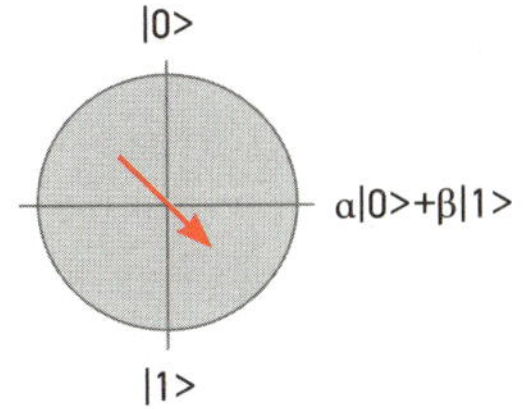

덕분에 큐비트 하나가 0과 1의 상태를 동시에 지닐 수 있다. 이는 양자 컴퓨터가 수많은 계산을 동시에 수행하는 양자 병렬성의 토대가 된다.

양자 컴퓨팅의 또 다른 핵심 원리는 얽힘이다. 얽혀 있는 큐비트 중 하나의 상태가 결정되면 다른 큐비트의 상태도 그에 맞춰 즉시 결정된다. 이 상호작용은 매우 복잡하고 다차원적인 계산 공간을 만들어 정교한 양자 알고리즘을 실행하는 데 필수적이다.

투자 관점에서 가장 중요한 차이점은 계산 능력의 확장 방식이다. n개의 비트를 가진 고전 컴퓨터는 성능이 n에 비례해 선형적으로 증가한다. 반면 n개의 큐비트를 가진 양자 컴퓨터의 계산 공간은 2^n으로 기하급수적으로 확장된다. 큐비트가 하나씩 추가될 때마다 전체 계산 능력이 2배씩 증가한다는 의미다. 이 지수적 확장성이 현존하는 가장 빠른 슈퍼컴퓨터로도 수천 년이 걸릴 문제를 양자 컴퓨터가 해결할 수 있는 잠재력의 원천이며 패러다임 전환의 핵심이다.

따라서 양자 컴퓨팅의 진정한 가치는 이메일이나 문서 작성 같은 보편적인 컴퓨팅 시장을 대체하는 데 있지 않다. 대신 기존 방식으로는 해결 불가능했던 최적화, 시뮬레이션, 암호 해독과 같은 특정 문제 영역에서 완전히 새로운 고부가가치 시장을 만들어 낸다. 투자자들은 이 기회를 기존 컴퓨팅 시장의 대체재가 아니라, 인류의 계산 능력 지평을 확장하는 전략적 보완재로 이해해야 한다.

하지만 이러한 혁명적인 잠재력이 양자 컴퓨터가 모든 면에서 고전 컴퓨터를 대체할 것이라는 의미는 아니다. 양자 컴퓨터는 확률적으로 답을 찾아내며, 절대영도(0K, 약 -273.15°C)에 가까운 극저온 환경과 외부 잡음을 완벽히 차단한 극도로 통제된 환경에서만 작동한다. 이러한 조건은 막대한 유지 비용과 높은 기술적 장벽을 동반한다. 따라서 현재 소수의 기관만 자체적으로 양자 컴퓨터를 소유하고 운영할 수 있어서, 결국 앞으로 시장은 클라우드 서비스를 통해 양자 컴퓨팅 자원을 빌려 쓰는 QCaaS 모델이 지배하게 될 것이다. 양자 컴퓨팅 산업의 수익 모델도 일회성 하드웨어 판매가 아니라, 플랫폼 기반으로 지속적인 수익을 내는 구독 경제 형태로 전환될 것이다.

양자 컴퓨팅 시장은 아직 초기 단계임에도 폭발적인 성장 잠재력을 지니고 있다. 여러 시장 분석 기관의 보고서를 종합하면, 전 세계 양자 컴퓨팅 시장 규모는 2023~2024년 사이에 약 8억 8,540만 달러에서 10억 6,000만 달러 수준으로 평가되었다. 이는 시작점에 불과하며, 이 시장의 진정한 가치는 미래의 성장률에 담겨 있다.

미래 가치를 측정하는 핵심 지표는 연평균 성장률CAGR이다. 여러 독립 분석 기관은 한결같이 이 시장이 매년 30~40%에 이르는 놀라운 속도로 성장할 것이라고 예측한다. 구체적으로 포춘 비즈니스 인사이츠Fortune Business Insights는 34.8%, 자이언 마켓 리서치Zion Market Research는 32.14%, 프리시던스 리서치Precedence Research는 30.88%의 연평균 성장률을 전망했다. 이러한 지속적인 성장률 전망은 이 분야가 이미 초고속 성장 단계에 진입했음을 보여준다.

장기적으로 보면 기회의 규모가 더욱 명확해진다. 시장 예측에 따르면 2032~2034년 시장 규모는 126억 달러에서 최대 171억 5,000만 달러에 이를 것으로 전망된다. 보스턴 컨설팅 그룹이나 맥킨지 같은 세계적 컨설팅 기업들은 2040년까지 하드웨어와 소프트웨어 공급업체 시장이 900억 달러에서 1,700억 달러 규모로 커질 것으로 내다본다. 또한 이를 통해 사회 전체에 창출되는 총 경제적 가치는 4,500억 달러에서 8,500억 달러에 이를 것으로 전망한다. 일부 분석에서는 양자 컴퓨팅 기술로 혜택을 보는 산업 전반에서 2035년까지 최대 2조 달러의 새로운 가치가 창출될 수 있다는 추정치를 제시했다.

예측치의 편차가 크다고 해서 시장이 불확실하다는 뜻은 아니다. 오히려 파괴적인 신기술의 잠재력이 얼마나 거대한지를 반영하는 지표로 해석해야 한다. 상대적으로 보수적인 예측치들은 주로 하드웨어와 소프트웨어의 직접 판매 수익에 초점을 맞춘다. 반면 수천억 달러 규모를 예측하는 보스턴 컨설팅 그룹 같은 기관의 분석은 신약 개발이나 금융 포트폴리오 최적화를 통해 사회 전체가 얻을 2차 경제적 가치까지 포함한다.

즉 양자 컴퓨팅 시장 규모는 단순히 정보기술IT 예산에 국한되지 않으며, 이 기술이 혁신할 제약, 금융, 소재과학 같은 거대 산업의 가치를 일부 흡수할 수 있다. 예측 편차가 크다는 것은 시장이 미래의 잠재적 가치를 현재 가격에 아직 완전히 반영하지 못했음을 뜻한다. 이는 고위험 고수익 투자의 전형적인 특징이다.

또한 시장의 내부 움직임은 중요한 전환을 예고한다. 현재는 자본 집약적인 하드웨어 부문이 전체 매출을 주도하지만, 대다수 보고서는 앞으로 소프트웨어 및 서비스 부문이 가장 높은 연평균 성장률을 기록할 것으로 예측한다. 이는 기술 시장이 성숙해 가는 전형적인 패턴을 따른다. 초기 단계에는 막대한 투자가 필요한 하드웨어 개발이 시장을 지배한다. 하지만 기술이 보편화되고 특히 클라우드를 통해 접근성이 높아지면서 가치 창출의 중심이 실제 사업 문제를 해결하는 소프트웨어, 알고리즘, 컨설팅 서비스로 이동한다. 따라서 투자자들은 현재의 하드웨어 선두 기업들을 넘어 장기적으로 더 높은 이윤을 창출할 생태계의 상위 계층, 즉 양자 운영체제·응용 프로그램·서비스 플랫폼을 구축하는 기업들에 주목할 필요가 있다.

국가와 민간 투자가 견인하는 양자 컴퓨팅 시장

현재 양자 컴퓨팅 시장은 지정학적·상업적·생태계적 동인들의 상호 작용으로 급격하게 성장하고 있다. 그중 가장 강력한 비상업적 동인은 국가 안보와 직결된 지정학적 경쟁이다. 세계 각국은 양자 기술을 미래 기술 패권을 좌우할 핵심 전략 자산으로 인식하고 있으며, 이는 일종의 '양자 기술 군비 경쟁'으로 이어지고 있다.

미국은 2018년 국가 양자 이니셔티브 법National Quantum Initiative Act을 제정하며 정부 차원의 체계적 지원에 나섰다. 이 법안을 근거로 12억 달러의 초기 예산을 승인하고 에너지부DOE, 국립과학재단NSF, 국립표준기술연구소NIST 등의 기관들이 협력해 국립양자정보과학연구센터NQISRC를 설립했다. 또한 2022년 반도체 칩과 과학법CHIPS and Science Act을 통과시켜 양자 연구개발R&D을 추가로 지원하고 있다.

중국 역시 '신형 국가 체제'를 내세워 양자 기술을 미래 국가 경쟁력의 핵심으로 삼고 정부 주도로 '양자 굴기'를 추진하고 있다. 투자 규모만 해도 150억 달러 이상으로 미국을 훨씬 뛰어넘는 것으로 추정되며 안후이성 허페이시에 국립양자정보과학연구소를 건설했다. 또한 소재·부품·장비의 독자 생태계를 구축했으며, 2016년 8월 16일 세계 최초의 양자통신 실험 위성인 '묵자호'를 발사했다.

그 외에 EU와 영국도 양자 컴퓨팅 주도권 확보를 위한 투자와 정책을 시행하고 있다. EU 양자 플래그십과 영국 국가양자기술프로그램ᴜᴋɴǫᴛᴘ을 운영하며, 양자 기술 표준화에 적극적으로 참여하고 있다. 또한 옥스퍼드대학교와 캠브리지대학교를 중심으로 연구 네트워크를 구축했다. 이처럼 정부가 주도하는 대규모 자금 지원은 장기적이고 위험 부담이 큰 기초 연구의 불확실성을 줄여주며 기술 발전 속도를 한층 높이는 역할을 한다.

민간 부문의 지속적인 투자 역시 기술의 상업적 미래에 대한 시장의 강력한 신뢰를 보여준다. 구글, IBM, 마이크로소프트, 엔비디아, 아마존과 같은 빅테크 기업들은 자체 양자 하드웨어 및 소프트웨어 플랫폼 개발에 막대한 자금을 쏟아붓고 있다. 기술 투자 시장이 전반적으로 위축되었음에도 2023년 한 해에만 벤처 캐피털로부터 12억 달러의 투자를 유치했다는 사실은 양자 컴퓨팅의 장기적 잠재력에 대

양자 컴퓨팅 분야의 주요 투자 주체별 자금 흐름 추이(2018~2024년)

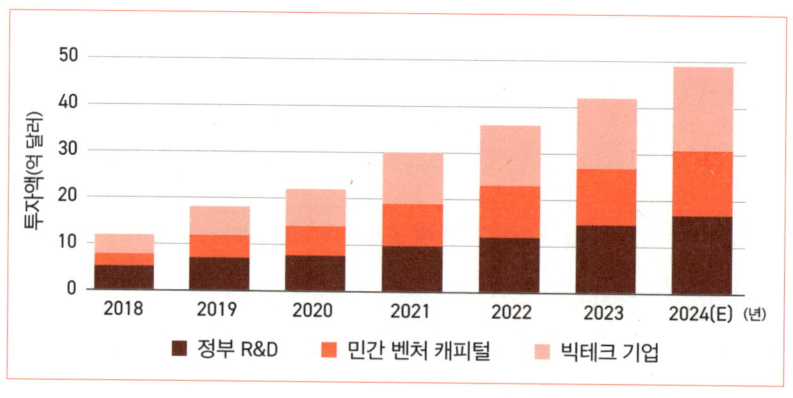

* 자료 출처: 퀀텀 인사이더, 맥킨지, 보스턴 컨설팅 그룹, 기업 공시 자료 등 종합 분석

한 시장의 확신이 얼마나 굳건한지를 보여준다.

또한 고전 컴퓨터로는 해결 불가능한 문제에 직면한 여러 산업의 수요가 시장을 견인하고 있다. 헬스케어 및 생명과학 분야에서는 분자 시뮬레이션을 통한 신약 개발 기간 단축과 개인 맞춤형 의학 실현 수요가 증가하고 있다. 금융 부문에서는 투자 포트폴리오 최적화, 실시간 위험 분석, 초고속 거래 등에서 경쟁 우위를 확보하기 위해 기술 도입에 적극적이다. 소재과학 및 에너지 분야 역시 차세대 배터리 같은 신소재 설계와 에너지 시스템 최적화를 위해 양자 컴퓨터에 주목하고 있다.

기술과 생태계의 성숙도 중요한 동인이다. 물리 큐비트 수가 1~2년마다 2배씩 증가하는 등 핵심 성능 지표가 꾸준히 개선되고 있으며, QCaaS의 등장으로 과거 소수만 접근 가능했던 고가의 양자 컴퓨터를 더 많은 연구자와 기업이 활용할 수 있게 되었다. 하드웨어 제조사, 소프트웨어 개발 스타트업, 최종 사용자 기업 간의 전략적 파트너십은 이론적 가능성을 실제 사업에 적용 가능한 응용 프로그램으로 전환하는 과정을 가속화하고 있다.

이러한 동인들은 서로를 강화하는 선순환 구조를 형성한다. 정부의 공공 자금은 기초 과학 연구와 전문 인력 양성을 지원하여 민간 기업의 상업화에 투자할 수 있는 기반을 마련해 준다. 민간 부문의 성공적인 상업화 사례는 국가 경쟁력을 입증하며 추가적인 공공 투자를 정당화한다. 이렇듯 강력한 공공-민간 협력 구조는 단기적인 시장 변동에도 흔들리지 않고 양자 기술 분야 전체에 장기적이고 안정적인 성장 동력을 제공한다.

한편 이러한 기술 발전의 동인들과는 성격이 다른 독특한 촉매제가 존재한다. 바로 미래에 등장할 강력한 양자 컴퓨터가 현재 우리가 사용하는 암호 체계를 무력화할 수 있다는 '양자 위협'이다. 오늘날 인터넷 뱅킹, 전자상거래, 이메일 등 거의 모든 디지털 통신을 보호하는 공개 키 암호 방식은 대부분 'RSA 알고리즘'과 같은 체계에 의존한다. RSA 암호의 안전성은 매우 큰 두 소수를 곱하는 것은 쉽지만, 그 결과로 나온 거대한 합성수에서 원래의 두 소수를 역으로 찾아내는 '소인수분해'는 현실적으로 불가능하다는 수학적 원리에 기반한다. 현재의 고전 컴퓨터로는 이 계산을 완료하는 데 수천 년 이상이 걸릴 수 있어 사실상 해독이 불가능하다.

하지만 1994년 미국의 수학자 피터 쇼어Peter Shor가 발표한 '쇼어 알고리즘'은 이러한 믿음을 뒤흔들었다. 쇼어 알고리즘을 충분한 성능의 양자 컴퓨터에서 실행하면 기존 컴퓨터로는 불가능했던 거대한 수의 소인수분해를 매우 빠른 시간 안에 해낼 수 있다. 이는 현재 인터넷 보안의 근간을 이루는 RSA 암호 체계가 미래의 양자 컴퓨터 앞에서는 손쉽게 무력화될 수 있음을 의미한다.

이러한 실존적 위협에 대응하기 위해 등장한 것이 바로 양자내성암호Post-Quantum Cryptography, PQC다. 양자내성암호는 쇼어 알고리즘과 같은 양자 컴퓨팅 공격에 견딜 수 있는 새로운 수학적 난제에 기반한 암호 기술이다. 대표적으로 격자 구조의 복잡성을 이용하는 '격자 기반 암호', 오류 정정 코드의 어려움을 활용하는 '코드 기반 암호', 다변수 연립방정식 풀이의 복잡성에 기반한 '다변수 기반 암호' 등이 개발되고 있다. 이 암호들은 양자 컴퓨터로도 풀기 어려운 문제들을 기반으로 한다. 따라서 양자 컴퓨터가 상용화된 시대에도 데이터의 안전을 보장할 수 있는 차세대 보안 기술로 주목받고 있다.

대부분의 양자 기술 응용 분야가 새로운 가치를 창출하는 '기회 견인형' 시장인 반면, 양자내성암호와 같은 양자 보안 기술 분야는 기존의 정보 자산을 지키기 위한 '위협 대응형' 시장의 성격을 띤다. 특히 막대한 기밀 정보와 금융 데이터를 다루는 정부, 국방, 금융 기관 입장에서 이러한 차세대 보안 기술 도입은 선택이 아닌 필수다.

이처럼 양자 컴퓨터가 여러 산업 분야에서 압도적인 성능을 발휘하는 양자 우위 시대가 언제 도래할지는 불확실하다. 하지만 이러한 상황에서도 양자 보안 시장은 이미 빠르게 성장하고 있다. 공격자가 현재 암호화된 정보를 수집해 두었다가 미래에 양자 컴퓨터로 해독하는 '나중에 수확해서 해독하기Harvest Now, Decrypt Later' 전략이 현실적 위협이 되었기 때문이다.

이러한 위협에 대응하기 위해 글로벌 인증 기관 디지서트DigiCert는 양자내성암호 지원 인증서 도입을 선도하고 있다. 웹 인프라 기업 클라우드플레어Cloudflare는 이미 자사 네트워크에 양자내성암호 알고리즘을 테스트하고 적용 중이다. 또한 영국의 PQ실드PQShield, 미국의 퀴시

큐어QuSecure, 한국의 KCS 같은 양자내성암호 전문 기업들은 양자내성 암호 기반 하드웨어 및 소프트웨어 솔루션을 시장에 공급하며 구체적 인 사업 모델을 구축해 가고 있다.

따라서 투자자 입장에서 이들 양자내성암호 관련 기업은 매력적 인 투자처다. 대규모 양자 컴퓨터 개발업체에 비해 투기성이 낮고, 실 질적인 수요에 기반해 단기 수익 창출이 가능한 하위 투자 분야를 형 성하기 때문이다.

양자 컴퓨팅이 열어갈 미래 산업의 새로운 지평

양자 컴퓨팅은 딥테크의 전형적인 사례다. 딥테크 기업은 획기적인 과 학 기술을 기반으로 하며, 긴 연구개발 기간과 많은 자본을 필요로 한 다. 또한 실체가 있고 종종 정부 규제 대상이 되는 제품을 만들어 낸 다. 기존 기술로 사업 모델을 혁신하는 일반적인 '디지털 기술'과는 근 본적으로 다르다. 따라서 기초 과학과 공학 연구에 기반을 둔 딥테크 에 특화된 투자 관점이 필요하다.

양자 컴퓨팅은 양자역학의 원리를 이용하여 고전 컴퓨터로는 사 실상 해결 불가능한 특정 문제를 매우 빠르게 해결하며, 다양한 산업 분야의 판도를 완전히 바꿀 혁신을 예고한다. 현재 양자 컴퓨팅 도입 이 가장 활발히 논의되는 분야는 크게 헬스케어 및 생명과학, 금융, 소재과학 및 에너지, 그리고 사회 전반의 복잡한 최적화 문제 해결 등이다.

그중에서도 헬스케어 및 생명과학 분야는 양자 컴퓨팅이 가장 큰 변화를 가져올 것으로 기대된다. 현재 신약 개발 과정은 수많은 후보 물질을 하나씩 실험하고 검증하는 기나긴 시행착오의 연속이며, 이로 인해 막대한 시간과 비용이 발생한다. 고전 컴퓨터가 분자 수준의 복잡한 상호작용을 정확히 예측하지 못하기 때문이다. 하지만 양자 컴퓨터는 양자역학 원리를 그대로 활용해 분자 구조와 움직임, 그리고 다른 분자와의 상호작용을 정밀하게 시뮬레이션할 수 있다. 이를 통해 연구자들은 신약 후보 물질과 인체 특정 단백질의 결합을 사전에 정확히 예측하여 신약 개발에 걸리는 시간을 크게 단축하고 성공 확률을 높일 수 있다.

양자 컴퓨팅은 알츠하이머병이나 파킨슨병 같은 난치병의 원인으로 지목되는 단백질 접힘 오류 현상을 정밀 분석하는 데도 결정적 역할을 할 수 있다. 단백질은 고유한 3차원 형태로 접혀야 정상 기능을 하는데, 이 과정에서 오류가 발생하면 질병으로 이어진다. 양자 컴퓨터로 이 복잡한 접힘 과정을 상세히 모델링할 수 있다면 질병의 근본 원인을 파악하고 새로운 치료법을 개발하는 길이 열릴 것이다.

머크Merck나 클리블랜드 클리닉Cleveland Clinic 같은 세계적 제약사와 의료 기관들은 이미 IBM 등 기술 기업과 손잡고 양자 컴퓨팅을 신약 개발 및 헬스케어 연구에 적용하고 있다. 이는 환자 개개인의 유전 정보에 맞춰 최적의 치료법을 제공하는 개인 맞춤형 의학 시대를 앞당길 것이다. 이러한 이유로 헬스케어 분야는 양자 컴퓨팅 시장에서 가장 높은 연평균 성장률을 기록할 것으로 예상된다.

은행, 금융 서비스, 보험업을 아우르는 금융 부문 역시 양자 컴퓨팅을 통해 막대한 가치를 창출할 수 있는 핵심 분야다. 금융 시장은 수많은 경제 변수가 실시간 영향을 주고받는 매우 복잡한 시스템이다. 투자 수익을 극대화하고 위험을 최소화하는 투자 포트폴리오를 구성하거나, 시장 위험을 정밀하게 분석하고 복잡한 파생상품의 가치를 평가하는 일은 고전 컴퓨터만으로는 완벽한 해답을 찾기 어렵다.

양자 컴퓨터는 방대한 시장 데이터를 동시에 처리하고 복잡한 제약 조건에서 최적의 투자 전략을 찾으며 실시간으로 시장 위험을 정밀 분석할 수 있다. 특히 인간의 판단 속도를 뛰어넘는 초고속 금융 거래로 시장에서 압도적인 경쟁 우위를 확보할 수도 있다. 또한 앞서 언급했듯 양자 컴퓨터가 금융 시스템의 암호 체계를 무력화할 수 있다는 위험 때문에 양자내성암호 도입이 활발히 진행되고 있다. 이러한 보안 강화 필요성도 금융권의 양자 컴퓨팅 기술 도입을 가속화하는 중요한 동기다. 이에 따라 금융 부문은 양자 컴퓨팅 기술의 최대 수요처가 될 전망이다.

소재과학과 에너지 분야에서도 양자 컴퓨팅의 활용 가능성은 무궁무진하다. 신소재 개발은 물질의 근본 단위인 원자와 전자의 양자역학적 움직임을 이해하는 것에서 출발한다. 이것이야말로 양자 컴퓨터가 가장 자연스럽게, 그리고 가장 잘 해결할 수 있는 문제 영역이다. 예를 들어 지금보다 훨씬 오래 전기를 저장하고 빠르게 충전할 수 있는 차세대 배터리, 화학 공정의 효율을 높이는 고성능 촉매, 전기 저항 없이 전류를 흘려보내는 초전도체와 같은 혁신적인 신소재를 설계하는 데 양자 컴퓨터를 활용할 수 있다. 분자 수준에서 물질의 특성을 정밀 예측하고 시뮬레이션함으로써 에너지 효율을 극대화하고 기후변화 대응에 필수적인 기술 발전을 이끌어 낼 수 있을 것이다.

이 밖에도 양자 컴퓨팅은 도시의 교통 흐름을 최적화해 교통 체증을 해소하는 문제, 더 정확한 일기예보, 그리고 AI 및 머신러닝 모델의 훈련 속도 가속 등 사회 전반의 최적화 문제에 폭넓게 적용할 수 있다. 이러한 광범위한 적용 가능성은 양자 컴퓨팅 시장이 폭발적으로 성장할 것이라는 기대를 낳는다.

앞서 소개한 대로 시장 분석 기관마다 예측 수치에 편차가 존재하지만, 이는 양자 컴퓨팅 기술이 아직 초기 단계에 있어 미래에 대한 불확실성이 크기 때문이다. 하지만 모든 예측이 공통적으로 가리키는 분명한 사실은, 양자 컴퓨팅이 미래 산업의 지형을 근본적으로 바꿔놓을 핵심 기술이라는 점이다.

제2장

양자 컴퓨터의 심장을 만드는 기술 경쟁

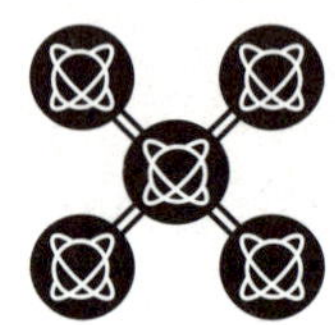

양자 컴퓨터를 현실로 만들기 위한 인류의 위대한 여정은 다음의 근본적인 질문에서 시작한다. "큐비트를 어떤 물리적 실체와 방식으로 구현할 것인가?"

큐비트는 앞서 설명한 중첩과 얽힘이라는 고유한 특성을 지닌다. 이 두 특성이 양자 컴퓨터 잠재력의 원천이자 연산 방식의 근간이 된다. 중첩이 n개의 큐비트로 2^n개에 달하는 거대한 계산 공간을 마련한다면, 얽힘은 그 공간에서 개별 큐비트들을 하나의 거대한 연산 단위로 묶어 정교하고 의미 있는 상호작용을 가능하게 한다.

자세히 설명하자면, 일반적인 고전 컴퓨터는 0 또는 1의 확정된 값을 갖는 비트를 기본 단위로 사용한다. 연산은 AND, OR, NOT과 같은 '논리 게이트logic gate'를 통해 수행되며, 이 게이트들은 입력된 비트에 명확한 논리 연산을 수행하여 결정론적인 결과를 출력한다. 특히 대부분의 고전 게이트는 '비가역적irreversible'이다. 즉 연산 후의 결괏값만으로는 원래의 입력 상태를 복원할 수 없으며, 이 과정에서 정보 손실과 에너지 소모가 발생한다.

반면 양자 컴퓨터는 0과 1의 값을 동시에 가질 수 있는 중첩 상태의 큐비트를 기본 단위로 한다. 양자 컴퓨터의 연산은 양자 게이트를

양자 게이트의 핵심: 유니터리 변환

양자 게이트는 큐비트의 상태 벡터를 회전시키거나 변환하는 '유니터리 변환unitary transformation'이다. 이 과정에서 각 상태(0 또는 1)가 될 확률은 변할 수 있지만, 전체 확률의 총합은 항상 1로 보존된다.

양자 회로 위에 순서대로 배열하여 수행한다. 양자 게이트는 큐비트의 양자 상태를 조작하는 명령어에 해당한다. 고전 게이트가 결정론적 논리 연산인 것과 달리, 양자 게이트는 큐비트의 상태 벡터를 회전시키거나 변환하는 연산, 즉 수학적으로는 유니터리 변환이다. 유니터리 변환은 큐비트가 가진 전체 확률의 총합을 항상 1로 보존한다.

이는 큐비트가 0이 될 확률과 1이 될 확률에 영향을 주는 복소수(실수와 허수로 나타내는 수) 값인 '확률 진폭'을 바꾸면서도 측정 시 관측될 모든 확률의 총합은 언제나 1이 되도록 보장한다는 의미다. 또한 모든 유니터리 변환은 그 연산을 정확히 거꾸로 되돌릴 수 있는 고유한 '역변환'이 항상 존재한다. 이 성질이 바로 양자 게이트가 '가역

단일 큐비트 게이트와 다중 큐비트 게이트 비교

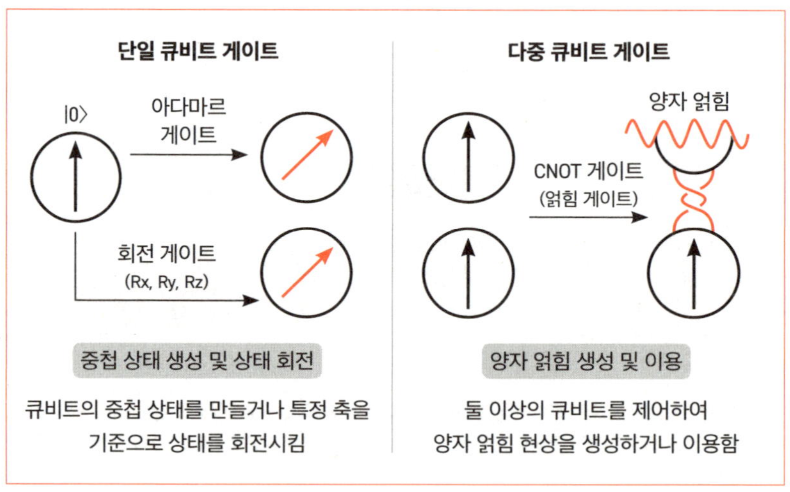

적reversible'임을 수학적으로 보장하는 근거다. 즉 특정 연산을 수행한 후 그에 해당하는 역변환을 이어서 수행하면 큐비트는 항상 원래의 초기 상태로 정확히 되돌아갈 수 있으며, 이 과정에서 정보 손실이 발생하지 않는다.

하나의 큐비트에만 작용하는 단일 큐비트 게이트는 큐비트의 중첩 상태를 만들거나 특정 축을 기준으로 상태를 회전시킨다. 반면 둘 이상의 큐비트를 동시에 제어하는 다중 큐비트 게이트는 큐비트 간의 양자 얽힘 현상을 직접 이용하거나 생성한다. 예를 들어 대표적인 2큐비트 게이트인 CNOT 게이트는 하나의 '제어 큐비트' 상태에 따라 다른 '표적 큐비트'의 값을 조건부로 바꾸는 연산을 수행한다. 두 큐비트가 얽혀 있지 않다면 이러한 상호 제어 자체가 불가능하다. CNOT 게이트는 얽히지 않은 큐비트들을 얽힘 상태로 만드는 핵심 역할을 한다. 이처럼 중첩을 통해 확보된 방대한 계산 공간에서 얽힘을 이용한 양자 게이트 연산으로 모든 경우의 수를 동시에 처리(양자 병렬성)하는 것이 양자 컴퓨팅의 핵심 원리다.

한편 양자 컴퓨터의 성능을 이야기할 때 단순히 탑재된 큐비트의 수만 내세우는 경우가 많다. 이러한 접근은 해당 기술이 실제로 어느 정도의 계산 능력을 지녔는지 파악하는 데 오히려 혼란을 줄 수 있다. 큐비트의 양이 많다고 해서 반드시 뛰어난 양자 컴퓨터라고 단정할 수 없다. 진정한 성능은 큐비트의 양과 질이 조화를 이룰 때 비로소 발현되기 때문이다.

한 예로 개별 연산의 정확도, 즉 게이트 충실도가 98%인 700큐비트 컴퓨터가 있다고 가정해 보자. 게이트 충실도가 98%면 연산을 한 번 수행할 때마다 오류가 발생할 가능성이 2%라는 뜻이다. 2%는 사소해 보일 수 있지만 의미 있는 양자 계산은 수백, 수천 번의 연산이 연속적으로 이루어진다. 즉 이 작은 오류는 눈덩이처럼 불어난다.

단 한 번의 연산에서 정답을 얻을 확률이 98%라면, 2번의 연산을 연속으로 성공할 확률은 0.98×0.98로 약 96%가 된다. 불과 35번의 연산만 거치면 전체 계산이 오류 없이 끝날 확률은 0.98^{35}으로 50% 아래로 떨어진다. 계산 결과의 신뢰성이 완전히 사라지는 것이다. 결국 수십 번의 연산만으로도 초기의 유의미한 정보는 사라지고 최종 결괏값은 아무 의미 없는 무작위 신호, 즉 '잡음' 덩어리로 전락한다.

따라서 양자 컴퓨터의 진정한 잠재력은 큐비트 수라는 단일 지표가 아니라, 여러 핵심 성능 지표가 얼마나 유기적으로 조화를 이루는지에 달려 있다. 훌륭한 오케스트라는 각 연주자의 기량, 악기 간 조화, 그리고 전체를 이끄는 지휘자의 역량이 모두 어우러져야 한다. 양자 컴퓨터도 이와 마찬가지다. 양자 컴퓨터의 성능을 가늠하는 핵심 지표로는 다음 다섯 가지를 종합적으로 고려해야 한다.

1. 큐비트 수(확장성): 암호 해독이나 신약 개발처럼 실질적인 문제를 해결하려면 수백만 개의 고품질 큐비트를 하나의 시스템 안에 집적하고 정밀하게

제어하는 기술이 필요하다.

2. 게이트 충실도(정확도): 계산 명령을 얼마나 정확하게 수행하는지를 나타내는 척도다. 양자 컴퓨터는 본질적으로 매우 민감하여 오류를 쉽게 일으키므로 양자 오류 정정 기능이 필수적이다. 이 기능이 제대로 작동하려면 개별 연산의 게이트 충실도가 최소 99.9%에 도달해야 한다.

3. 결맞음 시간(안정성): 큐비트는 중첩이나 얽힘과 같은 양자 고유의 특성을 쉽게 잃어버린다. 결맞음 시간은 큐비트가 이 양자적 특성을 잃지 않고 안정적으로 유지할 수 있는 시간을 의미한다. 이 시간이 길수록 더 복잡하고 긴 계산을 수행할 수 있다.

4. 큐비트 간 연결성(유연성): 시스템 내 큐비트들이 정보를 어떻게 주고받는지를 보여주는 구조적 특성이다. 특정 큐비트가 다른 모든 큐비트와 직접 소통할 수 있는 '전체 대 전체' 연결 구조는 바로 옆 큐비트와만 소통하는 '최인접' 연결 구조보다 특정 알고리즘을 훨씬 효율적으로 실행할 수 있다.

5. 게이트 속도(신속성): 게이트는 양자 컴퓨터가 수행하는 가장 기본적인 연산 단위이며, 게이트 속도는 이 연산이 얼마나 빠르게 실행되는지를 나타낸다. 결맞음 시간이 아무리 길더라도 게이트 속도가 느리면 양자 상태가 유지되는 제한된 시간 안에 복잡한 계산을 끝내지 못할 수도 있다.

흥미로운 점은 이 다섯 가지 지표가 상충trade-off하는 경우가 많다는 사실이다. 예를 들어 큐비트 수(확장성)를 늘리는 데 집중하면 개별 제어가 어려워져 게이트 충실도(정확도)가 떨어질 수 있다. 마찬가지로 큐비트 간 연결성(유연성)을 높이거나 게이트 속도(신속성)를 무리하게 올리면 여지없이 정확도가 감소하곤 한다. 따라서 특정 방식의 우월성을 판단하려면 이 다섯 가지 핵심 지표 전반에 걸쳐 얼마나 균형 잡힌 성능을 보여주는지, 그리고 미래에 각 지표를 함께 개선할 잠재력이 얼마나 큰지를 종합적으로 평가해야 한다.

산업계가 주목하는 큐비트 모달리티

이처럼 강력하면서도 까다로운 큐비트를 실제로 구현하기 위한 물리적 접근 방식을 '큐비트 모달리티qubit modality'라고 부른다. 현재 전 세계 학계와 산업계는 여러 유망 기술을 바탕으로 미래 양자 시대의 주도권을 잡기 위해 치열한 연구개발 경쟁을 벌이고 있다. 이 경쟁은 크게 성숙한 주류 기술 두 가지와 그 뒤를 잇는 여러 신흥 기술로 나뉜다.

대표 주자 중 하나는 IBM과 구글이 이끄는 '초전도 큐비트'다. 특정 물질을 −273℃에 가까운 극저온으로 냉각하면 전기 저항이 0이 되는 초전도 현상을 이용한다. 이렇게 만들어진 초전도 회로를 인공 원자처럼 설계해 큐비트를 구현한다. 이 방식의 가장 큰 장점은 연산 속도다. 수십 나노초, 즉 10억 분의 1초 단위로 매우 빠르다. 또한 기존 반도체 공정과 유사한 기술을 사용하므로 큐비트 수를 늘려 시스템 규모를 확장하는 데 유리하다. 하지만 인공 구조물이라 외부 잡음에

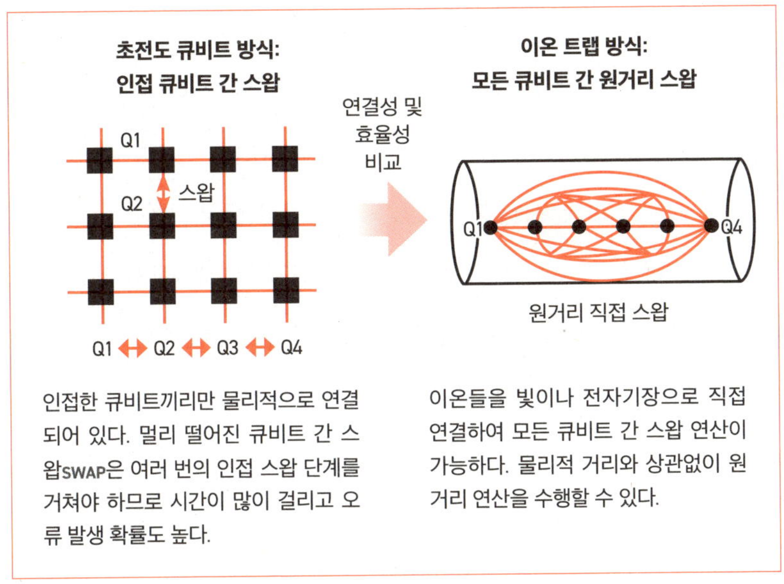

극도로 민감해 양자 상태를 안정적으로 유지하는 결맞음 시간이 매우 짧다. 게다가 초전도 상태를 유지하려면 거대하고 값비싼 극저온 냉각 장치가 필수여서 운영 비용과 복잡성이 크게 증가한다.

이와 경쟁하는 다른 주류 기술은 아이온큐와 퀀티뉴엄이 대표하는 이온 트랩 큐비트다. 이온 트랩 기술은 전하를 띤 원자인 이온을 하나하나 전자기장으로 진공 속에 포획한 뒤 레이저로 제어해 큐비트로 활용하는 방식이다. 자연에 존재하는 이온은 물리적 특성이 완벽하게 동일하므로, 인공적으로 큐비트를 제작할 때 발생하는 불균일성 문제로부터 자유롭다. 덕분에 결맞음 시간이 수 초에서 수 분에 달할 정도로 길고, 게이트 충실도 역시 99.9%를 넘어 업계 최고 수준이다. 또한 붙잡아 둔 이온들의 상호작용을 레이저로 유연하게 조절할 수 있어, 모든 큐비트가 서로 직접 연결되는 전체 대 전체 연결 구조를 구현할 수 있다. 하지만 연산 속도가 마이크로초 단위로 초전도 큐비트 방식보다 매우 느리며, 시스템 규모를 확장하기도 쉽지 않다.

이 두 주류 기술을 비교할 때, 큐비트 연결 구조는 실제 성능에 큰 영향을 미치는 '숨겨진 비용'이다. 초전도 큐비트는 대부분 칩 위에 고정되어 바로 인접한 큐비트와만 소통하는 최인접 연결 구조를 갖는다. 이 구조에서는 멀리 떨어진 두 큐비트가 연산하려면 그 사이의 다른 큐비트가 여러 번 상태를 교환하는 '스왑' 연산을 반복해야 한다. 때문에 계산 길이가 불필요하게 늘어나고 스왑 연산마다 오류가 누적된다. 반면 이온 트랩의 전체 대 전체 연결 구조는 모든 큐비트 쌍이 단 한 번의 연산으로 직접 상호작용하며, 덕분에 같은 알고리즘을 훨씬 짧고 효율적인 양자 회로로 구현할 수 있다. 따라서 50개 큐비트의 전체 대 전체 연결 시스템이 100개 큐비트의 최인접 연결 시스템보다 더 뛰어난 성능을 보일 수도 있다.

초전도 큐비트 방식은 빠른 속도와 집적도를 바탕으로 단점을 보완하려 한다. 또한 이온 트랩 방식은 압도적인 게이트 충실도와 연결 효율을 바탕으로 속도와 확장 문제를 해결하려 한다.

이렇게 주류 기술들이 경쟁하는 동안, 장기적인 승패를 가를 강력한 신흥 기술들도 부상하고 있다. 대표적으로 인텔이 주도하는 '실리콘 스핀 큐비트silicon spin qubit'는 지난 50년간 구축된 반도체 산업 인프라를 그대로 활용할 수 있다는 압도적인 강점을 가진다. 기존 트랜지스터와 비슷한 구조 안에 전자 하나를 가두고, 그 전자의 고유한 속성인 '스핀'을 큐비트로 이용하는 방식이다. 이 방식의 잠재력은 압도적인 확장성에 있다. 큐비트 크기가 매우 작아 단일 칩 위에 수백만 개를 집적할 수 있으며, 세계 최고 수준의 반도체 공정 기술로 대량 생산이 가능하다. 2024년 인텔은 300밀리미터 웨이퍼에서 높은 수율로 양자 소자를 제작하고 99.9%의 게이트 충실도를 달성하는 등, 기존의 기술적 난제들을 빠르게 극복하며 선두주자들과의 격차를 좁히고 있다.

이와 더불어 큐에라 컴퓨팅QuEra Computing, 아톰 컴퓨팅Atom Computing 등이 주도하는 중성 원자 방식은 전기적으로 중성인 원자를 큐비트로 사용한다. 이온 트랩처럼 완벽하게 동일한 큐비트를 사용하면서도 광학 족집게optical tweezer라는 레이저 기술로 원자들을 2차원이나 3차원 격자로 자유롭게 배열할 수 있어 확장성이 뛰어나다. 특히 연산 도중에 원자 위치를 동적으로 재배열하여 알고리즘에 최적화된 연결 구조를 즉석에서 만들 수 있다는 점이 혁신적이다.

싸이퀀텀PsiQuantum과 자나두Xanadu가 주도하는 포토닉스 기반의 큐비트 역시 주목받는 신흥 기술이다. 빛의 입자인 광자를 이용하는 이 방식은 주변 환경과 거의 상호작용하지 않아 양자 정보를 오랫동안 안정적으로 보존한다. 거대한 냉각 장치 없이 '상온'에서 작동할 수 있다는 점도 독보적인 장점이다. 다만 광자끼리는 자연적으로 상호작용하지 않아 얽힘 상태를 만들기 어렵다.

이 때문에 포토닉스 방식은 두 가지 중요한 역할을 동시에 수행할 것으로 기대된다. 첫째는 그 자체로 완결된 범용 양자 컴퓨터가 되는 것이고, 둘째는 다른 방식의 양자 컴퓨터 모듈들을 연결하는 '양자 인터넷'의 중추가 되는 것이다. 실제로 이온 트랩의 선두주자인 아이온큐도 자사의 확장 계획에 여러 시스템을 광자로 연결하는 방안을 명시하고 있다. 이는 포토닉스 방식이 특정 기업의 성공에만 의존하지 않고 미래 양자 데이터 센터의 핵심 기반 기술이 될 것임을 시사한다.

한편 큐비트 기술 경쟁의 가장 먼 곳에는 마이크로소프트가 수십 년간 막대한 자원을 투입해 온 '위상학적 큐비트topological qubit'가 존재한다(이에 대해서는 뒤에서 자세히 설명하겠다). 만약 성공한다면 현재의 모든 논의를 무의미하게 만들 궁극의 기술로 평가받는다. 다른 모든 기술이 연산 오류를 양자 오류 정정으로 사후에 해결하려는 것과 달리, 이 기술은 하드웨어 자체에 오류 면역력을 갖춰 문제가 애초에 발생하지 않도록 한다. 정보가 개별 큐비트가 아닌 전체의 위상학적 속성에 저장되어 외부의 국소적인 잡음에 파괴되지 않는다는 원리다.

하지만 이 기술은 아직 대부분 이론 단계에 머물러 있다. 구현에 필요한 특이한 준입자를 만드는 것 자체가 현대 물리학의 가장 어려운 과제 중 하나이기 때문이다. 마이크로소프트의 투자는 다른 모든 기술의 전제인 '양자 오류 정정의 실용성'이라는 거대한 가정이 실패할 경우를 대비한, 매우 높은 위험과 수익을 동시에 추구하는 일종의 전략적 보험으로 해석할 수 있다.

앞서 설명한 내용은 주로 범용 게이트 모델을 기준으로 한 것이다. 범용 게이트 모델은 다양한 계산을 범용적으로 수행할 수 있는 방식이다. 하지만 큐비트를 구현하는 방법에는 다른 접근법도 존재한다. 바로 양자 어닐링이다. 양자 어닐링은 모든 계산을 처리하기보다 복잡한 상황에서 최적의 답을 찾아내는 문제 해결에 특화되어 있다. 이에 대한 구체적인 원리와 특징은 뒤에 나올 디 웨이브 퀀텀의 사례에서 자세히 다루겠다.

하이브리드 미래의 최종 승자는?

지금까지 살펴본 다양한 큐비트 기술 경쟁은 단 하나의 승자를 가려내는 경주가 아닐 가능성이 높다. 오히려 기존 컴퓨터가 CPU, 그래픽 처리 장치GPU 등 서로 다른 칩으로 협력하듯, 양자 컴퓨팅 역시 여러 기술이 결합된 '하이브리드' 형태로 나아갈 것이다. 미래의 범용 양자 컴퓨터는 이온 트랩이나 실리콘 스핀 큐비트 기반의 고성능 연산 장치를 광자상호연결photonic interconnects 기술이 유기적으로 잇는 형태가 될 수 있다. 광자상호연결이란 광자를 매개체로 활용해 데이터를 초고속, 초저전력으로 전송·처리하는 상호연결 방식이다.

이러한 전망은 하나의 승자를 섣불리 예측하기보다 생태계 전반에 걸쳐 각 기술의 전략적 위치를 이해하는 것이 중요함을 시사한다. 초전도 큐비트는 현시점의 성능과 속도에, 이온 트랩은 압도적인 효율과 정밀도에, 실리콘 스핀 큐비트는 궁극적인 제조 확장성에, 그리고 포토닉스는 이 모든 것을 연결하는 기반 기술에 각각의 가치를 둔다. 결국 큐비트 기술 경쟁의 최종 승자는 특정한 단일 기술이 아니라, 다양한 기술의 강점을 가장 효과적으로 융합하여 실용적인 양자 컴퓨터를 가장 먼저 만들어 내는 설계 구조 그 자체가 될 것이다.

제3장
서비스형 양자 컴퓨팅QCaaS의 부상

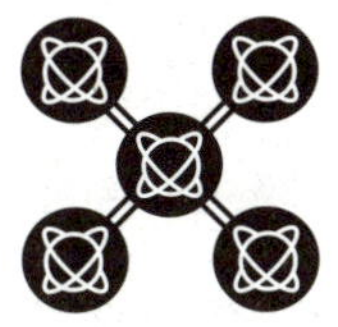

물리학의 난해한 이론으로만 여겨지던 양자 컴퓨팅이 비로소 실험실을 벗어나 상업 세계로 발걸음을 내딛게 된 데는 결정적인 계기가 있었다. 바로 서비스형 양자 컴퓨팅, 즉 QCaaS라는 새로운 사업 모델의 등장이다. QCaaS는 현대 기술 산업의 강력한 트렌드 중 하나다. 고객이 양자 컴퓨터를 직접 구매하는 대신, 클라우드를 통해 필요할 때 컴퓨팅 자원을 빌려 쓸 수 있는 방식이다.

오늘날 양자 컴퓨터를 자체 개발하고 극저온 환경을 유지하며 운영하는 것은 20세기 초에 가정마다 전기를 쓰기 위해 자가 발전소를 짓는 것만큼 비현실적이다. 막대한 초기 투자는 물론, 세계 수준의 물리학자와 엔지니어 팀이 필요하기 때문이다. 그래서 과거에 양자 기술은 막대한 자본과 최고 수준의 연구 인력을 갖춘 소수 엘리트 연구 기관만 접근할 수 있는 굳게 닫힌 성과 같았다. 개별 기업이나 연구 기관이 양자 컴퓨터를 직접 소유하고 관리하기란 거의 불가능했다.

그러나 QCaaS는 이 성벽을 허물어 훨씬 폭넓은 산업계와 학계 연구자들이 쉽게 접근하고 활용할 수 있는 강력한 공용 도구로 바꿔 놓았다. QCaaS의 등장은 단순히 양자 컴퓨터의 이용 비용을 낮추는 것을 넘어, 양자 기술 기반의 새로운 경제 생태계가 탄생하고 성장하는 데 필수적인 동력이 되었다. 자유로운 접근이 혁신적인 실험으로 이어지고, 그 실험이 새로운 상업적 가치를 창출하며, 그 가치가 다시 더 많은 사람을 끌어들이는 선순환 구조의 중심축 역할을 한다.

또한 QCaaS는 양자 컴퓨팅 기술의 질적 변화뿐 아니라, 양적으로도 폭발적인 성장을 예고하며 투자자들에게 매력적인 기회를 제공하고 있다. 여러 시장 조사 기관이 내놓은 전망을 살펴보면, 세부 수치에서는 차이를 보이지만 앞으로 10년간 연평균 35%에서 50%에 이르는 경이적인 성장률을 기록할 것이라고 입을 모은다. QCaaS가 일시적인 유행이 아니라 컴퓨팅 패러다임의 구조적 전환을 이끄는 거대하고 지속적인 흐름임을 알 수 있는 대목이다.

구체적인 시장 규모 예측치를 살펴보면, 2023년에 약 23억 달러로 평가되었던 전 세계 QCaaS 시장은 2025년에는 43억 5,000만 달러에서 44억 8,000만 달러 규모로 2배 가까이 성장할 것으로 예상된

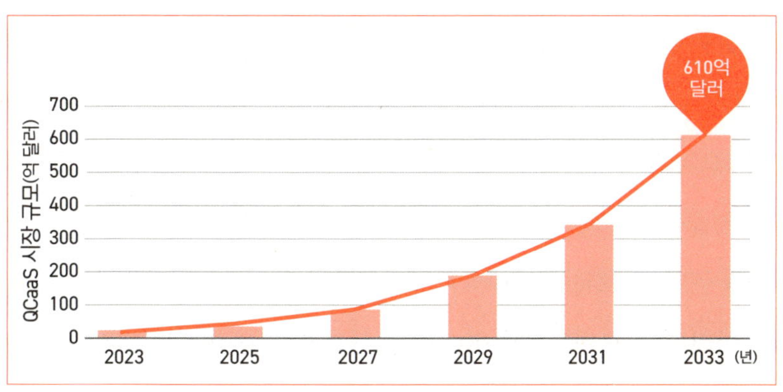

* 자료 출처: 보스턴 컨설팅 그룹, 맥킨지, 퀀텀 인사이더 등 시장 전망 종합(CAGR 35~50%)

다. 이러한 가파른 성장세는 장기적으로 더욱 증폭되어, 2033년에는 시장 규모가 최소 483억 달러에서 최대 743억 6,000만 달러에 이를 것으로 전망된다. 일부 분석 보고서는 2035년까지 518억 달러에 도달할 것으로 예측한다.

다만 분석 보고서마다 예측치 차이가 커서 2033년 시장 규모를 두고 한 보고서는 483억 달러로, 다른 보고서는 743억 6,000만 달러로 전망했다. 이러한 불일치는 양자 컴퓨팅 시장의 높은 불확실성과 잠재 수익을 반영하는 중요한 투자 신호다. 예측치 차이가 발생하는 이유는 양자 컴퓨터가 기존 컴퓨터의 성능을 뛰어넘는 양자 우위 시대가 언제 도래할지 알 수 없고, 기업들이 양자 컴퓨팅을 실제 업무에 얼마나 빠르고 광범위하게 도입할지 예측하기 어렵기 때문이다. 따라서 특정 기관의 단일 예측치만으로 기업의 미래 가치를 평가하는 것은 결함 있는 접근 방식이다.

성공적인 투자자라면 시장 규모를 고정된 숫자가 아닌 다양한 시나리오를 포함하는 확률 분포로 봐야 한다. 이러한 관점을 가지면 단일 기술을 보유한 기업보다 다각화된 수익 모델을 갖춘 기업을 선호하게 된다. 하드웨어 판매, QCaaS 플랫폼 운영, 전문 컨설팅 서비스 등 여러 수익 모델을 갖추거나 시장 성장 속도 변화에 덜 민감한 사업 모델을 가진 기업들이다. 즉 예측 불가능한 초기 시장에 대해서는 예측 불확실성 자체를 위험 관리와 포트폴리오 전략 수립의 핵심 정보로 활용하는 것이 현명하다.

이 장에서는 QCaaS가 어떻게 양자 컴퓨팅 접근 장벽을 낮춰 기술 대중화를 이끌고, 시장의 폭발적인 성장을 주도하는지 구체적으로 살펴본다. 더불어 아마존, 마이크로소프트, 구글과 같은 거대 클라우드 서비스 제공업체들이 어떻게 이 새로운 생태계의 판도를 결정하는 절대적인 영향력자, 이른바 '킹메이커'로 자리 잡았는지 분석한다. 마지막으로 이러한 거대한 변화가 양자 컴퓨팅 기업의 사업 전략과 투자자의 가치 평가 방식에 어떤 근본적 전환을 요구하는지 깊이 있게 고찰해 본다.

QCaaS가 낮춘 장벽들

QCaaS는 인터넷을 통해 원격으로 컴퓨팅 자원을 빌려 쓰는 클라우드 서비스 기반 사업 모델이다. 사용자는 이를 통해 물리적으로 멀리 떨어진 양자 컴퓨터 하드웨어나 관련 소프트웨어, 그리고 개발에 필요한 각종 도구들을 자신의 컴퓨터에서 접속해 이용할 수 있다. 개념적으로는 우리가 일상적으로 사용하는 서비스형 소프트웨어SaaS나 서비스형 인프라IaaS 같은 클라우드 서비스와 동일하다.

과거 클라우드 서비스가 전통적인 컴퓨팅 산업의 지형을 송두리째 바꿔놓았듯이, QCaaS는 이제 막 태동하는 양자 컴퓨팅 분야에 거대한 혁명을 일으키고 있다. QCaaS가 가져온 가장 직접적이면서도 강력한 효과는 양자 컴퓨팅 도입의 가장 큰 걸림돌이었던 진입 장벽을 극적으로 낮추었다는 점이다.

첫 번째 장벽은 '재정 장벽'이다. 양자 컴퓨터 한 대를 직접 제작하고 안정적으로 운영하려면 수백억 원에 이르는 초기 자본 투자가 필수다. 특히 현재 주류 기술 중 하나인 초전도 큐비트 시스템의 경우, 큐비트가 양자적 특성을 유지하려면 절대영도에 가까운 극저온 상태가 필요하다. 이를 위해 거대한 희석 냉각 장치와 같은 특수 인프라를 갖춰야 하며, 이 시설을 24시간 가동하는 데 막대한 운영 비용이 계속 발생한다.

QCaaS는 이러한 천문학적인 초기 투자 비용을 예측 가능한 운영 비용으로 전환해 주었다. 사용자들은 더 이상 수백억 원을 호가하는 복잡하고 민감한 물리적 장비를 직접 구매하거나 유지할 필요가 없다. 전기나 수도처럼 사용한 만큼만 비용을 지불하는 종량제나 매월 정해진 요금을 내는 구독 모델로 양자 컴퓨터를 자유롭게 활용할 수 있게 된 것이다. 덕분에 재정적 부담이 크게 줄어들면서 양자 컴퓨팅을 구경조차 하기 어려웠던 스타트업, 중소기업, 대학의 소규모 연구실까지 양자 컴퓨팅의 무한한 가능성을 직접 탐색할 기회를 얻게 되었다.

두 번째 장벽은 '고도의 전문성 장벽'이다. 양자 컴퓨터를 제대로 다루려면 양자역학에 대한 깊은 이론적 지식과 하드웨어 이해를 갖춘 전문가가 필요하다. 이러한 전문 인력은 전 세계적으로 매우 드물고 채용 비용도 엄청나다. 하지만 대부분의 QCaaS 플랫폼은 양자 프로그램을 쉽게 작성하고 개발하는 데 필요한 통합 개발 환경IDE, 자주 쓰는 알고리즘들을 모아놓은 알고리즘 라이브러리, 그리고 소프트웨어 개발 키트SDK 등을 풍부하게 지원하여 효과적인 해결책을 제공한다. 소프트웨어 개발 키트로는 IBM의 키스킷Qiskit, 구글의 서크Cirq, 아마존 웹 서비스의 브라켓 소프트웨어 개발 키트Braket SDK 같은 도구들이 대표적이다. 이에 대해서는 뒤에서 자세히 살펴보겠다.

이러한 도구들은 양자 회로를 설계하고 양자 컴퓨터에서 실행하는 복잡한 과정을 상당히 단순화해 준다. 덕분에 양자물리학 박사 학위가 없어도, 파이썬과 같은 전통적인 프로그래밍 언어에 익숙한 소프트웨어 개발자나 데이터 과학자가 비교적 낮은 학습 곡선으로 양자 알고리즘 개발에 도전할 수 있다. 이는 양자 컴퓨팅 생태계의 저변을 넓히고 발전에 기여할 수 있는 인재의 폭을 극적으로 확장하는 효과를 가져온다.

마지막 장벽은 '기술 불확실성 장벽'이다. QCaaS가 가져온 가장 근본적이고 중요한 변화는 기술이 앞으로 어떻게 전개될지 모르는 불확실성 속에서 기업이 짊어져야 할 기술적 위험을 분산해 준다는 점이다. 현재 양자 컴퓨터 하드웨어 시장은 다양한 기술 방식이 미래의 주도권을 잡기 위해 치열하게 경쟁하는 파편화된 모습을 보인다. 초전도 큐비트 방식, 이온 트랩 방식, 포토닉스 방식, 중성 원자 방식 등 저마다 장단점을 가진 여러 기술이 공존하고 있다. 지금 단계에서는 이 중 어떤 기술이 최종 승자가 되어 시장을 통일할지 예측하기 어렵다. 이러한 상황에서 특정 기술 방식의 양자 컴퓨터를 자체 구축하기 위해 수십억, 수백억 원을 투자하는 것은 위험천만한 도박이나 다름없다. 막대한 돈을 들여 투자한 기술이 시장 주류에서 밀려나거나 더 우월한 기술에 의해 도태된다면, 그 엄청난 자산이 하루아침에 고철 덩어리로 전락할 수 있기 때문이다.

QCaaS 플랫폼은 이런 위험에 현명한 해법을 제시한다. 아마존 웹 서비스의 아마존 브라켓Amazon Braket이나 마이크로소프트의 애저 퀀텀Azure Quantum 같은 주요 플랫폼들은 한 가지 기술 방식에 올인하지 않는다. 대신 여러 하드웨어 파트너사가 제공하는 다양한 방식의 양자 처리 장치QPU를 자유롭게 선택할 수 있는 일종의 종합 시장을 제공한다. 예를 들어 애저 퀀텀은 애저를 통해 양자 컴퓨팅 및 양자 최적화 서비스를 제공한다.

덕분에 기업들은 저렴한 비용으로 다양한 하드웨어에서 자사의 알고리즘을 동시에 시험하고 비교해 볼 수 있다. 또한 해결하고자 하는 문제에 가장 적합한 컴퓨터 구조를 실증적 데이터로 탐색할 수 있다. 즉 QCaaS는 특정 기술의 실패 위험을 여러 기술에 분산하고 다양한 가능성을 동시에 탐색하는 포트폴리오 방식을 가능하게 한다. 기술 불확실성이라는 거대한 변수를 기업이 충분히 관리 가능한 수준으로 바꿔놓는 것이다. 이러한 위험 분산 기능은 비용 절감보다 훨씬 더 강력한 촉매제가 되어, 수많은 기업이 불확실성에 대한 두려움 없이 양자 기술 실험의 세계로 뛰어들도록 이끌고 있다.

QCaaS는 재정, 고도의 전문성, 기술 불확실성이라는 세 가지 진입 장벽을 무너뜨리며 '혁신의 선순환 구조'를 가속화하고 있다. 훨씬 다양한 사용자가 양자 컴퓨팅에 자유롭게 접근하면서, 과거에는 소수 전문가만 상상할 수 있었던 새로운 알고리즘이나 사업적 활용 사례들이 발견될 가능성이 커지고 있다. 이러한 창의적인 발견과 성공 사례는 다시 양자 컴퓨팅 자원에 대한 수요를 낳는다. 이는 클라우드 서비스 제공업체와 하드웨어 파트너사의 수익 증대로 이어지며, 이들은 그 수익을 더 빠르고 안정적인 차세대 기술 개발에 재투자한다. 이처럼 수요가 공급을 이끌고 발전된 공급이 새로운 수요를 창출하는 역동적 선순환은 양자 컴퓨팅 생태계 성장의 핵심 동력이다.

'클라우드 삼총사'가 만드는 새로운 QCaaS 질서

한편 QCaaS 시장의 성장은 자연스럽게 다양한 서비스를 제공하는 거대 플랫폼, 즉 클라우드 서비스 제공업체의 역할에 주목하게 만든다. 특히 아마존 웹 서비스, 마이크로소프트 애저, 구글 클라우드 플랫폼으로 이루어진 '클라우드 삼총사'는 단순한 양자 하드웨어 유통 채널을 넘어섰다. 이들은 양자 컴퓨팅 생태계의 규칙을 만들고 시장 접근을 통제하며 막대한 가치를 축적하는 킹메이커다. 이들의 핵심 전략은 중립적인 장터 운영이다. 특정 하드웨어 기술 방식에 얽매이지 않고 다양한 양자 하드웨어 공급자와 최종 사용자를 자사 플랫폼에서 연결하는 중심축 역할을 한다.

먼저 아마존 웹 서비스의 아마존 브라켓은 시장 선점자로서 가장 넓고 다양한 하드웨어 선택지를 제공하는 '양자 컴퓨터 슈퍼마켓' 전략을 구상한다. 아이온큐의 이온 트랩 방식, 리게티 컴퓨팅과 IQM 퀀텀 컴퓨터스IQM Quantum Computers의 초전도 큐비트 방식, 큐에라 컴퓨팅의 중성 원자 방식 등 현재 시장에 존재하는 거의 모든 주요 기술을 아우르는 폭넓은 파트너십을 구축했다. 덕분에 사용자들은 특정 하드웨어 기술에 종속될 걱정 없이 필요와 목적에 따라 가장 적합한 기술을 유연하게 선택할 수 있다. 가격 모델도 양자 회로 실행 작업당 수수료, 계산 횟수당 수수료, 특정 장비를 독점 사용하기 위한 시간당 예약 요금 등으로 명확하게 구성되어 있어 예산을 쉽게 관리할 수 있다.

마이크로소프트의 애저 퀀텀은 '익숙한 사무실'에 비유할 수 있다. 마이크로소프트는 이미 전 세계 기업들이 업무에 사용하는 소프트웨어 환경을 확고하게 장악하고 있다. 애저 퀀텀은 사용자들에게 익숙한 이 강력한 소프트웨어 생태계에 양자 컴퓨팅 기술을 깊숙이 결합하는 방식으로 경쟁자들과 차별화를 꾀한다. 애저 플랫폼의 고성능 컴퓨팅High-Performance Computing, HPC이나 AI 서비스를 사용하고 있는 대규모 기업 고객들이 주요 공략 대상이다. 애저 퀀텀은 개방성을 표방하며 아이온큐, 퀀티뉴엄, 파스칼PASQAL, 리게티 컴퓨팅 등 다양한 파트너사와 협력한다.

이러한 접근 방식은 아마존 웹 서비스보다 다소 복잡한 가격 모델에서도 드러난다. 계산 시간이나 사용한 큐비트 수로 비용을 청구하지 않고, 파트너사마다 각자 고유한 과금 기준을 적용한다. 예를 들어 퀀티뉴엄은 HQCHardware Quantum Credits라는 독자적인 단위를 사용한다. 즉 HQC로 연산 횟수나 시간뿐 아니라 실행된 양자 회로의 복잡성(사용된 큐비트 수, 연산 종류와 개수 등)까지 종합적으로 측정하여 자원 소모량을 산정한다. 이를 통해 사용자들은 더 정교하고 공정한 기준으로 비용을 지불할 수 있다.

또 다른 파트너사인 아이온큐는 #AQAlgorithmic Qubits를 과금 기준으로 제시한다. #AQ는 양자 컴퓨터에 탑재된 물리 큐비트의 수가 아닌, 실제로 의미 있는 양자 알고리즘을 성공적으로 실행할 수 있는 '유효 큐비트'의 수를 측정하는 성능 지표다. 큐비트의 양과 질을 함께 평가하여 특정 #AQ를 갖춘 컴퓨터가 실제로 어느 정도 크기의 문제를 해결할 수 있는지 가늠하게 해준다. 이처럼 애저 퀀텀은 표준화된 서비스보다 각 기업의 특수한 요구 사항에 따라 해결책을 제공하는 맞춤형 기업 솔루션에 초점을 맞추고 있다.

구글 클라우드 플랫폼의 접근 방식은 아마존 웹 서비스나 애저의 개방적인 시장 모델과 달리, 선별된 소수를 위한 '비밀의 정원' 모델에 가깝다. 구글은 세계 최고 수준의 성능을 자랑하는 자사의 소프트웨어 생태계인 서크 및 텐서플로 퀀텀TensorFlow Quantum과 자체 개발 하드웨어인 시커모어Sycamore, 윌로우Willow를 긴밀히 통합하여 전면에 내세운다. 외부 하드웨어에 대한 접근은 매우 제한적으로 제공하는데, 실제로 한때 아이온큐가 장터에서 제공되는 거의 유일한 외부 파트너사였다.

구글은 개방적인 장터보다 하드웨어부터 소프트웨어까지 모든 것을 자체 제공하는 완전한 통합 솔루션을 우선한다. 구글의 핵심 경쟁력은 자사가 보유한 최첨단 양자 하드웨어와 시장을 지배하는 AI 및 머신러닝 플랫폼 간의 강력한 시너지에 있다. 이를 통해 해당 분야의 최고 수준 연구자와 개발자들에게 다른 플랫폼이 제공할 수 없는 매력을 어필할 수 있다.

클라우드 시장을 이끄는 빅테크 기업들의 역할은 양자 컴퓨팅 생태계의 전체 구조를 이해하는 데 매우 중요하다. 이들은 다른 회사가 만든 양자 컴퓨터 하드웨어를 빌려주고 수수료를 받는 유통업자에 머무르지 않는다. 오히려 통일된 프로그래밍 환경과 인터페이스를 제공하는 '양자 추상화 계층'이라는 더 큰 구조를 구축하고 있다. 추상화 계층이란 복잡한 내부 구조를 감추고 사용자에게는 단순한 기능만을 제공하는 역할을 말한다.

이 추상화 계층의 핵심은 개발 키트다. 아마존 웹 서비스가 제공하는 '브라켓 소프트웨어 개발 키트'가 대표적인 예다. 소프트웨어 개발 키트란 개발자들이 양자 프로그램을 더 쉽게 만들고 실행할 수 있도록 돕는 도구 모음이다. 개발자들은 파이썬처럼 익숙한 프로그래밍 언어로 양자 알고리즘을 설계하고, 이를 아마존 클라우드 서비스에 연결된 다양한 양자 컴퓨터로 보낼 수 있다. 하나의 리모컨으로 여러 제조사의 텔레비전을 조작하는 것과 같다.

마이크로소프트 애저 퀀텀이 제공하는 퀀텀 개발 키트QDK도 비슷한 역할을 하지만 고유한 특징이 있다. 가장 큰 특징은 'Q#(큐샵)'이라는 양자 컴퓨팅 전용 프로그래밍 언어를 중심으로 구성되어 있다는 점이다. Q#은 복잡한 양자 현상을 프로그래머가 더 직관적으로 다룰 수 있도록 처음부터 새롭게 설계된 언어다. 퀀텀 개발 키트에는 Q# 외에도 컴파일러, 시뮬레이터, 알고리즘 라이브러리 등이 포함되어 있다. 컴파일러는 프로그래머가 C++ 같은 언어로 작성한 코드를 컴퓨터가 실행할 수 있는 기계어로 번역해 주고, 시뮬레이터는 양자 컴퓨터 없이도 코드를 실험해 볼 수 있게 한다.

브라켓 소프트웨어 개발 키트나 퀀텀 개발 키트, 구글의 서크 같은 개발 도구들은 사용자가 작성한 코드를 거의 수정하지 않고도 컴퓨터 부품을 갈아 끼우듯 다양한 하드웨어에서 실행해 볼 수 있게 해준다. 이러한 환경 덕분에 최종 사용자에게 특정 회사의 QPU를 선택하는 문제는 이제 결정하고 나면 바꾸기 어려운 중대한 선택이 아니다. 오히려 설정값을 바꾸듯이 프로그램을 실행하는 순간에 어떤 장비가 가장 적합할지 결정하는 가벼운 문제가 된다. 따라서 사용자는 해결하려는 문제의 특성에 따라 어떤 알고리즘은 아이온큐의 이온 트랩 방식 장비에서, 또 다른 알고리즘은 리게티 컴퓨팅의 초전도 큐비트 방식 장비에서 유연하게 실행할 수 있다.

양자 시뮬레이션의 전략적 가치

이제 양자 시뮬레이션에 관해 살펴보자. 흔한 오해와 달리 양자 시뮬레이션 시장은 양자 컴퓨팅 생태계의 부수적인 분야가 아니다. 오히려 전체 산업 구조를 떠받치는 핵심 기반으로 이해해야 한다.

오늘날 양자 컴퓨팅 혁명이 진행되는 과정에서 양자 시뮬레이션은 매우 중요한 역할을 맡고 있다. 실제 제트기가 완성되기를 기다리는 동안 조종사들이 비행 시뮬레이터로 훈련하는 것과 같다. 여기서 실제 제트기는 오류를 스스로 보정할 수 있는 내결함성 양자 컴퓨터를, 비행 시뮬레이터는 양자 시뮬레이션을 의미한다. 이 시장은 아직 개발 중인 물리적 양자 컴퓨터가 매우 희소하고 비싸며 기술적으로 불안정하다는 현실 문제를 극복할 전략적 해결책을 제시한다.

양자 시뮬레이션 시장의 본질은 기존 컴퓨터, 특히 HPC 시스템을 이용해 양자 컴퓨터의 작동 원리를 흉내 내는 소프트웨어나 클라우드 서비스를 제공하는 데 있다. 개발자와 연구자들은 이를 통해 실제 양자 하드웨어를 직접 다루지 않고도 양자 알고리즘을 만들고 시험하며 오류를 수정할 수 있다. 다시 말해 매우 비싼 QPU를 사용하기에 앞서 알고리즘이 제대로 작동하는지 미리 확인하고 개선할 수 있다. 이는 또한 차세대 양자 기술 전문가를 길러내는 효과적인 교육 수단이 된다.

앞서 말했듯이 현재 양자 컴퓨팅 기술은 잡음이 있는 중규모 양자, 즉 NISQ 시대에 머물러 있다. 이 시대의 QPU들은 엄청난 잠재력을 지녔지만 주변 환경의 작은 영향에도 극도로 민감하다. 이로 인해 양자 정보가 쉽게 파괴되는 결어긋남 현상이 발생하며, 결국 계산 과정에서 높은 오류율로 이어진다. 예를 들어 일반적인 고전 컴퓨터는 평균적으로 10^{18}회의 연산을 할 때 한 번 정도 오류가 발생하지만, 현재 양자 컴퓨터는 고작 103회 연산할 때마다 한 번꼴로 오류가 날 만큼 불안정하다.

이러한 상황에서 양자 시뮬레이터는 단순히 기술을 보조하는 수단을 넘어, 결정적 도구가 된다. 외부 간섭이 전혀 없는 이상적인 환경을 제공하므로 연구자들은 계산 결과의 문제가 알고리즘 자체의 논리적 허점 때문인지, 아니면 하드웨어의 물리적 결함 때문인지를 명확하게 구별할 수 있다.

물리적 하드웨어의 기술적 미성숙과 높은 오류율은 양자 컴퓨팅 기술을 도입하려는 기업에 상당한 기술적·재정적 부담을 안겨준다. 반면 신뢰성이 검증된 고전 컴퓨터에서 작동하는 시뮬레이터는 이러한 위험 부담을 줄여 양자 기술의 진입 장벽을 낮춘다. 기업들은 막대한 초기 비용을 들이지 않고도 양자 기술에 대한 전문성을 쌓고, 사업 활용 분야를 탐색하며, 관련 지식재산을 미리 확보할 수 있다.

따라서 양자 시뮬레이션 시장의 성장은 양자 컴퓨팅 생태계가 얼마나 건강하게 발전하고 있는지를 보여주는 중요한 선행 지표라고 할 수 있다. 활발한 양자 시뮬레이션 시장은 머지않아 더 크고 안정적인 물리적 양자 컴퓨팅 시장이 열릴 것임을 예고한다.

소프트웨어 부문의 높은 성장세는 단순히 기술 수요가 많다는 것을 넘어, 산업 전반에서 양자 기술의 가치를 찾으려는 활동이 활발하다는 뜻이다. 양자 컴퓨팅의 진정한 가치는 하드웨어 자체가 아니라 어떤 문제를 해결할 수 있느냐에 달려 있다. 금융, 제약, 물류 등 다양한 산업의 기업들은 기존 컴퓨터로는 풀기 어려웠던 문제들을 해결하여 양자 이점을 얻기 위해 막대한 연구개발 비용을 투자하고 있으며, 투자는 주로 소프트웨어 개발, 시뮬레이션 실행, 전문가 컨설팅 서비스에 집중된다.

즉 소프트웨어 및 시뮬레이션 기업들은 미래에 등장할 강력한 하드웨어의 가능성을 바탕으로 현재 시장 가치를 만들어 내고 있다. 투자자 입장에서는 순수 하드웨어 개발업체에 비해 투기적 위험이 낮으면서도 단기 수익 창출이 가능한 매력적인 투자처로 볼 수 있다.

양자 시뮬레이션은 기존의 HPC 기술을 바탕으로 이루어지며, 특히 GPU가 핵심 역할을 한다. 고전 컴퓨터로 양자 시스템의 동작을 흉내 내는 과정은 본질적으로 거대한 행렬을 끊임없이 계산하는 작업과 같다. 예를 들어 n개의 큐비트로 구성된 양자 시스템의 상태를 숫자로 표현하려면 2^n개의 복소수가 필요하다. 큐비트가 하나 늘어날 때마다 필요한 복소수가 2배로 증가하므로 시뮬레이션에 필요한 계산량과 저장 공간(메모리)은 기하급수적으로 커진다. 그리고 시스템에 가해지는 모든 양자 연산은 이 2^n개 값들의 거대한 집합에 특정 행렬을 곱하는 방식으로 이루어진다. 이러한 폭발적인 계산량 증가가 고전 컴퓨터로 양자 시스템을 시뮬레이션할 때 부딪히는 근본적인 한계다.

GPU는 본래 수천 개의 처리 장치를 병렬로 연결해 대규모 행렬과 같은 연산을 효율적으로 처리하도록 설계되었다. 따라서 양자 시뮬레이션처럼 방대한 계산이 필요한 작업에 매우 적합하다. 이 분야에서 엔비디아는 단순한 하드웨어 부품 공급사를 넘어 포괄적인 소프트웨어 생태계를 구축하며 시장을 지배하고 있다. 엔비디아의 핵심 전략은 하드웨어와 소프트웨어를 긴밀하게 통합하는 것이다. 대표적인 예가 큐퀀텀cuQuantum이라는 소프트웨어 개발 키트로, 엔비디아 GPU 구조에 맞게 계산 과정을 최적화하여 기존 방식보다 특정 작업에서 최대

900배 빠른 성능을 이끌어 낸다.

여기에 더해 엔비디아는 코다Quantum Optimized Device Architecture, QODA라는 새로운 프로그래밍 환경을 선보이며 개발의 편의성을 한 단계 끌어올렸다. 기존에는 양자 컴퓨터를 흉내 내는 양자 시뮬레이션 코드와 이를 제어하고 분석하는 고전 컴퓨터 코드를 별도로 작성하고 관리해야 했다. 서로 다른 언어를 사용하는 두 사람이 복잡한 작업을 함께하려고 할 때 통역사를 거쳐야만 소통할 수 있는 상황과 비슷하다.

코다는 이러한 장벽을 허물어 양자 시뮬레이션 코드와 고전 컴퓨터 코드를 하나의 프로그램 안에서 자연스럽게 통합한다. 개발자는 더 이상 두 종류의 코드를 분리할 필요 없이 하나의 통일된 흐름 안에서 프로그램을 작성할 수 있다. 덕분에 양자 계산과 고전 계산이 긴밀하게 상호작용하는 더욱 복잡한 알고리즘을 수월하게 구현할 수 있다.

또한 엔비디아는 아마존 웹 서비스, 오라클 클라우드Oracle Cloud 같은 주요 클라우드 서비스 및 양자 소프트웨어 기업들과 파트너십을 맺어 큐퀀텀을 고성능 시뮬레이션 분야의 사실상 표준 기술로 만들고 있다. 이는 '곡괭이와 삽' 사업 모델의 전형으로, 골드러시 시대에 금을 직접 캐는 대신 광부들에게 곡괭이와 삽을 팔아 안정적인 수익을 올린 것과 같다. 어떤 양자 하드웨어가 최종 승자가 되든 개발 과정에서 고성능 시뮬레이션은 꼭 필요하다. 엔비디아는 이 과정에 필요한 핵심 도구를 제공해 개발자들이 자사 플랫폼을 계속 사용하도록 만들고, 양자 컴퓨팅 경쟁에 참여하는 모든 기업으로부터 안정적인 수익을 창출하는 강력한 경쟁 우위를 확보했다.

양자 시뮬레이션 시장은 이 장의 핵심 주제인 QCaaS와도 긴밀하게 연결되어 있다. 아마존, 마이크로소프트, 구글 같은 클라우드 서비스 제공업체들은 양자 시뮬레이션 서비스를 제공하는 핵심 유통 채널이자 치열한 경쟁의 장이 되었다. 이들 플랫폼은 실제 QPU와 정교한 시뮬레이터에 대한 접근을 통합 제공하는 중심축 역할을 한다.

아마존 웹 서비스의 아마존 브라켓은 사용자의 필요에 맞춰 다양한 시뮬레이터를 제공한다. 간단한 시제품 제작을 위한 로컬 시뮬레이터는 무료로 제공하고, 더 복잡한 계산을 위한 고성능 온디맨드 시뮬레이터는 사용 시간에 따라 비용을 받는 방식이다. 예로 들어 TN1이라는 시뮬레이터로 양자 회로를 최대 50큐비트까지 시뮬레이션할 수 있고, DM1 시뮬레이터로 실제 QPU에서 발생하는 잡음의 영향을 미리 시험해 볼 수 있다. 아마존 브라켓은 엔비디아의 큐퀀텀 기술을 도입하여 GPU 기반의 시뮬레이션 성능을 한층 더 강화했다.

구글은 텐서플로 퀀텀 등의 도구로 양자 시뮬레이션을 자사의 방대한 AI 및 클라우드 생태계에 깊숙이 통합하는 전략을 추구한다. 이 방식은 양자 기술과 머신러닝을 결합하는 융합 분야에서 강력한 시너지 효과를 낼 잠재력이 있다. 구글의 가격 정책은 경쟁사처럼 명확하게 분리되어 있지 않고, 더 넓은 AI 및 클라우드 플랫폼의 과금 체계에 포함되어 운영된다.

공통적으로 이들 클라우드 플랫폼은 다양한 시뮬레이터와 실제 QPU에 접근할 수 있는 통일된 소프트웨어 인터페이스를 제공한다. 덕분에 개발자는 코드를 한 번만 작성하면 로컬 시뮬레이터, 클라우드의 GPU 시뮬레이터, 특정 회사의 실제 GPU 등으로 실행 대상을 손쉽게 전환할 수 있다. 이는 클라우드 서비스 제공업체들이 양자 산업의 필수적인 '추상화 계층'으로 자리 잡아 하드웨어의 복잡성을 숨기고 개발 환경과 고객 관계를 직접 통제하여 개별 하드웨어 제조사의 영향력을 줄일 수 있음을 의미한다. 따라서 장기적으로 양자 컴퓨팅 생태계의 전략적 주도권과 수익의 상당 부분이 단일 하드웨어 제조사보다 클라우드 서비스 제공업체에 돌아갈 가능성이 높다.

양자 시뮬레이션의 가치는 이론적인 가능성에만 머무르지 않는다. 이미 금융이나 신약 개발처럼 복잡한 계산 문제를 다루는 산업 분야에서는 양자 시뮬레이션과 기존 컴퓨터를 결합한 하이브리드 방식이 실제 문제 해결에 활용되며 상업적 잠재력을 증명하고 있다.

금융 분야의 대표적인 예는 투자 포트폴리오 최적화 문제다. 전통적인 포트폴리오 모델은 거래 비용, 특정 주식의 수량 제한, 자산 간의 복잡한 상호작용과 같은 현실적 제약 조건이 추가될수록 계산 복잡성이 크게 증가한다. JP모건 체이스_{JPMorgan Chase}와 같은 금융 기관들은 IBM, 아마존 웹 서비스 등과 협력하여 하이브리드 양자 알고리즘을 적용하고 있다. 이 접근법은 전체 최적화 과정을 고전 컴퓨터가 관리하되, 계산량이 많고 복잡한 특정 부분만 QPU나 고성능 시뮬레이터에 맡기는 방식이다. 이러한 하이브리드 모델은 현재의 불완전한 NISQ 시대 하드웨어로도 의미 있는 결과를 얻기 위한 핵심 전략이다.

제약 산업에서는 복잡한 분자의 움직임을 정확히 시뮬레이션하여 약효를 예측하는 일이 신약 개발 과정의 시간과 비용을 크게 좌우하는 어려운 과제다. 디 웨이브 퀀텀은 재팬토바코Japan Tobacco의 제약 부문과 협력하여 자사의 양자 어닐러(양자 어닐링 방식을 이용해 복잡한 최적화 문제를 해결하는 양자 컴퓨터의 일종)와 생성형 AI 모델을 결합한 하이브리드 시스템을 구축했다. 이 시스템은 순수한 고전 방식을 사용했을 때보다 효율적이고 적은 에너지로 '약물과 유사한' 특성을 지닌 새로운 분자 구조를 만들어 냈다. 양자 기술이 AI 모델의 탐색 범위를 넓혀 더 나은 결과를 이끌어 낼 수 있음을 보여준 사례다. 머크, 화이자Pfizer 같은 다른 대형 제약사들도 마이크로소프트 등과 협력하며 이 분야의 가능성을 적극 탐색하고 있다.

이러한 성공 사례들은 중요한 사실을 보여준다. 현재 가장 유망한 접근법은 양자 컴퓨터를 단독으로 사용하는 것이 아니라, 고전 컴퓨터와 긴밀하게 통합한 '하이브리드 워크플로hybrid workflow'다. 이는 불완전한 기술 시대의 임시방편이 아니라 NISQ 시대를 관통하는 핵심 구조다. 고전 컴퓨터는 데이터 처리와 전체적인 제어에 강점을 가지고, 양자 컴퓨터는 특정 계산 영역에서 강력한 성능을 발휘한다. 진정한 가치는 이 둘을 지능적으로 조율하는 데서 나온다.

다만 고전 컴퓨터를 이용한 양자 시뮬레이션에는 명백한 한계가 있다. n개의 큐비트로 구성된 양자 시스템의 상태를 저장하는 데 필요한 메모리의 양은 2^n에 비례하여 기하급수적으로 늘어난다. 완벽한 큐비트 64개만 시뮬레이션하더라도 현존하는 어떤 슈퍼컴퓨터의 용량을 초월하는 천문학적인 자원이 필요하다. 바로 이 근본적인 '시뮬레이션의 벽' 때문에 물리적인 양자 컴퓨터가 필요하다.

따라서 양자 컴퓨팅 투자는 '양자 기술과 고전 기술 중 하나를 선택'하는 방식으로 접근해서는 안 된다. 양자 시뮬레이션은 양자 컴퓨터 개발 과정에만 필요한 도구가 아니다. 고전 컴퓨터와 양자 컴퓨터의 장점을 결합한 '하이브리드 컴퓨팅 모델'이라는 최종 결과물을 구성하는 핵심 부분이다. 미래의 컴퓨터는 고전 컴퓨터와 양자 컴퓨터가 각자 잘하는 작업을 나누어 처리하는 협력 형태로 발전할 가능성이 크다.

그래서 이러한 복잡한 하이브리드 워크플로를 설계하고 관리하는 기술이 무엇보다 중요해지고 있다. 이 분야를 선도하는 대표 기업으로는 퀀티뉴엄과 큐시웨어QC Ware가 있다.

퀀티뉴엄은 다양한 양자 하드웨어에서 양자 회로를 최적화하고 조율하는 소프트웨어 개발 키트인 티켓TKET 플랫폼으로 잘 알려져 있다. 큐시웨어는 기업들이 자체 인프라 없이도 양자 알고리즘을 개발하고 실행할 수 있도록 돕는 클라우드 기반 플랫폼인 포지Forge를 제공한다. 이처럼 하이브리드 컴퓨팅 환경의 설계와 운영에 전문성을 가진 기업들이 미래 컴퓨터 시장의 주도권을 확보하는 데 가장 유리한 위치에 서게 될 것이다.

양자 시뮬레이션 분야의 장기 목표는 내결함성 양자 컴퓨팅, 즉 FTQC를 구현하는 것이다. 이 기술은 오류 정정 코드를 사용해 잡음이 많고 불안정한 수많은 물리 큐비트를 묶어 신뢰성 높은 논리 큐비트 하나를 만든다. 수십 년이 걸릴 수 있는 매우 어려운 과제지만 대규모 상업 문제를 해결할 수 있는 양자 알고리즘의 잠재력을 완전히 끌어내려면 달성해야 할 목표다. 하지만 내결함성 양자 컴퓨터가 등장해도 양자 시뮬레이션 시장은 다음과 같은 이유로 사라지지 않는다.

1. FTQC가 구현되어도 초기에는 사용 시간이 매우 귀하고 비쌀 것이다. 따라서 새로운 알고리즘을 설계하고 오류를 잡는 초기 단계에서는 양자 시뮬레이션이 비용 효율적인 핵심 도구로 남을 수 있다.

2. 양자 기술 전문가를 양성하는 교육용 플랫폼으로서 양자 시뮬레이션의 역할이 더욱 중요해질 것이다.

3. FTQC 시대에도 많은 응용 프로그램은 고전 컴퓨터와 결합된 하이브리드 형태로 유지될 것이다. 따라서 양자 시뮬레이션은 이러한 복잡한 작업 흐름의 고전적 부분을 모델링하고 관리하는 데 계속 사용될 수 있다.

4. 양자 시뮬레이션은 특정 FTQC 하드웨어의 고유한 잡음 특성을 정밀하게 모델링하고 분석하는 데 쓰일 수 있다. 이는 더 효율적인 오류 정정 기술을 개발하고 실제 하드웨어에서 알고리즘의 성능을 최적화하는 데 필수

적인 과정이 될 것이다.

양자 컴퓨팅의 발전은 하드웨어, 소프트웨어, 알고리즘이 영향을 주고받으며 함께 진화하는 지속적인 과정이다. 양자 시뮬레이션은 이러한 공진화가 일어나는 가상 실험실과 같다. 따라서 양자 시뮬레이션 시장을 FTQC의 등장과 함께 사라질 일시적인 시장이 아니라, 양자 산업 전체를 위한 영구적인 연구개발 엔진으로 봐야 한다. 산업 전체의 연구개발 예산이 증가함에 따라 더욱 발전된 양자 시뮬레이션 도구와 서비스 시장도 꾸준히 성장할 것이며, 이는 장기적 관점에서 양자 시뮬레이션 시장의 지속 가능성과 성장 잠재력을 보장한다.

QCaaS의 미래 가치는 누가 가져갈까?

QCaaS의 부상은 양자 컴퓨팅 기업들의 사업 모델을 근본적으로 재편하고 있으며, 이러한 변화는 투자자들이 기업 가치를 평가하는 방식에도 새로운 관점을 요구한다. 가장 두드러진 변화는 수익 모델의 전환이다. 고가의 하드웨어를 한 번 판매하고 끝나는 방식에서 벗어나, 이제 기업들은 QCaaS를 통해 예측 가능하고 확장성이 높은 반복 매출을 창출하는 데 주력한다. 투자자 입장에서는 훨씬 더 매력적이다. 가격 전략도 계산 횟수, 게이트 연산 수, 사용 시간에 따라 과금하는 사용량 기반 모델부터 여러 등급의 월간·연간 구독 모델까지 다양하다. 이러한 서비스 중심 모델은 단순히 기술을 실험해 보려는 소규모 사용자부터 양자 컴퓨팅을 본격적으로 활용하려는 대규모 기업까지, 다양한 고객층의 요구를 유연하게 충족할 수 있다.

순수하게 하드웨어만 개발하는 업체들은 클라우드 플랫폼이라는 거대한 경기장에서 오로지 하드웨어의 성능과 가격으로만 경쟁해야 한다. 반면 클라우드 서비스 제공업체는 최종 고객과의 관계, 과금 시스템, 데이터 통합, 전반적인 사용자 경험까지 모든 것을 통제한다. 공급과 수요를 한곳에 모으고 생태계의 모든 규칙을 직접 통제함으로써 플랫폼 운영자가 대부분의 가치를 독점하는 전형적인 플랫폼 사업 모델이다. 하드웨어 기업 입장에서 거대 클라우드 플랫폼에 입점하는 것은 수많은 잠재 고객에게 접근하기 위한 필수 관문이다. 하지만 이는 동시에 상당한 협상력과 잠재 이윤을 킹메이커인 클라우드 서비스 제공업체에게 넘겨주는 것을 의미한다. 하드웨어 기업에 투자하려면 이러한 구조를 반드시 인지해야 한다.

그러나 투자자에게 더욱 중요한 시사점은 '가치 포착'의 문제다. QCaaS 플랫폼과 그 위에서 작동하는 하드웨어는 양자 컴퓨팅 혁명에 필수적인 '인프라'다. 하지만 여러 분석에 따르면, 양자 컴퓨팅이 창출하는 경제적 가치에서 이 인프라 공급자들이 차지하는 비중은 의외로 작을 수 있다.

2025년 시장 분석 기관 레조넌스Resonance Consultancy에 따르면, 양자 컴퓨팅 기술은 2035년까지 누적 약 8,770억 달러에 달하는 경제적 효과를 창출할 것으로 예상된다. 하지만 정작 기술 공급업체들은 이 중 약 550억 달러, 즉 전체 가치의 6% 정도만 직접적인 수익으로 가져갈 전망이다. 더욱이 시장이 성숙하면서 기술 공급업체의 가치 포착 비중은 2026년 19%에서 2030년에는 8%로 오히려 감소할 것으로 예측된다.

이러한 가치의 불균형은 몇 가지 구조적 요인에서 비롯된다. 첫째, 하드웨어 개발사들은 기술 최전선에서 경쟁하기 위해 막대한 연구 개발비와 자본 비용을 지속적으로 감당해야 한다. 둘째, 앞서 분석했듯이 클라우드 서비스 제공업체들이 고객 접근성과 가격 결정권을 손에 쥔 강력한 중개자로서 상당한 몫을 가져간다. 셋째, 이는 기반 기술이 갖는 본질적인 특성이기도 하다. 인터넷 혁명 시기에도 시스코Cisco 같은 네트워크 장비 제조업체가 큰 성공을 거두기는 했지만 막대한 부를 창출한 기업은 그 인프라 위에서 완전히 새로운 서비스와 응용 프로그램을 만든 구글, 아마존 같은 기업들이었다.

이러한 분석은 양자 하드웨어 기업에 대한 투자를 금광을 캐기 위한 곡괭이와 삽 투자에 비유하는 것이 다소 불완전하며 투자자들을 오도할 수 있음을 시사한다. 실제로는 인터넷 혁명 당시 네트워크 장비 제조업체에 투자하는 것에 가깝다. 인프라 제공업체에 대한 투자는 분명 유효한 전략이지만, 자칫 가치 사슬의 가장 큰 부분을 놓칠 수 있다. 퀀텀 경제의 진정한 '금광'은 데이터를 운반하는 파이프라인 자체가 아니라, 그 파이프라인을 통해 흐르는 데이터를 활용하여 금융, 제약, 물류와 같은 핵심 산업의 가장 어려운 문제들을 해결하는 '솔루션'에 있을 가능성이 높다.

따라서 정교한 투자 전략을 세우려면 하드웨어 공급업체에만 집중하지 않고, 가치 사슬의 상위 계층으로 시야를 넓혀야 한다. 즉 양자 컴퓨팅을 활용해 기존 산업에서 지속 가능한 경쟁 우위를 만들어 내는 '응용 계층' 기업들을 주목해야 한다. 이들은 양자 소프트웨어를 전문적으로 개발하는 스타트업일 수도 있다. 하지만 화학, 금융, 제약 등 각 분야의 기존 강자들이 QCaaS를 자사의 핵심 업무에 성공적으로 통합하여 경쟁사보다 먼저 양자 우위를 확보하고 그 성과를 독점하고 있을 가능성이 훨씬 높다.

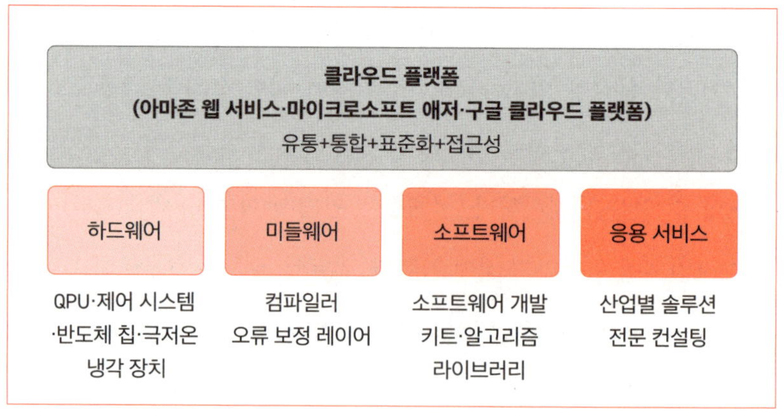

양자 컴퓨팅 가치 사슬

이를 바탕으로 균형 잡힌 포트폴리오를 구성해야 한다. 순수 하드웨어 관련 주식은 양자 분야의 성장에 직접 연동되는 매력적인 투자 대상임이 분명하다. 그러나 양자 컴퓨팅이 앞으로 창출할 1조 달러 규모의 가치에서 최종 사용자와 응용 프로그램 개발업체가 가장 큰 몫을 차지할 가능성이 매우 높다. 따라서 현재 어떤 기업들이 QCaaS 플랫폼을 가장 활발하고 창의적으로 활용하고 있는지 면밀히 관찰해야 한다. 이는 미래 양자 시대의 진정한 승자를 가려내는 가장 중요한 선행 지표가 될 것이다.

이어지는 제2부와 제3부에서는 앞서 언급한 순수혈통의 개척자들과 기존 거인들에 속하는 대표 기업들을 소개한다. 아이온큐, 리게티 컴퓨팅, 디 웨이브 퀀텀, 퀀텀 컴퓨팅 같은 순수혈통의 개척자들은 특정 큐비트 구현 방식으로 시장을 개척한다. 구글, 마이크로소프트, IBM 같은 기존 거인들은 자체 양자 컴퓨터와 클라우드 인프라를 구축하며 시장 규칙을 세운다. 반도체 강자들인 퀀티뉴엄과 엔비디아도 기존 거인들에 속한다. 이를 통해 효과적인 투자 전략을 세우는 데 도움을 얻길 바란다.

제2부

순수혈통의 개척자들

고위험 고수익

제4장

아이온큐:
이온 트랩의 선두주자

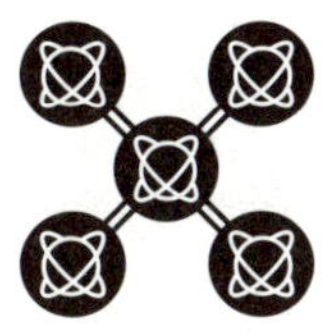

기술 및 경쟁 우위

아이온큐의 기술은 양자 컴퓨팅의 가장 근본적인 질문에서 시작한다. "무엇으로 계산할 것인가?" 그들의 답은 인간이 만든 불완전한 소자가 아니라 우주가 수십억 년에 걸쳐 완성한 완벽한 창조물, 바로 원자 그 자체였다. 아이온큐가 선택한 원소는 이터븀이다. '자연이 만든 큐비트Nature's Qubit'라는 심오한 철학을 바탕으로 이터븀을 양자 정보의 그릇, 즉 큐비트로 사용한다.

이터븀은 주기율표에서 란타넘족에 속하는 희토류 원소로, 자연계에 드물게 존재하지만 양자 컴퓨터의 큐비트로서 이상적인 조건을 갖췄다. 첫째, 이터븀 원자는 가장 바깥쪽 전자 껍질에 2개의 전자를 가지고 있다. 이 독특한 구조 덕분에 레이저로 원자에서 전자 하나를 손쉽게 떼어내어 안정적인 이온 상태로 만들 수 있다. 둘째, 이온이 된 이터븀의 양자 상태를 조작하고 측정하는 데 필요한 특정 파장의 레이저 기술이 이미 상업적으로 성숙하여 매우 안정적이고 정밀한 제어가 가능하다.

아이온큐의 큐비트 제조 과정은 그 자체로 정교한 과학 드라마다. 첫 단계는 이터븀 원자에서 전자 하나를 정밀한 레이저로 떼어내 양전하를 띠는 이온으로 만드는 이온화 과정이다. 전하를 띤 이온은 전자기장에 반응할 준비를 마친다. 그다음 '선형 이온 트랩'이라는 특수한 반도체 칩 위로 이온들을 옮긴다. 머리카락보다 얇은 전극들이 새겨진 이 트랩은 보이지 않는 힘으로 만들어진 양자적 무대다. 이 트랩은 미세하게 진동하는 강력한 전자기장을 발생시켜 이온들을 허공에 단단히 붙잡아 둔다. 이 보이지 않는 감옥 안에서 이온들은 외부 세계의 미세한 온도 변화나 진동으로부터 완벽하게 격리된다. 결어긋남을 최소화하기 위한 최적의 환경이 조성되는 것이다.

하지만 전자기장만으로는 이온들을 붙잡아 두기에 충분하지 않다. 진공 챔버 안 이온들은 열에너지 때문에 여전히 각자의 자리에서 미세하게 떨고 있기 때문이다. 이러한 불규칙한 떨림은 양자 정보에 치명적인 잡음으로 작용하여 정확한 계산을 방해한다. 이 문제를 해결하기 위해 레이저 냉각laser cooling이라는 정교한 과정을 수행한다. 특정 주파수의 냉각용 에너지를 이온에 쏘면, 레이저를 향해 다가오는 이온만 빛을 효과적으로 흡수한다. 이 과정에서 이온은 자신의 운동량과 반대 방향으로 광자와 충돌하며 점차 속도가 느려진다.

이러한 상호작용을 수없이 거치면 이온의 열적 떨림은 극도로 둔화된다. 레이저 냉각을 통해 이온의 온도는 절대영도에 매우 근접한 수 마이크로켈빈(μK, 100만 분의 1켈빈) 수준까지 떨어진다. 즉 레이저 냉각은 끓는 물을 얼리는 수준을 넘어, 우주에서 가장 차가운 심우주 공간보다 훨씬 낮은 온도로 원자의 움직임을 사실상 멈추는 기술이다.

이 모든 과정이 끝나면 이온들은 열적 떨림이 거의 사라진 상태에서 안정된 구조를 형성한다. 전기적 반발력과 전자기장의 인력이 완벽한 균형을 이루는 것이다. 이온들은 투명한 실에 꿰어진 진주 목걸이처럼 일렬로 늘어선 선형 사슬linear chain 구조를 형성한다. 이렇게 극저온 상태에서 미동도 없이 정렬된 이온 사슬은 비로소 외부 레이저로 정밀하게 제어할 수 있는 상태가 된다. 양자 계산을 수행할 준비가 완료된 것이다.

이같이 정밀한 과정을 통해 만들어진 이터븀 이온 큐비트는 인공적으로 제작된 초전도 회로를 큐비트로 사용하는 경쟁 방식과 근본적으로 다르다. 우주에 존재하는 모든 이터븀 원자는 자연이라는 거대한 공장에서 찍어낸 복제품처럼 물리적으로 동일하다. 따라서 안정된 양자 상태로 준비되고 외부 환경의 방해만 없다면 놀라울 정도로 오랜 시간 동안 정보를 손실 없이 그대로 간직할 수 있다. 이는 양자 계산의 정확도를 결정하는 핵심 요소다.

모든 큐비트가 본질적으로 균일하고 안정적이라는 특성은 수백만 개의 큐비트를 집적해야 하는 미래의 대규모 양자 컴퓨터를 제작할 때 강력한 이점으로 작용한다. 제조 과정에서 필연적으로 발생하는 인공 큐비트 간 미세한 품질 차이나 성능 변동성을 원천적으로 제거하기 때문이다. 수백만 개의 부품으로 거대한 기계를 조립할 때 모든 나사와 볼트가 단 1마이크로미터의 오차도 없이 완벽하게 동일하다고 보장받는 것과 같다. 이러한 자연의 보증은 경쟁 기술 대비 큐비트의 품질과 일관성 측면에서 근본적인 우위를 제공한다.

아이온큐가 이처럼 복잡하고 정교한 이온 트랩 기술을 선택한 것은 양자 컴퓨팅의 미래를 내다본 전략적 결정이다. 현재 양자 컴퓨팅 분야에서는 초전도 큐비트 방식과 이온 트랩 방식이 기술 주도권을 놓고 치열하게 경쟁하고 있다. 두 기술은 속도와 정확성이라는 측면에서 뚜렷한 장단점을 가진다.

초전도 큐비트는 슈퍼카와 같다. 연산 속도는 번개처럼 빠르지만 양자 상태가 유지되는 결맞음 시간이 극히 짧아 순식간에 정보가 증발해 버린다. 반면 아이온큐가 채택한 이온 트랩 큐비트는 마라토너에 비유할 수 있다. 연산 속도는 상대적으로 느리지만 한번 주어진 양자 상태를 수 분 동안 유지할 수 있는 놀라운 지구력을 가졌다. 연산의 정확도를 나타내는 게이트 충실도 또한 세계 최고 수준이다.

앞서 말했듯이 현재는 양자 컴퓨터의 성능이 불완전하고 외부 잡음에 취약한 NISQ 시대다. 이 시기에는 짧고 간단한 계산을 빠르게 반복하는 초전도 큐비트 방식이 더 유리해 보일 수 있다. 하지만 아이온큐의 시선은 그 너머를 향한다. 진정한 양자 컴퓨팅의 잠재력이 폭발할 FTQC 시대다.

신약 개발이나 금융 모델링 같은 복잡한 문제를 풀려면 수십억, 수조 번의 연산을 거쳐야 한다. 이때 연산 속도가 아무리 빨라도 각 단계에서 발생하는 0.01%의 작은 오류들이 눈덩이처럼 쌓이면 최종 결과는 무의미한 값이 되어버린다. 아이온큐는 큐비트 자체의 품질이 뛰어나고 오류 발생률이 근본적으로 낮으면, 연산 속도는 조금 느리더라도 장기적으로 오류를 바로잡는 데 필요한 추가 계산량을 크게 줄일 수 있다고 믿는다. 즉 당장의 속도 경쟁보다는 계산의 정확성에 투자함으로써 궁극적으로 훨씬 더 강력하고 신뢰할 수 있으며 확장 가능한 컴퓨터를 만들겠다는 전략이다.

아이온큐의 또 다른 핵심 경쟁력은 이 완벽하게 준비된 큐비트들이 서로 소통하는 방식, 즉 '완전 연결성 all-to-all connectivity'이라 불리는 우아한 아키텍처에서 나온다. 선형 사슬로 배열된 (양전하를 띤) 이온들은 전기적 반발력인 쿨롱 힘을 통해 보이지 않는 끈으로 강력하게 연결된다. 그 결과, 이온들은 하나의 집단처럼 조화롭게 진동하는 '공통 진동 모드 collective vibrational mode'를 공유한다.

이 공통 진동 모드가 큐비트 간 정보를 매개하는 '양자 버스 quantum

bus'역할을 하는 것이 완전 연결성의 핵심 원리다. 덕분에 엔지니어는 정교하게 제어되는 레이저를 사용해 사슬 안의 특정 큐비트(양 끝에 있든 중앙에 있든)를 선택하고, 그 큐비트의 양자 상태(정보)를 공통 진동 모드에 실을 수 있다. 이 정보는 쿨롱 힘으로 연결된 사슬 전체의 진동에 즉각 반영된다. 그리고 엔지니어는 다시 레이저를 사용해 사슬 내 다른 표적 큐비트가 이 공통 진동 모드로부터 정보를 받아들이도록 하여 두 큐비트를 직접 얽힘 상태로 만들 수 있다. 앞서 말했듯이 얽힘 이란 두 큐비트가 물리적 거리와 무관하게 하나로 연결되어 작동하는 양자역학적 현상이며, 아이온큐 방식에서는 레이저와 이온 사슬의 공통 진동 모드를 매개로 이를 구현한다.

이는 물리적인 배선 구조의 한계를 가진 다른 양자 컴퓨터와 뚜렷하게 대비되는 지점이다. 예를 들어 대부분의 초전도 칩은 큐비트가 바로 옆 큐비트와만 상호작용할 수 있는 '최근접 이웃 연결nearest-neighbor connectivity' 구조를 가진다. 사람들이 일렬로 늘어서서 옆 사람에게만 귓속말을 전달할 수 있는 것과 같다. 맨 앞 사람이 맨 뒤 사람에게 정보를 전달하려면 중간의 모든 사람을 거쳐야만 한다. 이 과정에서 정보는 왜곡되고 시간은 지체되며, 오류가 쌓일 가능성은 기하급수적으로 커진다.

반면 아이온큐의 완전 연결성 구조는 거대한 원탁에 둘러앉아 모두가 서로 마주 보며 자유롭게 대화하는 것과 같다. 불필요한 전달 과정이 모두 생략되므로 훨씬 적은 연산, 즉 더 얕은shallower 회로만으로도 복잡한 알고리즘을 효율적으로 구현할 수 있다. 이는 연산 과정에서 오류 누적을 최소화하는 결정적 장점이다.

또한 이러한 완전 연결성은 개별 큐비트의 높은 품질과 결합하여 그 가치를 기하급수적으로 증폭하는 강력한 '승수 효과'를 만들어 낸다. 아무리 큐비트를 많이 모아도 품질이 낮거나 효율적으로 소통할 수 없다면 오합지졸에 불과하다. 완전 연결성은 시스템의 모든 계산 자원을 단 하나도 낭비 없이 효율적으로 활용하게 해준다. 따라서 특정 문제에서는 30명의 전문가가 원탁에 앉아 자유롭게 소통하는 팀(아이온큐 시스템)이 100명 이상이 귓속말로만 소통하는 군중(제한된 연결성 시스템)보다 오히려 더 뛰어난 문제 해결 능력을 보일 수 있다. 이처럼 큐비트의 품질과 소통의 효율성이 만들어 내는 강력한 시너지는 아이온큐가 경쟁사보다 적은 큐비트로도 더 높은 계산 능력을 보여준다고 자신 있게 주장하는 기술적 자부심의 근간이다.

독보적인 기술력을 바탕으로 아이온큐는 업계의 성능 평가 기준을 새롭게 만들려는 야심 찬 시도를 하고 있다. 앞서 말한 #AQ, 즉 알고리즘 큐비트라는 독자적인 성능 지표다. #AQ는 단순히 물리 큐비트 수를 세는 양적 경쟁에서 벗어나 "당신의 컴퓨터가 실제로 얼마나 유용한 계산을 할 수 있는가?"라는 본질적인 질문을 던진다. 이 지표는 신약 개발이나 금융 분석 등 상업적으로 의미 있는 양자 알고리즘 회로들을 컴퓨터에서 실행한 뒤, 그 결과가 이론적 정답과 얼마나 일치하는지를 '고전적 충실도'로 평가한다. 한 시스템의 #AQ 값은 특정 복잡도를 가진 알고리즘을 37%(자연상수 e의 역수, 1/e) 이상의 의미 있는 정확도로 실행할 수 있는 최대 큐비트 수로 정의된다.

#AQ는 양자 컴퓨팅 업계의 성능 경쟁 구도를 자사에게 유리한 방향으로 바꾸려는 아이온큐의 정교한 전략이다. 물리 큐비트 수나 연산 속도 같은 단편적 지표 경쟁에서 벗어나, 자사의 강점인 높은 정확도와 완벽한 연결성이 가장 잘 드러나는 '실질적인 알고리즘 수행 능력'이라는 새로운 경쟁의 장을 연 것이다. 실제로 2025년 9월 아이온큐는 자사의 템포Tempo 시스템이 #AQ 64를 달성했다고 발표하며 업계에 큰 파장을 일으켰다. 2^{64}, 즉 약 1,800경京에 달하는 계산 공간을 효과적으로 다룰 수 있다는 의미다.

투자자 입장에서 #AQ는 아이온큐의 기술 리더십 주장을 평가하는 중요한 참고 자료가 될 수 있다. 물론 업계 표준이 아닌 독자적인 지표라는 점에서 비판적 시각을 유지할 필요도 있다. 그럼에도 '궁극적으로 중요한 것은 쓸모 있는 계산 능력'이라는 #AQ의 철학은, 양자 컴퓨터의 뜬구름 잡는 잠재력이 아닌 실제 가치를 평가하는 데 있어 가장 합리적이고 설득력 있는 접근법을 제시한다.

사업 모델 및 재무 상태

아이온큐의 핵심 사업 모델은 QCaaS에 기반한다. 앞서 말했듯이 기업마다 양자 컴퓨터를 자체 개발하고 극저온 환경을 유지하며 운영하는 것은 비현실적이다. 이러한 기술적·재정적 장벽 때문에 클라우드 플랫폼을 통해 양자 컴퓨팅 자원을 제공하는 QCaaS는 현 기술 단계에서 상업화를 향한 유일하고 가장 현실적인 통로다.

아이온큐는 QCaaS 분야에서 독보적인 시장 선점 효과를 누리고 있다. 전 세계 클라우드 시장을 장악한 거인 삼총사의 플랫폼(아마존 웹 서비스의 아마존 브라켓, 마이크로소프트의 애저 퀀텀, 구글 클라우드 플랫폼)에 자사의 양자 컴퓨터를 제공하는 유일한 순수 양자 컴퓨팅 기업이기 때문이다. 이는 단순히 온라인 상점 세 곳에 입점한 것과는 차원이 다르다. 세계에서 가장 까다로운 기술 기업들로부터 기술력을 공식 인정받았다는 강력한 증표다.

이러한 클라우드 파트너십(클라우드 서비스 제공업체와 다른 기업 간의 전략적 제휴)은 아이온큐에 다층적인 전략적 이점을 제공한다. 첫째, 이미 구축된 강력한 글로벌 유통망을 통해 전 세계 수백만 명의 개발자와 잠재 고객에게 즉시 접근할 수 있다. 덕분에 막대한 마케팅 비용 없이도 자사 기술을 잠재 고객에게 직접 전달하는 효과를 얻는다. 둘째, 세계 최고 기술 기업들의 플랫폼에 나란히 이름을 올림으로써 스타트업으로서 기술력에 대한 신뢰를 자연스럽게 얻을 수 있다. 셋째, 대부분의 양자 알고리즘이 사용하는 하이브리드 워크플로를 통해 이익을 얻을 수 있다. 이 점이 가장 중요하다.

앞서 설명했듯 양자 알고리즘 대부분은 기존 컴퓨터와 긴밀히 협력하며 실행된다. 양자 컴퓨터는 만능 기계가 아니라 어려운 계산을 전담하는 고도로 특화된 보조 프로세서에 가깝다. 복잡한 문제를 잘게 나누어 쉬운 부분은 고전 컴퓨터가, 가장 어려운 핵심 부분은 양자 컴퓨터가 처리한다. 클라우드 플랫폼은 이러한 하이브리드 워크플로를 구축할 수 있는 이상적인 기반을 제공한다. 고객들은 막대한 초기 투자 없이 사용한 만큼만 비용을 지불하면서 아이온큐의 최첨단 양자 컴퓨터로 새로운 기술을 실험하고 사업적 가치를 탐색할 수 있다.

그러나 이처럼 화려해 보이는 클라우드 파트너십은 사실 양날의 검이다. 클라우드 플랫폼들은 본질적으로 '하드웨어에 구애받지 않는hardware-agnostic' 중립적인 전략을 취한다. 즉 아마존, 마이크로소프트, 구글은 아이온큐의 이온 트랩 시스템뿐만 아니라 리게티 컴퓨팅의 초전도 칩, 퀀티뉴엄의 또 다른 이온 트랩 시스템 등 모든 경쟁사의 양자 컴퓨터들을 동일한 플랫폼에서 제공한다. 고객들은 동일한 알고리즘 코드를 몇 줄만 수정하여 여러 양자 컴퓨터에서 직접 실행하고 성능, 정확도, 비용을 객관적으로 비교해 볼 수 있다.

따라서 클라우드 플랫폼 입점은 출발선에 선 것일 뿐, 결코 우승을 보장하지 않는다. 아이온큐의 장기적인 성공은 클라우드 접근성이 아니라, 그 거대한 플랫폼에서 경쟁사 대비 지속적이고 우수하고 신뢰할 수 있는 하드웨어 성능을 입증할 수 있느냐에 달려 있다. 결국 클라우드 플랫폼은 아이온큐에게 전 세계로 뻗어 나갈 기회인 동시에, 기술적 우위를 냉혹하게 검증받아야 하는 시험대다.

아이온큐의 재무 상태는 수익 모델이 아직 완성되지 않은 초기 성장 단계 딥테크 기업의 전형을 보여준다. 한쪽에서는 매출이 폭발적으로 성장하고, 다른 한쪽에서는 미래를 위한 투자로 막대한 현금을 빠르게 소모하고 있다. 분기별 재무 보고서를 보면 이러한 이중성이 명확히 드러난다. 매출은 전년 대비 100%를 훌쩍 넘는 성장률을 기록하며 시장의 기대를 뛰어넘지만, 수익성 지표는 정반대다. 영업이익과 순이익은 큰 폭의 적자를 기록하며, 손실 규모도 회사의 성장과 함께 매년 커지고 있다.

이러한 막대한 손실의 주된 원인은 방만한 경영이 아니라 기술 격차를 압도적으로 벌리기 위한 필수적인 투자 때문이다. 차세대 양자 컴퓨터 개발을 위한 연구개발 비용과 글로벌 시장 개척을 위한 마케팅·운영 인력 충원에 따른 판매관리비가 급증하고 있다.

2025년 2분기 실적 보고서는 '성장을 위한 출혈' 전략을 압축적으로 보여준다. 해당 분기 매출은 2,070만 달러로 시장 예상치를 15% 이상 웃돌았다. 더 많은 고객이 아이온큐의 기술을 실제로 사용하고 비용을 지불하기 시작했다는 의미다. 하지만 주당 순손실EPS은 0.70달러로, 시장 예상치인 0.13달러보다 훨씬 컸다. 전년 같은 기간보다 무려 231%나 급증한 연구개발 비용이 주된 원인이었다. 이처럼 아이온큐는 기술적 우위를 유지하고 기술 개발 로드맵을 달성하기 위해 공격적으로 투자하고 있다. 또한 단기 수익성보다는 양자 컴퓨팅이라는 거대한 패러다임 전환기에서 장기적인 기술 리더십을 확보하는 데 회사의 모든 자원을 집중하고 있다.

이처럼 고성장 고비용 구조를 가진 기업에서 투자자가 가장 주목해야 할 지표는 손익계산서의 적자 규모가 아니라 회사가 보유한 현금의 규모다. 회사의 총 현금 보유액을 분기별 현금 소모액(순손실 또는 영업현금흐름 적자)으로 나눈 값을 '재무적 활주로financial runway'라고 부른다. 외부로부터의 추가 자금 조달 없이 회사가 현재 속도로 얼마나 더 사업을 영위할 수 있는지를 가늠하는 척도다.

2025년 2분기 기준 아이온큐의 분기별 영업비용은 1억 8,130만 달러에 달했고, 이륙하기도 전에 활주로가 끝날 수 있다는 시장의 우려가 존재했다. 그러나 아이온큐는 2025년 7월 단일 기관 투자자로부터 10억 달러가 넘는 대규모 자금을 유치하며 이러한 우려를 단번에 잠재웠다. 이로써 회사의 현금성 자산은 16억 달러 수준으로 크게 늘어났다.

이 대규모 자금 조달은 단순한 재무 활동을 넘어 회사의 미래를 결정짓는 전략적 변곡점이다. 월스트리트의 분석가와 전문 투자자들이 아이온큐의 기술과 비전을 면밀히 검토한 후 미래 가능성에 거액을 베팅했다는 강력한 신호다. 동시에 이제 막 싹을 틔우는 첨단 기술 기업에게 가장 귀중한 자산인 '시간'을 벌어주었다.

덕분에 아이온큐는 단기적인 재무 압박에서 벗어나 앞으로 몇 년간 야심 찬 기술 로드맵을 차질 없이 실행할 수 있는 안정적인 기반을 확보했다. 투자자 입장에서는 회사의 단기적인 파산 위험이 극적으로 낮아진 셈이다. 이제 아이온큐를 둘러싼 핵심 투자 질문은 "자금이 바닥나기 전에 버틸 수 있을까?"에서 "확보한 막대한 자금으로 기술 로드맵을 현실화할 수 있을까?"로 완전히 옮겨갔다.

전략적 전망

아이온큐의 미래 구상은 회사가 공개한 야심 찬 기술 로드맵에 명확하게 집약되어 있다. 이 로드맵은 물리 큐비트와 논리 큐비트라는 두 기둥 위에 세워져 있으며, 반도체 산업의 무어의 법칙(인텔 공동 창업자 고든 무어가 1965년에 발표한, 18~24개월마다 반도체 칩에 집적할 수 있는 트랜지스터 수가 2배로 증가한다는 경험적 원칙)을 뛰어넘는 기하급수적 성장을 목표로 한다. 아이온큐는 2027년까지 단일 반도체 칩 하나에 1만 개의 물리 큐비트를 집적하고, 2028년에는 광자를 이용해 칩을 연결하는 광자상호연결 기술로 두 칩을 연결해 총 2만 큐비트 시스템을 구축할 계획이다. 최종 목표는 2030년까지 200만 개 이상의 물리 큐비트를 달성하는 것이다. 현재로서는 상상하기 어려운 목표다.

그러나 이 계획의 진정한 핵심은 물리 큐비트의 수를 늘리는 것을 넘어, 오류를 스스로 보정하는 논리 큐비트를 확보하는 데 있다. 현재의 양자 컴퓨터가 불안정한 계산기라면, 논리 큐비트로 구성된 양자 컴퓨터야말로 진정한 의미의 양자 컴퓨터라고 할 수 있다. 아이온큐는 2028년까지 약 1,600개, 2030년까지는 4만~8만 개의 논리 큐비트를 구현할 계획이다. 이는 신약 개발, 금융 모델링, 신소재 발견과 같은 난제를 해결할 수 있는 FTQC 시대를 여는 황금 열쇠다.

이 원대한 계획을 현실로 만들기 위해 아이온큐가 선택한 무기는 전략적인 인수합병M&A이다. 이온 트랩 기술은 우아함과 안정성에도 불구하고 두 가지 공학적 난제를 안고 있다. 첫째는 큐비트 밀도가 낮아 단일 트랩이라는 한정된 공간에 많은 이온을 집적하기 어렵다는 점이고, 둘째는 단일 트랩의 물리적 한계를 넘어 시스템 전체를 확장하기 어렵다는 점이다. 아이온큐의 최근 인수합병 활동은 이 두 가지 약점을 정면 돌파하려는 명확한 의도를 보여준다.

먼저 2025년 5월에 미국의 양자 메모리 전문 스타트업인 라이트싱크Lightsynq Technologies를 인수했다. 인수 목적은 광자상호연결 기술을 내재화하기 위함이다. 이 기술은 빛의 속도로 정보를 전달해 개별 양자 컴퓨터 칩들을 하나의 거대한 뇌처럼 연결한다. 이는 단일 트랩의 물리적 한계를 뛰어넘어 강력한 모듈을 추가해 나갈 수 있는 모듈식 '양자 슈퍼컴퓨터'를 구현하는 기반이 된다.

2025년 9월에는 독점적인 2차원 이온 트랩 기술을 확보하기 위해 영국의 양자 컴퓨팅 기업인 옥스퍼드 아이오닉스Oxford Ionics를 인수했다. 2차원 이온 트랩 기술은 기존 1차원 선형 구조에 비해 트랩 밀도를 이론적으로 최대 300배까지 높일 수 있어 단일 차선 고속도로를 수십 차선으로 확장하는 것과 같은 혁신을 가져온다. 2030년까지 200만 개 이상의 물리 큐비트를 확보하겠다는 아이온큐의 로드맵을 달성하는 데 없어서는 안 될 마지막 퍼즐 조각이다.

이처럼 아이온큐의 인수합병 전략은 자사 기술 방식의 고질적인 병목 현상을 해결하는 데 필요한 특정 기술과 세계적인 인재를 정밀하게 조준하여 흡수하는, 고도로 계산된 외과수술적 접근법이다. 단순히 문제 해결을 희망하는 것을 넘어, 자본을 전략적으로 활용하여 로드맵을 현실화할 구체적인 실행 방안과 의지를 가지고 있음을 보여주는 강력한 신호다. 궁극적으로 아이온큐의 기업 가치는 이론적인 기술의 우아함이나 로드맵의 원대함을 넘어, 그 기술이 현실 세계의 문제를 해결하여 실질적인 상업적 가치를 창출할 수 있느냐에 달려 있다. 기술을 위한 기술은 학문적 성취에 그칠 뿐이기 때문이다.

실제로 아이온큐는 제약, 금융, 물류 최적화, 재료과학 등 인류의 삶과 직결된 다양한 산업 분야를 목표로 하고 있으며, 이미 추상적인 가능성을 구체적인 성과로 바꾸기 시작했다. 특히 아스트라제네카As-traZeneca, 아마존 웹 서비스, 엔비디아와 협력한 프로젝트는 양자 컴퓨팅의 상업적 잠재력을 보여준 중요한 이정표로 평가받는다. 이 프로젝트에서 아이온큐의 시스템은 신약 개발 과정에 필수적인 복잡한 화학 반응인 '스즈키-미야우라 반응Suzuki-Miyaura coupling'을 시뮬레이션하는 작업을 수행했다.

스즈키-미야우라 반응은 팔라듐 촉매를 사용해 유기붕소화합물과 유기할로겐화물을 결합시켜 새로운 탄소-탄소(C-C) 결합을 효율적으로 형성하는 유기합성 반응이다. 현대 유기화학에서 가장 중요하고 널리 사용되는 방법 중 하나로, 항암제나 항바이러스제처럼 복잡한 분자 구조의 의약품을 합성하는 데 필수적이다.

이 프로젝트에서 아이온큐의 양자 컴퓨터와 엔비디아의 GPU 기술 등을 결합한 하이브리드 워크플로는 기존 CPU 기반의 고전 컴퓨터보다 시뮬레이션 작업 속도를 5배 높이고 비용은 20배 절감했다. 이는 양자 컴퓨터와 기존 컴퓨터를 함께 사용하는 하이브리드 워크플로가 실제 산업 현장의 병목 현상을 해결하고 막대한 가치를 창출할 수 있음을 보여주는 구체적인 증거다. 또한 회사가 제시하는 미래 가치에 강력한 설득력을 더한다.

종합적으로 아이온큐에 대한 투자는 분기별 실적을 예측하는 전통적인 주식 투자와는 근본적으로 다른 시각에서 접근해야 한다. 긍정적인 측면에서 보면, 아이온큐는 기술적으로 가장 유망한 큐비트 방식

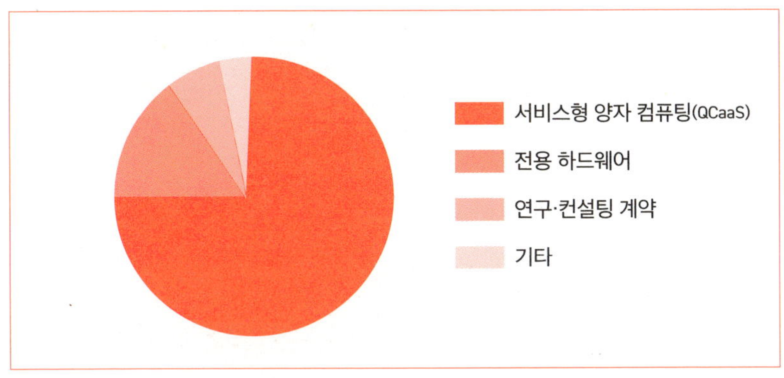

* 출처: 아이온큐

중 하나를 기반으로 명확하고 공격적인 확장 계획을 갖추고 있다. 또한 최근 대규모 자금 조달로 향후 몇 년간 외부 변수에 흔들리지 않고 기술 개발에만 집중할 수 있는 재무적 활주로를 확보했다. 주요 클라우드 플랫폼과의 독점적인 파트너십과 초기 상업적 성공 사례들은 회사의 기술력과 시장성을 동시에 입증한다. 하지만 부정적인 측면과 거대한 위험도 명확히 인지해야 한다.

1. 실행 위험execution risk: 로드맵이 워낙 공격적이기 때문에 기술 목표 중 단 하나라도 계획대로 달성하지 못한다면 단순한 지연을 넘어 투자자들의 신뢰에 치명적인 타격을 줄 수 있다.

2. 통합 위험integration risk: 회사의 확장 전략은 인수합병으로 확보한 이질적인 기술과 인력을 성공적으로 통합하는 것에 크게 의존한다. 서로 다른 기업

문화가 조화를 이루지 못한다면 전체 계획이 위태로워질 수 있다.

3. 재무 위험 financial risk**:** 막대한 자금을 확보했지만 사업 모델 자체가 장기간 높은 현금 소모를 전제로 한다. 따라서 기술 상용화가 예상보다 늦어지거나 거시 경제의 불확실성으로 자본 시장이 다시 얼어붙으면 재무적 압박이 언제든 재점화될 수 있다.

4. 경쟁 위험 competitive risk**:** 양자 컴퓨팅 분야는 IBM, 구글, 퀀티뉴엄 등 자금력과 인재 풀에서 비교할 수 없는 기업들이 각기 다른 기술 경로로 치열하게 경쟁하는 전쟁터다. 경쟁사의 예기치 못한 기술적 돌파는 아이온큐의 접근 방식을 순식간에 낡은 유물로 만들어 버릴 수 있다.

아이온큐 투자는 양자 컴퓨팅 패러다임을 바꿀 잠재력을 지닌 산업의 선구자에 대한, 고위험 고수익의 벤처 캐피털 베팅에 가깝다. 복잡하고 원대한 기술적·전략적 구상을 얼마나 성공적으로 구현해 내느냐는 회사의 실행력에 투자 성패가 달려 있다.

제5장

리게티 컴퓨팅: 초전도 혁신가

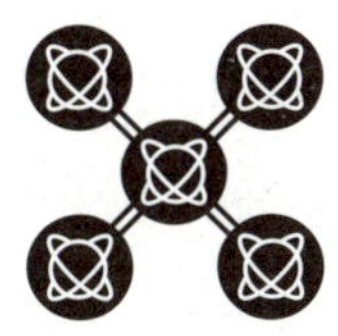

기술 및 경쟁 우위

리게티 컴퓨팅은 오늘날 양자 컴퓨터 하드웨어 개발의 광활한 지형에서 가장 많은 탐험가가 모여드는 길, 즉 초전도 큐비트 기술을 기반으로 사업을 전개한다. 초전도 큐비트 기술은 이온 트랩 같은 경쟁 방식보다 양자 연산을 훨씬 빠르게 수행할 수 있다는 큰 장점이 있다. 하지만 이 눈부신 속도에는 값비싼 대가가 따른다. 초전도 상태를 유지하기 위해 우주 공간보다 차가운 극저온 환경이 필요하며, 주변 환경의 아주 미세한 잡음이나 에너지 변화에도 큐비트의 양자 상태가 쉽게 붕괴되는 결어긋남 현상에 극도로 취약하다.

이러한 기술적 선택으로 리게티 컴퓨팅은 구글, IBM 같은 빅테크 기업들과 정면 승부를 펼치고 있다. 다윗이 골리앗과 같은 무기로 싸우는 격이므로, 리케티 컴퓨팅만의 차별화된 전략이 생존과 성공의 필수 조건이 된다. 리게티 컴퓨팅의 핵심 경쟁력은 단순히 주류 기술인 초전도 큐비트를 사용한다는 점에 있지 않다. 그들의 진정한 비기는 양자 컴퓨팅의 최대 난제인 '확장성의 저주'를 풀기 위해 내놓은 독창적이면서도 실용적인 해법, 즉 멀티칩 아키텍처에 있다.

리게티 컴퓨팅이 기술적으로 가장 돋보이는 지점은 업계 최초로 현실화한 멀티칩 양자 프로세서 구조다. '칩렛chiplet'이라고도 부르는 이 모듈식 설계는 하나의 거대한 양자 칩을 만들려는 시도가 가진 본질적인 한계를 정면 돌파하기 위한 전략이다. 양자 프로세서는 단일 칩의 크기가 커질수록 생산 과정에서 결함이 발생할 확률이 기하급수적으로 높아진다. 거대한 통유리 한 장을 흠집 없이 만들기 어려운 것처럼 수백 개의 큐비트 품질을 균일하게 유지하는 것은 거의 불가능하다.

리게티 컴퓨팅은 발상을 전환해 거대한 통유리 대신 작지만 완벽한 품질의 유리 타일을 여러 개 만들어 정교하게 이어 붙이는 방식을 고안했다. 과거 고전 컴퓨터가 단일 코어의 성능 향상에 물리적 한계를 느끼자 여러 코어를 하나의 칩에 장착하는 '멀티 코어' 구조로 전환했던 것과 같은 담대한 시도였다.

칩렛 전략은 해결되지 않은 물리학적 난제가 돌파되기를 막연히 기다리기보다 현재 제조 기술 안에서 확장성을 확보하려는 현실적인 공학적 접근법이다. 물론 이 접근법의 성패는 작은 '타일'들을 얼마나 매끄럽게 이어 붙일 수 있느냐에 달렸다. 칩과 칩의 경계에서 상당한 잡음이 발생하거나 정보 전달에 지연이 생긴다면 이 모든 구상은 허상에 불과하기 때문이다.

칩렛 전략의 효과는 36큐비트 프로세서 시스템 '세페우스-1-36Q Cepheus-1-36Q'의 등장으로 극적으로 증명되었다. 리게티 컴퓨팅의 공학자들은 9큐비트 칩 4개를 성공적으로 연결하여 두 큐비트 사이의 게이트 충실도에서 평균 99.5%라는 경이로운 수치를 달성했다. 가장 결정적인 성과는 칩과 칩의 물리적 경계를 넘어서도 성능 저하 없이 양자 얽힘 현상을 구현해 냈다는 점이다.

세페우스-1-36Q의 성공은 리게티 컴퓨팅이 추구하는 '타일링', 즉 타일처럼 칩을 이어 붙이는 접근법이 단순한 이론이 아닌 실제 작동하는 강력한 패러다임임을 입증한 중대 사건이었다. 이는 회사의 기술 전략 전체를 떠받치는 반석이 되었다. 또한 84큐비트 '안카 Ankaa' 시리즈를 비롯한 이전 시스템들을 꾸준히 개발해 큐비트 수와 연산 정확도라는 두 마리 토끼를 모두 잡으며 기술적 진보를 이어가고 있다.

리게티 컴퓨팅의 기술 전략을 지탱하는 또 하나의 기둥은 업계 최초로 설립한 양자 집적회로 전용 생산 시설인 팹-1 Fab-1이다('팹'은 반도체 집적회로를 생산하는 제조 시설을 의미한다). 리게티 컴퓨팅은 이를 통해 아이디어 구상부터 최종 생산까지 모든 과정을 통제하며 누구도 따라 할 수 없는 속도와 통제력을 확보하고 있다. 개발과 생산을 모두 직접 수행하는 수직 통합 방식은 막대한 초기 투자를 요구하는 위험한 도박이었지만, 리게티 컴퓨팅에 칩 설계부터 제조까지 전 과정에 대한 강력한 통제권이라는 값진 자산을 안겨주었다. 이 통제력은 여러 개의 칩을 조합하는 모듈식 개발 전략에 필수적인 빠른 기술 개선과 맞춤형 생산을 가능하게 한다.

덕분에 외부 전문 생산업체인 파운드리foundry에 칩 생산을 위탁하는 경쟁사들이 몇 달씩 기다려야 하는 시제품 제작과 수정을 리게티 컴퓨팅은 자체 팹에서 단 몇 주 만에 해낼 수 있다. 이 속도 차이가 기술 개발의 가속도를 결정하는 핵심 요소다. 리게티 컴퓨팅은 2022년 말에 팹-1의 생산 능력을 거의 2배로 확장하며 수직 통합 전략에 대한 확고한 믿음을 보여주었다.

하지만 자체 팹 소유는 리게티 컴퓨팅에게 양날의 검이다. 실험적인 제조 공정이 대부분인 양자 산업 초기 단계에서 자체 팹은 설계와 제조 사이의 긴밀한 소통을 통해 연구개발 속도를 폭발적으로 높이는 강력한 전략적 해자가 된다. 하지만 동시에 막대한 고정 비용과 끊임없는 설비 투자를 수반하기 때문에 높은 현금 소모율과 지속적인 운영 손실의 직접적인 원인이 되기도 한다.

리게티 컴퓨팅은 멀티칩 양자 프로세서 구조 외에 깊이 있는 연구개발 역량을 바탕으로, 양자 컴퓨터의 성능과 안정성을 높이는 독자

적인 특허 기술을 여럿 확보하고 있다. 대표적인 예가 가변 커플러tun-
able coupler 기술이다. 양자 컴퓨터가 연산을 수행하려면 큐비트들이 정
보를 주고받아야 하는데, 이때 큐비트 간 연결 강도를 얼마나 정밀하
게 제어하는지가 연산의 속도와 정확성을 좌우한다.

가변 커플러는 이 상호작용의 강도를 필요에 따라 자유자재로 조
절하는 장치다. 라디오 다이얼을 돌려 원하는 주파수에 정확히 맞추는
것처럼 두 큐비트가 연산을 수행해야 할 때는 연결을 강하게 만들어
작업을 신속하게 처리하고, 연산이 끝나면 연결을 거의 끊어버려 서로
의 양자 상태에 불필요한 영향을 주지 않도록 보호한다. 이러한 정밀
한 제어 능력 덕분에 더욱 빠르고 오류가 적은 연산이 가능하다.

또 다른 혁신적인 기술로는 교류 바이어스 보조 어닐링Alternating-Bi-
as Assisted Annealing, ABAA이 있다. 양자 칩은 극도로 미세한 공정을 거치기
때문에 아무리 주의를 기울여도 큐비트마다 미세한 성능 차이가 발생
한다. 어떤 큐비트가 설계된 주파수와 조금이라도 다르게 작동하면 제
성능을 내지 못하고 결국 칩의 생산 수율이 떨어진다.

교류 바이어스 보조 어닐링 기술은 칩 제작 완료 후 개별 큐비트
의 작동 주파수를 미세하게 조정하는 '후처리' 과정이다. 특정 큐비트
에 교류 자기장을 가해 물질 구조를 안정화하는 방식으로, 성능이 목
표치에 미달하는 큐비트를 최상의 상태로 보정한다. 이 기술 덕분에
결함 있는 큐비트를 되살려 칩의 전체 수율을 크게 높일 수 있다.

가변 커플러와 교류 바이어스 보조 어닐링 같은 독창적인 기술들

은 리게티 컴퓨팅이 추구하는 멀티칩 양자 프로세서를 완성하는 데 필수적이다. 단순히 큐비트 수를 늘리는 것을 넘어, 각 큐비트가 안정적으로 최고의 성능을 발휘하도록 해준다. 이러한 기술적 자산을 바탕으로 리게티 컴퓨팅은 명확한 기술 로드맵을 제시한다. 단기 목표는 2025년 말까지 높은 연산 정확도를 유지하면서 100개 이상의 큐비트를 가진 시스템을 출시하는 것이다. 그 후 336큐비트 시스템을 거쳐 장기적으로는 1,000개 이상의 큐비트를 탑재하고 연산 과정에서 발생하는 오류를 스스로 보정하는 시스템을 개발할 계획이다.

기술 로드맵은 투자자에게 회사의 진행 상황과 실행 능력을 측정할 수 있는 구체적인 이정표를 제공한다. 하지만 과거 실적과 비교하여 신중하게 평가할 필요가 있다. 리게티 컴퓨팅은 2025년 말까지 100큐비트 이상을 목표로 하고 있다. 그러나 2022년 발표에서는 2025년 말까지 300큐비트 프로세서를 개발하겠다고 언급한 바 있다. 이러한 목표 조정은 양자 하드웨어 개발에 본질적으로 존재하는 불확실성과 실행의 어려움을 명확히 보여준다.

따라서 투자자들은 이 로드맵을 보장된 약속이 아니라 회사의 의지를 보여주는 청사진으로 이해하고, 제시한 이정표들을 실제로 달성하는지 지속적으로 지켜봐야 한다. 세페우스-1 시스템의 성공적인 상용화처럼, 달성된 각각의 이정표는 미래 계획에 필연적으로 따르는 위험을 상당 부분 걷어내 준다.

리게티 컴퓨팅의 사업 전략은 '풀스택full-stack' 통합 시스템 접근 방식을 채택하고 있다. 양자 프로세서라는 핵심 기술 설계와 제조부터 클라우드를 통한 최종 사용자 서비스 제공까지, 전 과정을 직접 통제한다. 자동차 회사가 엔진과 변속기부터 자체 설계·제작하고 완성차를 조립한 뒤, 렌터카 서비스까지 직접 운영하는 것과 유사한 자본 집약적인 전략이다.

현재 사업 모델의 가장 큰 기둥이자 주된 수익원은 리게티 퀀텀 클라우드 서비스Rigetti Quantum Cloud Services, QCS 플랫폼을 통한 QCaaS다. 이 플랫폼으로 리게티 컴퓨팅의 최첨단 양자 하드웨어에 접속하여 양자 알고리즘을 실행할 수 있다. 또한 포레스트Forest, 퀼Quil 같은 소프트웨어 개발 키트를 포함하고 있어 복잡한 양자 프로그램을 쉽게 개발할 수 있다. 리게티 컴퓨팅은 아마존 웹 서비스의 아마존 브라켓과 같은 세계적인 클라우드 서비스를 통해서도 자사의 양자 컴퓨터를 이용할 수 있도록 접근성을 넓혔다. 이를 통해 양자 컴퓨팅 기술의 접근 장벽을 극적으로 낮추고 기술 민주화를 이끌고 있다.

리게티 컴퓨팅은 2021년부터 클라우드 서비스 모델이라는 단일 엔진에 의존하던 방식에서 벗어나 새로운 수익원을 창출하고자 전략적 전환을 시도하고 있다. QPU나 전체 시스템을 고객에게 직접 판매해 자체 시설에 설치하고 독립 운영할 수 있도록 지원하는 것이다.

2025년, 9큐비트 시스템인 노베라Novera 두 대에 대해 약 570만 달러 규모의 구매 주문을 확보한 것은 이 새로운 사업 모델의 가능성을 시장에 각인시킨 중요한 첫걸음이었다.

　하드웨어 판매가 회사 전체 재무에서 차지하는 비중은 아직 미미하지만, 전략적 함의는 막대하다. 시간당 사용료 기반의 클라우드 수익과 정부 연구개발 계약을 넘어 수익원을 다각화하는 것 이상의 의미가 있기 때문이다. 기술에 까다로운 고객들이 리게티 컴퓨팅의 하드웨어를 단순한 실험 도구가 아닌, 직접 소유하고 운영할 자산으로 판단했다는 신뢰의 표현이다. 또한 리게티 컴퓨팅이 추상적인 아이디어를 연구하는 기업에서 실체가 있는 고부가가치 제품을 판매하는 제조기업으로 변모하고 있음을 보여준다. 시장은 이러한 상업화 초기 신호에 긍정적으로 반응하고 있다.

　현재 리게티 컴퓨팅의 재무제표는 상업화 여명기를 지나는 기술기업의 전형적인 모습을 보여준다. 2024년 연간 매출은 1,079만 달러로 2023년(1,201만 달러) 대비 10.1% 감소했다. 2025년 2분기 매출은 180만 달러에 불과했다. 이마저도 상당 부분이 공공 부문 계약에 의존하고 있어, 아직 변덕스러운 시장 수요를 견뎌낼 상업적 기반이 부족하다. 매출에서 원가를 뺀 총이익률은 2025년 2분기 기준 31%로 전년 동기(64%) 대비 급락했다. 손실의 주된 원인은 미래를 위한 투자다. 즉 2025년 2분기 기준 1,352만 달러에 달하는 막대한 연구개발 비용과 상당한 판매관리 비용 때문이다. 그 결과 회사는 지속적으로 큰 규모의 손실을 기록하며 현금을 소진하고 있다. 2025년 2분기에만 영업 손실 1,990만 달러, 순손실 3,970만 달러를 기록했다.

이러한 손실 구조에도 불구하고 리게티 컴퓨팅의 재무 건전성은 역설적으로 매우 안정적이다. 대규모 유상증자를 통해 확보한 막대한 현금 덕분이다. 2024년 말 기준 현금 및 현금성 자산은 2억 1,720만 달러에 달했으며, 2025년 10월 자료에서는 부채 없이 5억 7,000만 달러 이상의 현금을 보유하고 있다고 밝혔다. 이처럼 넉넉한 '전쟁 자금'은 자본 소모가 극심한 자체 팹 운영 및 끝없는 연구개발 투자로 인한 높은 현금 소진율과 극명한 대조를 이룬다. 따라서 회사의 생존과 직결된 핵심 질문은 이것이다. "이 막대한 자금이 다년간의 야심 찬 기술 로드맵을 완수하고 상업적 성공을 거둘 때까지 회사를 지탱해 줄 수 있는가?"

리게티 컴퓨팅의 수익 비중

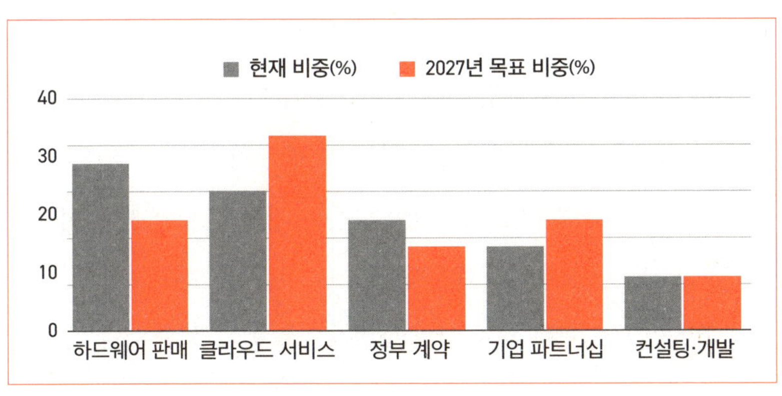

* 출처: 리게티 컴퓨팅

리게티 컴퓨팅의 주식은 기초적인 재무 상태라는 중력의 법칙을 완전히 거스르며 움직여 왔다. 주가가 2024년 10월부터 2025년 10월까지 1년간 5,000% 이상 급등하기도 했다. 이로 인해 주가를 주당 매출액으로 나눈 주가매출비율(P/S)은 1,300배를 초과했고, 주가를 주당 순자산으로 나눈 주가순자산비율(P/B) 역시 이례적으로 높은 수준을 기록했다. 이성적인 분석으로는 설명하기 어려운 극심한 변동성으로, 전통적인 가치 평가 기준으로는 측정이 불가능한 수준이다.

이러한 현상은 현재 주가가 회사의 재무 실적이 아니라, 양자 컴퓨팅이 가져올 혁명적인 미래와 그 미래의 중심에 리게티 컴퓨팅이 서 있을 것이라는 시장의 기대를 반영하기 때문이다. 결국 리게티 컴퓨팅의 주가는 기술적 서사와 양자 컴퓨팅 산업 전반에 대한 거대한 기대감에 의해 움직이는 자산으로 평가해야 한다. 앞으로 리게티 컴퓨팅의 주가는 분기별 실적 발표보다는 기술 로드맵의 목표 달성, 연산 정확도의 획기적인 개선, 경쟁 구도 변화 같은 기술적 서사를 뒤흔들 만한 소식에 훨씬 더 민감하게 반응할 것이다.

한편 주가가 비현실적으로 급등하는 상황에서 미국 증권거래위원회SEC 공시를 통해 확인된 대규모 내부자 주식 매도는 투자자들의 신중한 해석을 요구한다. 경영진이 높은 주가를 이용해 개인 이익을 실현하고 있다는 신호이기 때문이다.

내부자 매도는 두 가지 상반된 시각으로 해석될 수 있다. 긍정적으로는 보상의 상당 부분을 주식으로 받은 경영진이 주가 급등 후 개

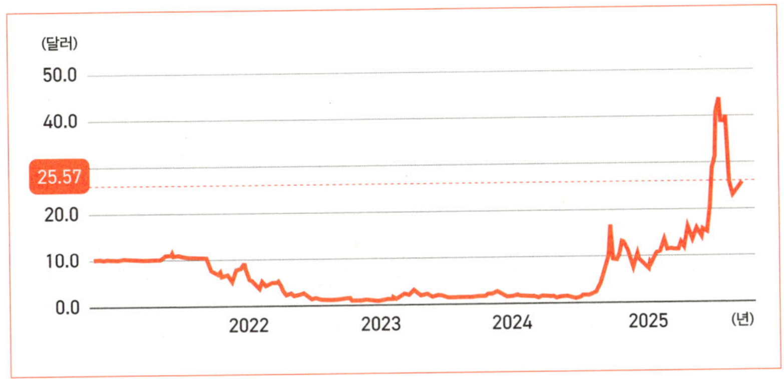

인 자산의 위험을 분산하기 위해 재무 계획을 실행하는 합리적인 행위로 볼 수 있다. 반면 부정적으로는 회사 내부 정보에 가장 정통한 사람들이 현재 주가가 기업의 내재 가치에 비해 지나치게 높다고 판단하여 개인 자산의 위험을 줄이려는 신호로 해석될 수 있다. 어느 쪽이든 내부자들이 현재 주가를 매도하기에 매력적인 기회로 보고 있다는 점을 외부 투자자라면 신중하게 고려해야 한다.

전략적 전망

리게티 컴퓨팅에 대한 투자는 안정적인 수익과 예측 가능한 현금 흐름에 기반한 전통적인 가치 투자가 아니다. 오히려 공개 시장에서 이루어지는 고위험 고수익의 벤처 캐피털 베팅에 가깝다.

투자의 성패는 '작은 초전도 칩들을 모듈처럼 정교하게 연결하는 방식이 양자 컴퓨터 규모 확장의 가장 현실적이고 빠른 경로'라는 단 하나의 기술적 가설에 달려 있다. 이 가설은 유망하지만 아직 완전히 증명되지 않았다. 즉 리게티 컴퓨팅만의 정교한 공학 중심 기술 로드맵을 빅테크 기업과 민첩한 경쟁자들이 포진한 치열한 시장에서 성공적으로 실행할 수 있을지에 모든 것을 건다. 이 대담한 베팅이 성공할 경우 얻을 수 있는 잠재적 보상은, 현재 극단적으로 높은 기업 가치와 실질적인 수익 창출까지의 멀고 험난한 여정이 암시하는 막대한 위험과 정확히 비례한다.

긍정적인 전망은 회사가 이미 이룩한 기술적 성과와 권위 있는 외부 기관들의 검증에 단단히 뿌리를 두고 있다. 미국 공군연구소AFRL나 미국 국방고등연구계획국DARPA 같이 높은 기술 안목을 가진 조직과의 계약은 단순히 지분 희석 없이 연구개발 자금을 조달하는 것을 넘어선다. 이러한 계약은 리게티 컴퓨팅의 기술력이 국가 안보와 직결된 실체임을 신뢰할 수 있는 제3자가 공인하는 강력한 보증서다. 특히 상업적 시장이 아직 형성되지 않은 초기 단계에서의 정부 계약은 정부 기관이 수백만 달러를 들여 정교한 기술 실사를 수행한 것과 같은 효과를 낳는다.

이러한 외부 검증은 투자자의 신뢰를 유지하고 높은 주가를 지지하는 강력한 신호로 작용한다. 이는 회사가 추가 자본을 더 쉽게 조달하여 기술 개발을 지속할 수 있게 하는 선순환 구조를 만든다. 또한 엔비디아와의 협력(기존 컴퓨터의 GPU와 QPU를 결합한 하이브리드 워크플로 개발)과 콴타 컴퓨터Quanta Computer와의 생산 규모 확장 파트너십은 각 분야의 빅테크 기업들이 리게티 컴퓨팅의 독자적인 플랫폼에서 실질적인 가치를 발견했음을 보여준다.

리게티 컴퓨팅의 이러한 긍정적인 전망의 핵심에는 굳건한 믿음이 자리하고 있다. 리게티 컴퓨팅이 이미 기술적 타당성을 증명한 칩렛 구조를 활용해 큐비트 수를 기하급수적으로 늘리고 연산 정확도를 꾸준히 개선함으로써 경쟁사보다 먼저 양자 이점에 도달할 것이라는 믿음이다. 월스트리트 분석가들의 압도적인 '강력 매수' 등급은 이러한 성장 전망에 대한 시장의 강한 낙관론을 반영한 것이다.

반면 비관적인 전망은 낙관론에 충분히 반영되지 않은 막대한 위험에 초점을 맞춘다. 리게티 컴퓨팅에 대한 핵심 투자 질문은 "양자 컴퓨팅이 성공할 것인가?"가 아니다. 그보다는 "현재 약 150억 달러에 달하는 기업 가치를 고려할 때, 리게티 컴퓨팅이 미래 시장을 지배할 확률은 얼마나 되는가? 그리고 그 확률이 현실적인가?"라고 물어야 한다.

가장 큰 위험은 회사의 실제 기초 체력과 완전히 동떨어진 주식의 극단적인 가치 평가다. 현재 주가는 매우 높은 성공 확률이 이미 반영되어 있다. 이는 앞으로 단 한 번의 실수도 용납하지 않겠다는 뜻이기도 하다. 미래의 현금 흐름을 예측하여 현재 가치를 계산하는 할인 현금흐름DCF 평가 방식으로 분석하면 회사의 본질적인 가치는 현재 시장 가격보다 훨씬 낮을 수 있다. 결국 투자자는 '시장이 여전히 리게티 컴퓨팅의 잠재적 지배력을 과소평가하고 있다'고 믿어야 한다. 이는 매우 높은 확신을 요구하는 대담한 판단이다.

또한 리게티 컴퓨팅은 치열한 경쟁 환경에서 완전히 다른 성격의 두 전선에 서 있다. 첫 번째 전선은 구글, IBM, 마이크로소프트 같은 빅테크 기업과의 정면 대결이다. 이들은 무한에 가까운 자본을 보유하고 동일한 초전도 큐비트 기술을 연구하고 있다. 두 번째 전선은 아이온큐처럼 전혀 다른 기술을 개척하며 풍부한 자금을 확보한 양자 컴퓨팅 기업들과의 경쟁이다. 아이온큐의 이온 트랩 방식은 연산 속도는 느리지만 연산 정확도와 안정성 면에서 초전도 큐비트보다 잠재적으로 더 우월할 수 있다.

리게티 컴퓨팅은 양자 컴퓨팅 사업에만 집중하는 '순수 플레이 기업'으로서 높은 위험과 보상을 동시에 지닌다. 투자자에게 양자 컴퓨팅 혁명이 가져올 이익에 직접 참여할 기회를 제공하지만, 동시에 빅테크 기업과 달리 연구개발을 지원할 안정적인 캐시카우 사업이 없다. NISQ에서 완전한 FTQC로 가는 길은 상상 이상으로 길고 불확실하며 막대한 자본을 끊임없이 필요로 한다. 예측 불가능한 기술적 난관, 피할 수 없는 개발 지연, 상업적으로 의미 있는 양자 컴퓨팅 시장이 투자자 기대보다 훨씬 늦게 형성될 가능성 같은 실행 위험이 도처에 도사리고 있다.

다시 한번 말하지만 리게티 컴퓨팅의 성공은 기술 로드맵 실행력과 자금 조달 능력에 달려 있다. 따라서 투자자는 자산 가치가 하루에도 수십 퍼센트씩 흔들리는 극심한 변동성을 감내하고 수년 또는 십수 년을 내다보는 장기적 관점으로 접근해야 한다.

제6장

디 웨이브 퀀텀: 최적화 전문가

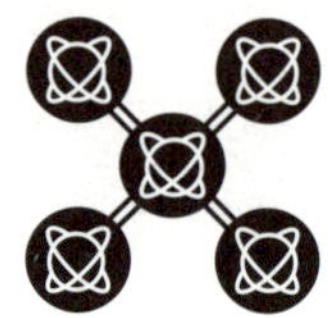

기술 및 경쟁 우위

상업용 양자 컴퓨팅이라는 미지의 영역을 개척해 온 디 웨이브 퀀텀은 뜨거운 찬사와 날 선 논란의 중심에 서왔다. 디 웨이브 퀀텀은 대부분의 경쟁자가 선택한 평탄하고 넓은 길을 따르지 않고 자신만의 기술 나침반을 믿고 거친 바다에서 가장 먼저 돛을 올린 용감한 탐험가와 같았다. 대담한 도전의 결과, 디 웨이브 퀀텀은 양자 컴퓨팅 시장에서 누구도 쉽게 무시할 수 없는 뚜렷한 영토를 확보했다.

현명한 투자자라면 디 웨이브 퀀텀이라는 배에 오르기 전에 반드시 다음 질문에 신중하게 답해야 한다. "디 웨이브 퀀텀이 제 운명을 걸고 집중하는 최적화 분야가 과연 지속적인 부를 가져다줄 황금의 땅일까? 아니면 보편적 양자 컴퓨팅이라는 거대한 신대륙을 향한 장기 경쟁에서 낙오하게 될 막다른 길일까?" 경쟁이 들끓는 시장에서 디 웨이브 퀀텀의 기술적 독창성이 어떤 전략적 위치를 차지할지 제대로 이해하는 것이 중요하다. 이는 투자자가 이 회사의 고유한 가치와 잠재적 위험을 파악하는 가장 중요한 첫걸음이다.

디 웨이브 퀀텀의 핵심 무기인 양자 어닐링은 수많은 변수와 제약 조건이 복잡하게 얽힌 조합 최적화 문제를 해결하기 위해 특화된 계산 방식이다. 험준한 산맥에서 가장 깊은 계곡을 찾는 등산가를 떠올리면 이해하기 쉽다. 전통적인 컴퓨터가 사용하는 알고리즘은 이 등산가에게 눈을 가린 채 발밑 경사만 느끼며 무조건 내리막길로만 향하라고 명령하는 것과 같다. 이 방식으로 어느 한 계곡의 바닥에 도달할 수는 있겠지만 그곳이 산맥 전체에서 가장 깊은 지점이라는 보장은 없다. 출발 지점 근처에 우연히 있던 작은 웅덩이, 다시 말해 '국소 최적해(지역 최솟값)'라는 함정에 갇혀버릴 가능성이 훨씬 높다.

반면 양자 어닐링은 이 탐색의 물리 법칙 자체를 바꾼다. 수학적 언어로 번역된 문제가 입력되면 양자 컴퓨터는 모든 가능성이 균일하게 중첩된 상태에서 계산을 시작한다. 모든 큐비트가 0과 1의 상태를 동시에 가지는, 쉽게 준비 가능한 단순한 해밀토니안(시스템의 총 에너지를 나타내는 연산자)의 최저 에너지 상태다. 이때 양자 중첩을 통해 등산가는 수천 개의 분신으로 나뉘어 산맥의 모든 능선과 계곡에 동시에 존재한다. 탐색은 더 이상 하나의 정해진 길을 따라가는 순차적 과정이 아니라, 가능한 모든 경로를 동시에 탐험하는 전면적인 수색이 된다.

그 후 시스템은 '어닐링', 즉 담금질 과정을 거친다. 대장장이가 뜨겁게 달군 쇳덩이를 서서히 식히듯 양자적 특성을 줄이며 문제의 구조를 강화한다. 이 과정에서 양자 터널링(고전역학적으로는 넘을 수 없는 에너지 장벽을 통과해 반대편에 나타나는 양자역학적 현상)이 나타나 고전 컴퓨터로는 불가능한 지름길을 제공한다.

결국 큐비트들은 가장 안정적인 최종 배열 상태에 도달한다. 이 상태는 수많은 산과 계곡으로 이루어진 복잡한 지형에서 가장 낮은 지점, 즉 최저 에너지 상태를 의미한다. 바로 이 지점이 '전역 최적해(전역 최솟값)'다. 이처럼 양자 어닐링은 양자 터널링 효과를 적극 활용하여 복잡한 에너지 지형의 핵심을 꿰뚫는, 정교하고 목적 지향적인 접근법이다.

양자적 특성을 띤 이 등산가는 자신의 앞을 가로막는 거대한 산봉우리를 힘들게 넘어갈 필요가 없다. 유령처럼 산의 내부를 통과하여 반대편 계곡으로 순식간에 이동할 수 있기 때문이다. 이 두 가지 강력한 양자역학적 특징 덕분에 양자 어닐링은 국소 최적해라는 수많은 얕은 함정을 무시하고 문제의 진정한 최저점인 전역 최적해를 찾아낼 확률을 극적으로 끌어올린다.

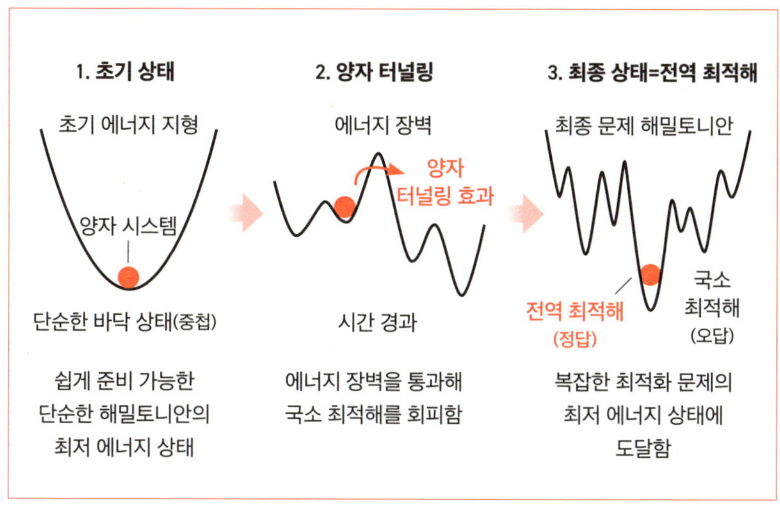

양자 요동을 이용해 에너지 지형을 서서히 바꾸고, 양자 터널링을 통해 복잡한 조합 최적화 문제의 전역 최적해를 찾아내는 방식이다.

현실에서 이러한 마법 같은 과정은 복잡한 문제(물류 배송 경로 최적화, 투자 포트폴리오 설계, 신약 후보 물질 탐색 등)를 양자 컴퓨터가 이해할 수 있는 언어로 번역하는 것에서 시작된다. 2차 비제약 이진 최적화Quadratic Unconstrained Binary Optimization, QUBO 또는 이징 모형Ising model이라는 정교한 수학적 형태로 변환하여 양자 컴퓨터에 입력하는 것이다.

2차 비제약 이진 최적화는 복잡한 의사결정 문제를 0 또는 1이라는 이진 값으로 표현하고, 선택한 조합의 결과를 평가하는 점수판을 만든다. 여기서 '2차'는 개별 선택의 가치뿐만 아니라, 특정 선택들의

'조합'이 만드는 상호작용까지 고려한다는 의미다. 예를 들어 포트폴리오에 A 주식과 B 주식을 각각 담는 것은 좋지만 둘을 함께 담으면 위험이 커질 수 있다. 2차 비제약 이진 최적화는 바로 이런 변수들 간 관계까지 수학적으로 표현해 최적의 조합을 찾는 틀을 제공한다.

이징 모형은 수많은 미니 자석이 모여 있는 자성 물질의 동작을 설명하기 위해 고안된 이론으로, 각 미니 자석은 N극이 위를 향하거나(업 스핀) 아래를 향하는(다운 스핀) 두 상태 중 하나를 가진다. 이웃한 자석들은 서로 같은 방향으로 정렬하려 하며, 시스템은 가장 낮은 에너지를 가진 상태에 도달하려 한다. 이 원리를 최적화 문제에 적용하면 자석 방향을 개별 선택(0 또는 1)에, 자석 간 상호작용을 변수 관계에 대응시켜 최적의 해답을 구할 수 있다.

디 웨이브 퀀텀의 양자 프로세서가 작동하려면 극저온 환경이 필수적이다. 큐비트가 안정적으로 작동하며 양자적 특성을 유지하려면 주변 열에너지로 인한 잡음을 거의 완벽하게 차단해야 하기 때문이다. 미세한 열 진동도 큐비트의 섬세한 양자 상태를 쉽게 파괴할 수 있다. 이 때문에 디 웨이브 퀀텀의 양자 프로세서는 거대한 냉각 장치 안에서 작동하며, 이 장치는 양자 프로세서를 절대영도보다 불과 수천 분의 1도 높지 않은 극저온으로 유지한다.

디 웨이브 퀀텀의 하드웨어는 IBM이나 구글과 동일하게 초전도체 기술을 기반으로 한다. 하지만 큐비트를 설계하고 운용하는 목적에서 결정적인 차이가 있다. 범용적인 논리 연산을 수행하는 게이트 모델과 달리, 디 웨이브 퀀텀은 에너지의 가장 낮은 상태를 찾아가는 양자 어닐링 방식을 구현하기 위해 시스템을 최적화했다.

이러한 특수 목적을 달성하기 위해 디 웨이브 퀀텀이 선택한 것이 바로 '초전도 플럭스 큐비트'다. 절대영도에 가까운 극한 환경에서 작동하는 이 미세한 금속 고리는 양자 어닐링의 원리를 물리적으로 구현하는 무대가 된다. 고리 내부에는 조셉슨 접합Josephson Junction이라는 핵심 부품이 들어 있다. 이는 전기가 잘 통하는 두 초전도체 사이에 전기가 통하지 않는 얇은 절연막을 끼워 넣은 구조다. 초전도체 내부에서는 두 전자가 쌍을 이루는 쿠퍼 쌍Cooper Pair이 형성된다.

고전 물리학에서는 전류가 이 절연막을 통과할 수 없다. 하지만 양자 세계에서는 쿠퍼 쌍이 마치 벽을 뚫고 지나가는 듯한 양자 터널링 현상이 발생한다. 앞서 살펴보았듯 양자 터널링 현상은 양자 어닐링의 핵심 기능이다. 디 웨이브 퀀텀의 큐비트는 이 양자 터널링 효과로 높은 에너지 장벽을 뚫고 지나가 최저 에너지 상태를 효율적으로 찾아낸다.

디 웨이브 퀀텀은 수십 년에 걸쳐 양자 어닐링 기술을 발전시켜 왔다. 소규모 시스템으로 출발하여 꾸준한 연구개발을 통해 5,000개가 넘는 큐비트를 하나의 칩에 집적한 어드밴티지Advantage 시스템을 선보였다. 나아가 차세대 어드밴티지2Advantage2 시스템을 개발하며 양자

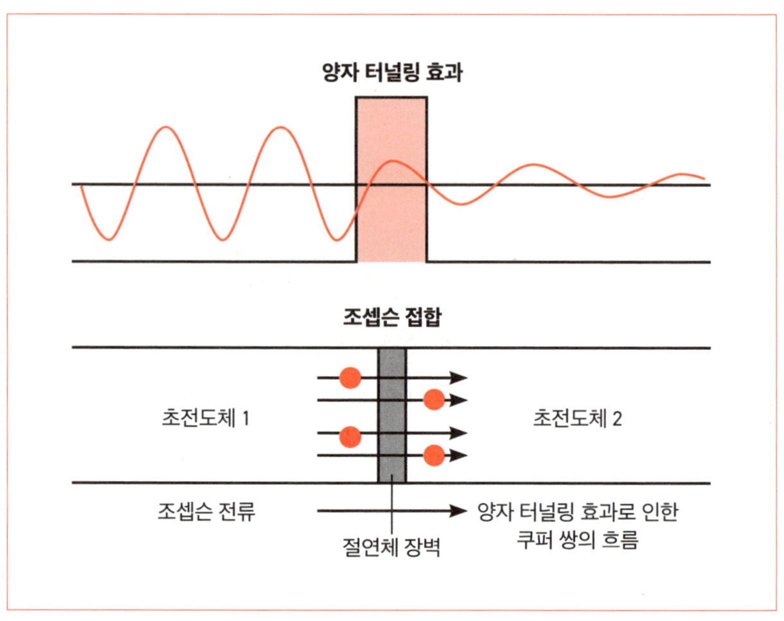

프로세서의 성능과 규모를 끊임없이 향상시켜 왔다. 어드밴티지2는 결맞음 시간을 기존보다 2배로 늘리고, 계산 정밀도에 직접적인 영향을 미치는 에너지 규모를 40%나 향상시켰으며, 큐비트 간 연결성을 기존 15개에서 20개로 대폭 늘렸다. 큐비트 간 연결성은 해결하고자 하는 문제의 복잡성을 얼마나 현실에 가깝게 표현할 수 있는지, 그리고 최종적으로 얻는 해의 품질과 계산 속도를 결정하는 매우 중요한 척도다.

결과적으로 디 웨이브 퀀텀의 투자 가치를 둘러싼 핵심 논쟁은 양자 어닐링의 특수성에서 시작된다. 양자 어닐링의 역할을 이해하려면 GPU를 떠올리면 쉽다. GPU가 3차원 그래픽 작업에 최적화되어 범용 CPU보다 월등한 성능을 발휘하듯, 양자 어닐링은 최적화와 샘플링 문제 해결에 극도로 전문화된 하드웨어 가속기라고 할 수 있다. 이처럼 특정 문제에 최적화된 접근 방식은 구글이나 IBM 같은 빅테크 기업들이 막대한 자원을 쏟아붓는 게이트 모델 양자 컴퓨터와는 근본적으로 다르다. 게이트 모델은 현재 우리가 사용하는 고전 컴퓨터의 작동 원리와 가장 유사한 양자 컴퓨팅 방식이다. 고전 컴퓨터는 0 또는 1의 상태를 가지는 비트를 논리 게이트라는 기본 연산 회로를 통해 조작하여 복잡한 계산을 수행한다.

게이트 모델 양자 컴퓨터는 이 개념을 양자역학의 세계로 확장한 것이다. 0과 1의 상태를 동시에 가질 수 있는 큐비트를 사용하며, 양자 게이트로 큐비트의 중첩과 얽힘 같은 양자 상태를 조작한다. 양자 게이트를 프로그래밍하여 순서대로 조합하면 원하는 계산을 수행하는 양자 알고리즘을 만들 수 있다. 고전 컴퓨터가 몇 가지 기본 논리 게이트의 조합만으로 세상의 모든 계산을 처리할 수 있는 것처럼, 게이트 모델 양자 컴퓨터는 이론적으로 지금까지 알려진 모든 양자 알고리즘을 실행할 수 있는 완벽한 '보편성'을 지향한다. 바로 이 범용성 때문에 게이트 모델 양자 컴퓨터는 매우 강력한 잠재력을 지닌다.

대표적인 사례로 쇼어 알고리즘이 있다. 이 알고리즘은 기존 컴퓨터로는 풀기 어려운 수학적 난제에 기반한 현대 암호 체계를 무력화할 수 있는 이론적 근거를 제공한다. 하지만 실제로 더 넓은 분야에서 응용될 잠재력을 가진 것은 그로버 알고리즘이다. 그로버 알고리즘은 방대한 데이터 속에서 특정 정보를 찾아내는 검색 속도를 획기적으로 높여준다.

이해를 돕기 위해 무작위로 섞인 카드 뭉치에서 특정 카드를 찾는 상황을 상상해 보자. 고전 컴퓨터는 카드를 맨 위부터 하나씩 뒤집어 확인해야 한다. 운이 좋으면 처음에 찾을 수도 있지만, 운이 나쁘면 마지막 장까지 모두 뒤져봐야 하므로 평균적으로 전체 카드의 절반 정도는 확인해야 원하는 카드를 얻을 수 있다. 데이터의 양이 많아질수록 이 작업에 걸리는 시간은 정직하게 늘어난다.

반면 그로버 알고리즘은 양자역학의 중첩 현상을 활용한다. 확률적으로 정답일 가능성이 높은 항목의 값을 증폭하는 방식이다. 예를 들어 검색해야 할 데이터가 100만 개라면, 고전 컴퓨터가 약 50만 번의 연산을 거쳐야 할 때 그로버 알고리즘은 단 1,000번 정도의 연산만으로 정답을 찾아낼 수 있다. 속도가 조금 빨라지는 수준이 아니다. 데이터 규모가 커질수록 기존 방식과 비교할 수 없을 만큼 압도적인 효율을 보인다. 따라서 그로버 알고리즘은 거대한 데이터베이스 검색뿐만 아니라 최적화 문제 등 다양한 영역에서 혁신적인 도구로 활용될 수 있다.

하지만 이러한 무한한 잠재력에도 불구하고 게이트 모델 양자 컴퓨터는 아직 현실적인 한계에 부딪혀 있다. 앞서 말했듯이 큐비트는 주변의 온도 변화나 전자기파 같은 잡음에 극도로 취약해 양자 상태가 쉽게 붕괴되고 계산 오류가 발생한다. 양자 오류 정정에는 수많은 추가 큐비트가 필요하지만 현재 기술로 이를 안정적으로 제어하기 어렵다. 따라서 게이트 모델의 무한한 잠재력을 현실화하기 위해 전 세계적으로 연구가 진행되고 있지만, 아직 대부분 이론 속에 잠들어 있다.

반면 디 웨이브 퀀텀이 채택한 양자 어닐링 방식은 범용성을 목표로 하는 게이트 모델 방식보다 외부 잡음에 구조적으로 덜 민감하다는 장점이 있다. 게이트 모델 방식이 시끄러운 시장 한복판에서 한 치의 오차 없이 복잡한 교향곡을 완벽하게 연주하려는 시도라면, 양자 어닐링 방식은 수천 명으로 이루어진 거대한 합창단이 웅장한 화음으로 주변 소음을 압도하려는 시도와 같다. 이러한 구조적 견고함 덕분에 디 웨이브 퀀텀은 큐비트 수에서 경쟁사들을 멀찌감치 따돌리며 업계를 선도해 왔다.

디 웨이브 퀀텀이 큐비트 수를 늘리는 것은 단순한 기술력 과시가 아니라 '양이 곧 질을 낳는다'는 대담한 가설에 기반한 전략적 선택이다. 디 웨이브 퀀텀은 어닐링 양자 컴퓨터의 진정한 힘이 개별 큐비트의 완벽함이 아닌, 잡음에 다소 노출되더라도 수천 개의 큐비트가 집단적으로 빚어내는 거대한 양자 현상의 파도에서 비롯된다고 믿는다. 이는 단 몇 개의 완벽한 논리 큐비트를 만들기 위해 수천 개의 불안정한 물리 큐비트를 동원하는 게이트 모델 경쟁사들과 뚜렷한 대조를 이룬다. 게이트 모델 알고리즘은 단 하나의 큐비트에서 발생한 사소한 오류만으로도 전체 계산이 무너질 수 있는 근본적인 취약성을 안고 있다. 따라서 디 웨이브 퀀텀에 대한 투자는 이 대담한 전략적 가설의 타당성에 믿음을 거는 것과 같다.

양자 어닐링이 다루는 최적화 문제들은 대부분 NP-난해NP-hard 문제로 분류된다. NP-난해 문제란 규모가 조금만 커져도 해결 시간이 천문학적으로 늘어나는 매우 어려운 계산 문제를 말한다. 현존하는 어떤 고전 컴퓨터로도 사실상 답을 찾기 힘들어 인류가 마주한 가장 어려운 과제 중 하나로 꼽힌다. 이해를 돕기 위해 NP-난해 문제의 대표적인 예시인 외판원 문제Traveling Salesman Problem를 살펴보자. 옛날 어느 나라에 부지런한 외판원이 있었다. 외판원은 여러 도시에 물건을 팔아야 했고, 한번 길을 떠나면 모든 도시를 딱 한 번씩만 방문한 뒤 출발 도시로 돌아와야 했다. 그의 가장 큰 고민은 이동 거리를 최소화하는 방문 순서를 찾는 것이었다.

방문해야 할 도시가 서너 개일 때는 문제가 간단했다. 모든 경로를 종이에 직접 그려 거리를 계산하면 가장 효율적인 길을 금방 찾아낼 수 있었다. 하지만 방문해야 할 도시가 10개, 20개로 늘어나자 상황은 걷잡을 수 없이 복잡해졌다. 도시가 하나 추가될 때마다 가능한 경로의 수는 기하급수적으로 증가했기 때문이다. 20개의 도시를 방문하는 경로의 수는 엄청나게 많다. 결국 외판원은 완벽한 최단 경로를 찾는 것을 포기하고 경험에 의존해 '적당히 짧아 보이는' 경로를 선택할 수밖에 없었다.

양자 컴퓨팅과 NP-난해 문제('거대한 미로' 비유)

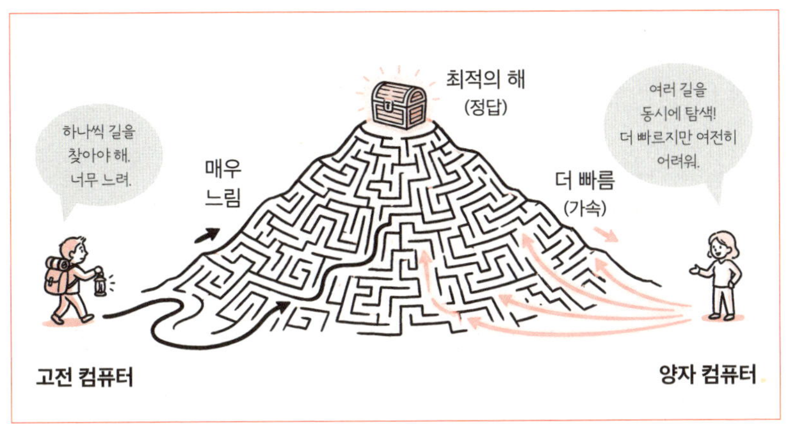

NP-난해 문제는 현존하는 어떤 컴퓨터로도 효율적으로 풀기 어려운 가장 복잡한 문제들이다. 양자 컴퓨터는 중첩을 활용해 고전 컴퓨터보다 더 빠르게 답을 찾을 가능성을 제시하지만, 모든 NP-난해 문제를 순식간에 해결하는 만능 열쇠는 아니다.

이 외판원의 딜레마가 바로 NP-난해 문제의 본질을 보여준다. 문제 자체는 단순하고 명확하지만 경우의 수가 너무 많아서 현실적인 시간 안에 완벽한 해답을 찾는 것이 거의 불가능하다. 바로 이러한 난제들을 해결하기 위해 양자 어닐링과 같은 새로운 컴퓨팅 방식이 등장했다.

디 웨이브 퀀텀의 접근 방식은 극도로 현실주의적이다. 모든 것을 할 수 있다는 먼 미래의 약속, 즉 보편성을 일부 포기하는 대신 물류, 금융, 신약 개발과 같은 특정 고부가가치 문제 영역에서 지금 당장 의미 있는 결과를 낼 수 있는 '단기적 실용성'과 '확장성'을 확보한다. 게이트 모델 시스템은 인류 문명이 한 단계 진화할 만큼 훨씬 광범위한 파급력을 약속한다. 하지만 상업적 규모의 FTQC를 완성하기까지는 훨씬 더 길고 험난하며 불확실한 여정이 남아 있다. 이러한 구도는 디웨이브 퀀텀의 양자 어닐링을 일부 시급한 문제에 대한 '오늘의 해결책'으로, 게이트 모델 시스템을 모든 문제에 대한 '내일의 해결책'으로 명확히 자리매김하게 했다.

디 웨이브 퀀텀은 자사의 철학을 세상에 증명하기 위해 2024년 8월 세계 최고 권위의 학술지 《네이처Nature》에 논문을 발표하며 학계에 큰 파문을 일으켰다. 그들은 자사의 양자 어닐러를 이용해 양자 자성 물질이 특정 조건에서 상태가 급격히 변하는 '상전이' 현상을 모의 실험하는, 매우 실용적이면서도 중요한 물리 문제에서 양자 우위를 달성했다고 주장했다. 실제로 이 연구는 디 웨이브 퀀텀의 양자 어닐러가 프런티어Frontier도 사실상 해결이 불가능한 복잡한 시뮬레이션을 단 몇 분 만에 수행했음을 구체적인 데이터로 보여주었다. 프런티어는 미국 에너지부 산하의 오크리지국립연구소ORNL가 운영하는 시스템으로, 현존하는 가장 강력한 고전 컴퓨터 중 하나다.

더 중요한 점은 디 웨이브 퀀텀 하드웨어의 계산 결과가 고전적 시뮬레이션의 결과와 비슷한 수준을 넘어, 양자 터널링 같은 실제 양자 효과를 기반으로 한 이론 모델의 예측과 매우 강한 상관관계를 보였다는 사실이다. 이는 디 웨이브 퀀텀의 하드웨어에서 양자 효과가 계산 과정의 핵심 동력으로 작용하고 있다는 강력한 증거다. 또한 초기에 일부에서 제기되었던 '디 웨이브 퀀텀의 기계가 진짜 양자 컴퓨터인가?'라는 근본적인 회의론을 정면으로 반박하는 데 큰 도움이 되었다.

그러나 디 웨이브 퀀텀의 담대한 주장에 대한 학계와 시장의 반론 역시 만만치 않다. 비평가와 공매도 투자자들은 양자 어닐링이 주류 연구계에서 오래전에 외면받은 틈새 기술에 불과하며, 디 웨이브 퀀텀이 상업적으로 중요한 대규모 문제에서 최신 고전 알고리즘에 비해 명확하고 확장 가능한 성능 우위를 단 한 번도 입증하지 못했으므로 '상업적으로 막다른 길'에 들어섰다고 혹평했다.

특히 양자 우위 주장의 근거인 자기 시뮬레이션 문제가 현실과 동떨어진 '장난감 문제'에 불과하다고 지적한다. 디 웨이브 퀀텀의 하드웨어 구조와 제약 조건에 들어맞도록 인위적으로 설계된 것으로, 변수가 많고 제약 조건이 복잡한 실제 산업 현장의 문제를 전혀 대표하지 않는다는 비판이다. 실제로 해당 논문이 발표된 이후, 다른 연구 그룹에서는 일부 유사한 문제에 대해 더욱 발전된 고전 컴퓨팅 기술로 디 웨이브 퀀텀의 양자 어닐러보다 더 정확하고 효율적인 결과를 얻을 수 있음을 보여주었다.

이러한 첨예한 대립 상황은 투자자들에게 신뢰도 위험을 안겨준다. 디 웨이브 퀀텀의 기업 가치는 기술의 실제 유용성뿐만 아니라, 일반 대중과 금융 시장을 상대로 한 '서사 전쟁'에서 승리하는 능력에 크게 좌우되기 때문이다. 만약 경쟁사인 구글이나 IBM이 더 보편적인 형태의 양자 우위를 먼저 달성하거나 디 웨이브 퀀텀의 주장이 추가 연구를 통해 반박된다면 시장의 신뢰는 하루아침에 무너져 내릴 수 있다. 따라서 디 웨이브 퀀텀에 대한 투자는 순수한 기술력뿐 아니라 이러한 대외적 서사를 성공적으로 관리할 경영진의 능력에도 기대를 거는 셈이다.

사업 모델 및 재무 상태

디 웨이브 퀀텀의 기술적 독창성이 어떻게 상업적 가치로 전환되는지 이해하려면 회사의 사업 모델과 재무 구조를 면밀히 분석해야 한다. 이론적 가능성을 넘어 디 웨이브 퀀텀의 세 가지 수익원과 재무 건전성, 시장 내 고객 확보 현황을 심층적으로 검토해야 이 선구적인 기업의 상업적 현실과 지속 가능성을 평가할 수 있다.

첫 번째이자 가장 핵심적인 수익원은 QCaaS다. 고객들은 립Leap 이라는 이름의 양자 클라우드 플랫폼을 통해 전 세계 어디서든 인터넷만 연결되어 있다면 디 웨이브 퀀텀의 강력한 양자 컴퓨터에 원격으로 접속할 수 있다. 이를 통해 양자 기술에 대한 진입 장벽을 극적으로 낮추는 동시에, 디 웨이브 퀀텀 입장에서는 매달 또는 매년 예측 가능한 현금 흐름을 창출하고 안정적인 수익 기반을 구축할 수 있다. 또한 이는 변동성이 큰 기술 시장에서 회사의 재무적 안정성을 지탱하는 든든한 닻과 같은 역할을 한다.

　두 번째 수익원은 양자 컴퓨팅 시스템을 직접 판매한다는, 보다 전통적이면서도 대담한 사업 모델이다. 디 웨이브 퀀텀은 업계에서 거의 유일무이하게 어드밴티지 제품군과 같은 최첨단 시스템 전체를 고객사에 직접 판매하고 설치해 주는 사업을 영위하고 있다. 독일의 율리히 슈퍼컴퓨팅 센터Jülich Supercomputing Centre나 미국의 국방 기술 기업인 데이비슨 테크놀로지스Davidson Technologies 같은 세계적인 기관에 시스템을 성공적으로 판매하면서 단번에 상당한 수익을 창출했다. 다만 이러한 대규모 계약은 본질적으로 불규칙하고 변동성이 매우 크다. 시스템 판매 계약 단 한 건이 성사되느냐 마느냐에 따라 특정 분기의 전체 실적이 천국과 지옥을 오갈 정도다. 따라서 투자자들은 이러한 '일회성 수익'의 특성을 명확히 인지해야 한다.

디 웨이브 퀀텀의 매출 구성 및 전망

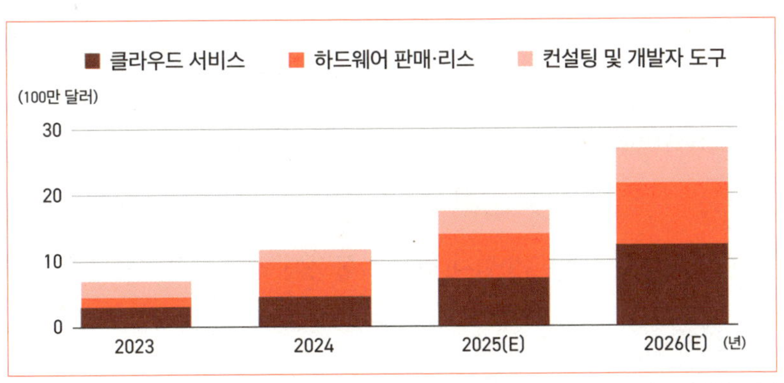

* 출처: 디 웨이브 퀀텀

세 번째 수익원은 전문 컨설팅 서비스와 오션Ocean이라는 정교한 소프트웨어 제품군이다. 이를 통해 고객들은 복잡한 문제를 양자 어닐러가 이해할 수 있는 수학적 형태(2차 비제약 이진 최적화)로 변환하거나, 고전 컴퓨터와 양자 컴퓨터의 장점을 결합한 하이브리드 양자 애플리케이션을 효율적으로 구축할 수 있다. 또한 이 세 번째 수익원은 앞서 언급한 QCaaS 구독과 시스템 판매라는 두 가지 핵심 수익원을 활성화하는 촉매 역할을 하며, 그 자체로도 의미 있는 수익을 창출하는 선순환 구조를 형성한다.

한편 한 기업의 상업적 생존 가능성을 보여주는 가장 확실한 지표는 고객사들이 기술의 잠재력을 탐색하는 초기 개념 증명PoC 단계를 넘어, 실제 사업 가치를 창출하는 운영 환경에 그 기술을 적용하는가이다. 디 웨이브 퀀텀은 바로 이 분야에서 경쟁사들이 쉽게 따라올 수 없는 구체적인 성과들을 축적해 나가고 있다.

물류 및 제조 분야의 거인인 포드 오토산Ford Otosan은 복잡한 차량 제조 일정을 최적화하기 위해 디 웨이브 퀀텀의 하이브리드 양자 애플리케이션을 실제 생산 라인에 도입했다. 그 결과 30분 이상 소요되던 작업 시간을 5분 미만으로 크게 단축했다. 또한 캐나다의 대형 유통 기업인 패티슨 푸드 그룹Pattison Food Group은 급증하는 전자상거래 수요에 대응하기 위해 배송기사 일정 자동화에 양자 컴퓨팅을 적용하여 매주 수작업으로 수행하던 노력을 약80%나 절감했다.

통신 분야에서는 일본의 엔티티 도코모NTT DOCOMO가 수많은 기지국의 운영 효율성을 극대화하기 위해 디 웨이브 퀀텀의 기술을 사용하고 있다. 실제 상업적인 운영 환경에서 안정적으로 가동 중인 대표적인 성공 사례다. 제약 분야에서는 재팬토바코가 신약 개발 초기 단계에서 디 웨이브 퀀텀의 시스템을 AI 기술과 결합했다. 그 결과 기존 방식으로는 발견하기 어려웠던, 약효가 더 뛰어날 것으로 기대되는 새로운 분자 구조를 생성해 내는 데 성공했다. 금융 분야에서는 스페인의 대형 은행 BBVA가 끊임없이 변동하는 시장 상황에서 위험과 수익의 최적 균형점을 찾기 위해 포트폴리오 관리에 양자 최적화 기술을 적극 시험하고 있다.

일각에서는 디 웨이브 퀀텀이 마케팅 전면에 내세우는 많은 성공 사례가 사실은 고전 컴퓨터와 양자 어닐러를 결합한 하이브리드 솔루션에 크게 의존하고 있으며, 이는 순수 양자 기술의 미성숙함을 보여주는 기술적 한계라고 지적한다. 하지만 이는 오히려 사업적 관점에서 매우 영리하고 현실적인 강점이 될 수 있다. 대부분의 고객사는 순수한 양자 기술 그 자체보다 자신이 당면한 복잡한 문제를 가장 효율적으로 해결하는 것에 관심이 있기 때문이다.

디 웨이브 퀀텀은 하이브리드 솔루션을 통해 고객사가 산업 현장의 대규모 문제를 즉시 해결하고 실질적인 투자대비수익ROI을 창출할 수 있는 가장 실용적인 진입로를 제공한다. 이 전략은 양자 컴퓨팅 채택의 문턱을 낮춰 시장 침투를 촉진하고 즉각적인 수익을 창출하며, 미래에 훨씬 강력한 순수 양자 솔루션이 등장했을 때 이를 가장 먼저 활용할 준비가 된 충성 고객 기반을 미리 구축하는 효과를 낳는다. 기술적 한계를 시장 선점의 상업적 교두보로 전환하는 매우 영리한 시장 진출 전술이다. 세계적인 방산업체 록히드 마틴Lockheed Martin, 자동차 대기업 폭스바겐Volkswagen, 일본의 IT 기업 NEC, 의료기기 선두주자 지멘스 헬시니어스Siemens Healthineers 등 저명한 고객 목록을 통해 디 웨이브 퀀텀의 기술 잠재력에 대한 시장의 신뢰를 확인할 수 있다.

디 웨이브 퀀텀의 재무 상태는 폭발적인 성장 잠재력과 막대한 비용 지출을 동반하는, 파괴적 기술 기업의 전형적인 모습을 보여준다. 2025년 1분기 매출은 1,500만 달러를 기록하며 전년 같은 기간 대비 무려 509%나 급증했고, 2025년 상반기 전체 매출 역시 289% 증가하며 가파른 성장 궤도를 그렸다. 하지만 이러한 눈부신 성장은 종종 율리히 슈퍼컴퓨팅 센터 같은 대규모 일회성 시스템 판매 계약에 의해 크게 좌우된다. 실제로 일부 기간 동안 신규 계약액이 오히려 감소했는데, 이는 미래 수익이 현재 성장률만큼 안정적이지 않을 수 있다는 중요한 신호다.

이러한 극심한 변동성 때문에 신중한 투자자라면 단기적인 헤드라인 수치보다는 클라우드 플랫폼인 립에서 발생하는 구독 기반의 반복 수익recurring revenue이 얼마나 꾸준히 성장하는지에 주목해야 한다. 이 지표야말로 시장이 디 웨이브 퀀텀의 기술을 얼마나 진정으로 받아들이는지 보여주는 가장 정직한 척도이자, 장기적으로 예측 가능하고 확장성 있는 사업의 진정한 기반이 된다.

한편 디 웨이브 퀀텀은 상당한 순손실을 기록하고 있으며, 사업 확장에 따라 손실 규모가 계속 커지고 있다. 2025년 2분기 순손실은 1억 6,730만 달러를 기록했는데, 이 중 상당 부분은 실제 현금 유출이 없는 회계상 비용이다. 조정된 현금 흐름 기준 손실Adjusted EBITDA loss 역시 2,000만 달러에 달했다. 이러한 막대한 손실은 양자 컴퓨팅 산업의 선두 자리를 지키기 위한 연구개발 및 판매관리비 투자에서 비롯된다. 실제로 2025년 2분기의 영업비용은 2,850만 달러로 전년 대비 41% 증가했다.

이처럼 빠른 현금 소모에도 불구하고, 현재 디 웨이브 퀀텀의 가장 큰 강점은 막대한 현금 보유고다. 2025년 2분기 말 기준으로 보유 현금은 무려 8억 1,900만 달러에 달한다. 대규모 유상증자와 같은 성

디 웨이브 퀀텀 주가 추이

공적인 자금 조달로 확보한 이 현금은 상당 기간 외부 자금 없이 회사를 안정적으로 운영할 수 있는 든든한 기반이다. 투자자 입장에서는 단기적인 파산 위험이나 추가 자금 조달로 인한 기존 주주의 가치 희석 가능성이 크게 줄어든다는 의미다. 경영진 역시 이 현금으로 흑자 전환까지 충분히 버틸 수 있다고 자신한다. 덕분에 회사는 당장의 생존 압박에서 벗어나, 장기적인 기술 개발과 시장 확대 전략을 과감하게 실행할 수 있는 시간을 벌게 되었다.

전략적 전망

디 웨이브 퀀텀의 핵심 기술 전략은 하나의 기술에만 의존하지 않고 현재의 강점을 극대화하면서 미래의 불확실성에 대비하는 정교한 양면 전략two-pronged strategy으로 요약할 수 있다.

첫째, 양자 어닐링 기술을 꾸준히 발전시켜 현재의 어드밴티지2 시스템과 차세대 어드밴티지3Advantage3를 거쳐 10만 큐비트까지 확장하겠다는 야심 찬 로드맵을 따르고 있다. 최적화 영역에서 절대적인 리더십을 공고히 하려는 명확한 의지의 표명이다. 이 전략이 성공한다면 물류, 제조, 금융 등 복잡한 최적화 문제에 직면한 기업들에게 디 웨이브 퀀텀의 시스템은 가장 먼저 떠오르는 선택지가 될 것이다.

둘째, 2021년부터 초전도 회로 기반의 플럭소늄 큐비트fluxonium qubit

로 게이트 모델 양자 컴퓨터를 자체 개발하고 있다. 플럭소늄 큐비트는 구글이나 IBM이 주로 사용하는 트랜스몬 큐비트transmon qubit와 다르게 설계된 초전도 큐비트의 한 종류다. 이 기술의 핵심은 초전도 회로 내부에 초인덕터라는 특수한 부품을 추가하여 큐비트를 외부의 전기적 잡음으로부터 훨씬 효과적으로 격리하는 데 있다. 소음이 심한 공장의 작업자에게 단순한 귀마개가 아니라 외부 소음을 거의 완벽하게 차단하는 최고급 방음 헤드셋을 씌워주는 것과 같다. 플럭소늄 큐비트는 외부 세계와의 불필요한 상호작용을 원천 차단하여 결맞음 시간을 크게 늘려준다. 게이트 모델 양자 컴퓨터의 연산 정확도는 결맞음 시간에 직접적으로 좌우되므로, 플럭소늄 큐비트는 더 안정적이고 신뢰도 높은 범용 양자 컴퓨터를 만들기 위한 유력한 대안으로 주목받고 있다.

디 웨이브 퀀텀은 이처럼 복잡하고 진보된 기술을 선택해 미래 기술 패권 변화라는 거대한 불확실성에 대비하는 장기 위험 분산 전략을 추진한다. 회사는 양자 어닐링 방식과 게이트 모델 방식이 상호 보완적이라고 설명한다. 즉 어닐링 양자 컴퓨터는 최적화 문제 해결에, 게이트 모델 양자 컴퓨터는 재료과학이나 신약 개발에 필요한 양자 시뮬레이션에서 각각 유리하다는 것이다.

하지만 이러한 공식 설명 뒤에는 더 치밀한 전략이 숨어 있다. 언젠가 게이트 모델 방식이 기술적으로 비약적인 발전을 이루어 더 우월한 기술로 판명되고, 심지어 최적화 문제까지 효율적으로 해결하게 될 경우를 대비하는 것이다. 그때 회사의 생존과 시장 적합성을 보장하기 위한 선제적 조치인 셈이다.

따라서 게이트 모델 개발은 단순한 위험 회피를 넘어, 훨씬 더 높은 기업 가치와 폭넓은 시장 영향력을 확보하기 위한 '전략적 선택권'을 미리 확보하는 성격을 띤다. 디 웨이브 퀀텀이 양자 어닐링 사업에서 꾸준히 창출하는 수익과 확고한 시장 지위는 선순환 구조를 만든다. 덕분에 위험 부담은 크지만 성공 시 막대한 보상을 기대할 수 있는 게이트 모델에 필요한 자금과 운영 기반을 제공할 수 있다.

디 웨이브 퀀텀은 기술 개발과 함께 시장 진출Go-To-Market 전략을 실행하고 있다. 먼저 양자 컴퓨팅과 AI 및 머신러닝의 교차점에 전략적으로 자리매김하여 자사의 양자 어닐러를 파이토치PyTorch 같은 주류 머신러닝 개발 도구와 직접 통합하는 오픈소스(소프트웨어의 설계도를 공개하여 누구나 자유롭게 사용하고 수정할 수 있도록 하는 방식) 툴킷을 출시했다. 또한 자사 기술이 가장 강력한 힘을 발휘하고 투자 대비 빠른 수익을 거둘 수 있는 핵심 산업(최적화 문제의 상업적 가치가 높은 물류, 제조, 정부 부문)에 자원을 집중하고 있다. 아울러 중동의 기술 컨설팅 기업 스타크Staque와의 전략적 파트너십처럼, 전 세계적으로 역량 있는 파트너 생태계를 적극 구축하여 기술 채택 속도를 높이고 다양한 응용 프로그램 개발을 가속화하고 있다.

이러한 기술적·사업적 분석을 종합하면 디 웨이브 퀀텀에 대한 투자 전망은 선명한 강세론과 그에 못지않은 신중론으로 요약할 수 있다. 강세론은 다음과 같다. 디 웨이브 퀀텀은 먼 미래의 막연한 약속이 아닌, '오늘날의 실제 문제'를 해결하는 데 초점을 둔 실용적인 양자 기업이다. 최적화라는 명확한 틈새시장에서 선두주자 위치를 점하고 있으며, 그들의 기술을 운영 환경에 성공적으로 도입한 고객사가 계속 늘어나고 있다. 또한 양자 어닐링과 게이트 모델을 함께 개발하는 이중 트랙 전략은 장기적인 기술 플랫폼 변화의 위험을 효과적으로 분산한다.

무엇보다 8억 달러가 넘는 현금 보유고는 회사의 미래에 대한 가장 강력한 보증수표다. 이 막대한 현금은 디 웨이브 퀀텀의 전략적 위상을 살아남기 위해 고군분투하는 기술 기업에서, 산업의 판도를 재편할 수 있는 산업 통합자industry consolidator로 바꾸었다. 경영진이 인수합병을 새로운 전략적 우선순위로 공식 언급할 정도로 현재 디 웨이브 퀀텀은 유망한 기술이나 인재를 흡수하여 플랫폼과 생태계 전체를 이끌어 가는 리더가 될 잠재력을 갖추고 있다.

반면 신중론 입장에서 보면 디 웨이브 퀀텀은 보편성을 무기로 한 게이트 모델 양자 컴퓨터의 거대한 파도에 추월당할 수 있는, 양자 어닐링이라는 좁은 해안에 집중하고 있다. 미래의 희망인 게이트 모델 개발 프로그램은 구글이나 IBM 같은 기존 강자들에 비해 훨씬 뒤처져 있으며, 기술의 중심축을 성공적으로 전환할 수 있을지 불확실하다.

또한 회사가 가장 자랑하는 양자 우위 주장은 여전히 학계에서 논란거리이며, 상업적으로 중요한 대규모 문제에서 최고의 고전 컴퓨터 알고리즘보다 일관되고 확장 가능한 속도 향상을 명확히 입증하지 못했다는 비판에서 자유롭지 못하다. 재무적으로는 회사가 지속 가능한 수익을 내기까지 수년이 더 걸릴 것으로 보이며, 그 과정에서 상당한 현금을 계속 소모할 것이다. 따라서 디 웨이브 퀀텀에 대한 투자는 빠르게 진화하고 예측 불가능한 산업 환경에서 특정 기술 경로의 성공에 모든 것을 거는, 본질적으로 높은 위험을 감수해야 하는 대담한 선택이다.

제7장

퀀텀 컴퓨팅: 포토닉스의 다크호스

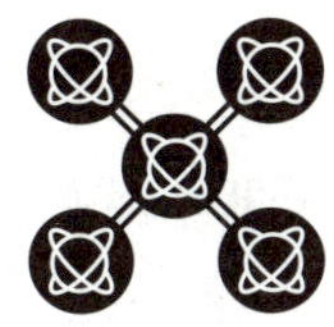

기술 및 경쟁 우위

양자 컴퓨팅의 실용화를 가로막는 가장 근본적인 장벽 중 하나는 결어긋남 현상이다. 앞서 말했듯이 양자 상태는 극도로 섬세해 미세한 진동, 온도 변화, 전자기 잡음에도 쉽게 무너진다. 큐비트의 중첩 및 얽힘 특성 역시 순식간에 상실된다. 이 때문에 다수의 양자 컴퓨팅 기업은 이 치명적인 약점을 제거하기 위해 절대영도에 가까운 극저온 환경을 만드는 희석 냉동기dilution refrigerator나, 원자를 하나하나 전자기장으로 가두는 진공 챔버 같은 설비에 천문학적인 자원을 쏟아붓고 있다.

퀀텀 컴퓨팅(회사명 Quantum Computing Inc.를 줄여서 QCi라고 부르기도 한다)은 양자 컴퓨팅이라는 거대한 혁명 속에서 독자적인 영역을 구축하고 있다. 예를 들어 아이온큐는 이온 트랩 방식을, 리게티 컴퓨팅은 초전도 큐비트 방식을 사용하며 어떤 문제든 해결할 수 있는 범용 양자 컴퓨터 개발을 최종 목표로 삼고 있다. 반면 퀀텀 컴퓨팅은 이러한 FTQC 개발 경쟁에 직접 참여하지 않는다. 오히려 업계 통념에 정면으로 맞서 결어긋남과 잡음을 피해야 할 장애물이 아니라, 계산 수행에 필요한 핵심 동력원으로 적극 활용한다. 거센 강물의 흐름을 막으려 댐을 쌓는 대신, 그 흐름을 이용해 물레방아를 돌려 에너지를 얻는 것과 같은 원리다.

이러한 혁신적인 발상의 중심에는 엔트로피 양자 컴퓨팅Entropy Quantum Computing, EQC이라는 독자적인 기술이 있다. 퀀텀 컴퓨팅은 이 기술을 상온에서 안정적으로 작동하는 광자 회로와 결합했다. 엔트로피 양자 컴퓨팅은 무질서해지려는 자연의 근본적인 경향성, 즉 엔트로피를 문제 해결을 위한 강력한 엔진으로 삼는다. 남들이 버리려는 것을 무기로 삼는 이 역발상은 양자 컴퓨터 상용화의 새로운 길을 제시하며, 시장의 판도를 뒤흔들 잠재력을 지녔다.

퀀텀 컴퓨팅 시스템의 기술적 근간은 광자집적회로Photonic Integrated Circuits, PIC다. 광자를 정보 처리 매개체로 사용하는 이 기술은 우리가 흔히 아는 반도체 칩, 즉 전자집적회로Integrated Circuit, IC의 개념을 빛으로 옮

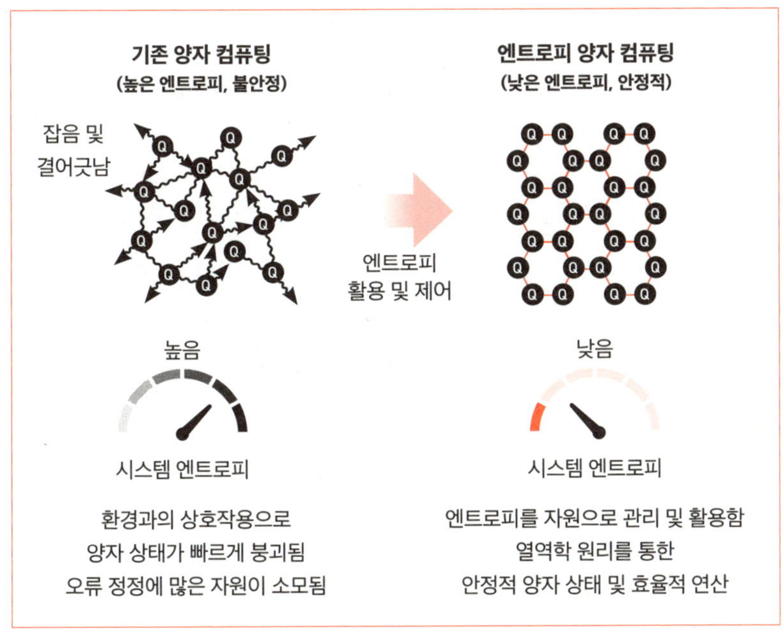

엔트로피 양자 컴퓨팅은 열역학 원리를 활용해 무질서를 관리하고, 잡음을 안정적이고 효율적인 양자 정보 처리를 위한 자원으로 전환한다.

겨온 것이다. 일반적인 반도체 칩은 실리콘 기판 위에 새겨진 미세한 구리 배선을 따라 전자가 흐르며 정보를 처리한다. 반면 광자집적회로는 칩 위에 빛이 다니는 길, 즉 초소형 광섬유와 같은 '광도파로wave-guide'를 만들어 그 안으로 광자를 흘려보내 계산을 수행한다.

광자집적회로를 구성하는 핵심 소재는 박막 리튬 니오베이트Thin-Film Lithium Niobate, TFLN다. 리튬 니오베이트는 특정 전압을 가하면 빛의 속도나 경로를 매우 빠르고 정밀하게 제어할 수 있는 인공 결정이다. 빛

의 흐름을 자유자재로 조절하는 초고속 광학 스위치나 교통정리 신호
등 역할을 하는 특별한 물질인 셈이다.

과거에는 이 뛰어난 소재를 다루는 기술이 부족하여 부피가 크고
비효율적인 부품을 만드는 데 그쳤다. 하지만 최근 '박막' 기술이 발전
하면서 웨이퍼 위에 매우 얇고 균일한 막 형태로 리튬 니오베이트를
올릴 수 있게 되었다. 투박한 벽돌로만 쌓을 수 있던 성벽을 이제는 훨
씬 얇고 견고한 특수 강화유리로 정교하게 지을 수 있게 된 것과 같다.
이 기술 혁신 덕분에 이전보다 훨씬 작고 복잡하며 성능이 뛰어난 광
학 부품들을 하나의 칩 안에 집적할 수 있게 되었다. 바로 이 이점이
퀀텀 컴퓨팅 기술의 실용성을 극대화하고 경쟁사와 차별화하는 결정
적인 기반이 된다.

이러한 광학 기반 아키텍처가 제공하는 가장 강력한 경쟁 우위는
SWaP-C, 즉 크기·무게·전력·비용 측면에서의 압도적 효율성이다.
전자 기반 시스템은 전자가 도선을 흐를 때 저항 때문에 필연적으로
열이 발생하고, 이를 식히려면 냉각 장치가 필요해 시스템 전체의 부
피와 전력 소모가 커진다. 실제로 기존 극저온 양자 시스템은 전체 전
력의 70% 이상을 오직 냉각 장치를 가동하는 데 사용한다.

반면 광자는 저항이 거의 없는 광도파로를 따라 이동하므로 정보
처리 과정에서 발생하는 열이 현저히 적다. 따라서 복잡한 냉각 시스
템 없이 장치를 훨씬 작고 가볍게 만들 수 있으며, 전력 소모가 적어
운영 비용을 크게 절감할 수 있다. 다시 말해 퀀텀 컴퓨팅의 장비는 일

반적인 데이터 센터나 서버실에서도 완벽하게 작동한다. 이는 구글, IBM, 리게티 컴퓨팅 등이 주력으로 삼는 초전도 큐비트 방식, 즉 액체 헬륨을 사용한 -273°C에 가까운 극저온 환경이 필요한 것과 극명하게 대비된다.

기능 측면에서 퀀텀 컴퓨팅의 엔트로피 양자 컴퓨팅 장비는 복잡한 최적화 문제 해결에 고도로 특화되어 있으며, 양자 어닐링 방식을 사용하는 디 웨이브 퀀텀과 가장 직접적인 경쟁 관계다. 두 회사 모두 '가장 좋은 답을 찾는 문제'를 푸는 데 집중하지만, 결정적으로 문제를 푸는 도구의 근본 구조가 다르다. 퀀텀 컴퓨팅은 상온에서 작동하는 실용적인 광자 회로를 사용하지만 디 웨이브 퀀텀은 극저온의 초전도 회로에 의존한다.

이 지점에서 퀀텀 컴퓨팅은 아키텍처상 우위를 점한다. 퀀텀 컴퓨팅이 양자 컴퓨팅 경쟁의 다크호스일 수 있다는 가설은 바로 여기서 출발한다. 더 실용적이고 비용 효율적이며 설치가 쉬운 하드웨어 솔루션을 제공함으로써 최적화 시장에서 디 웨이브 퀀텀이나 전통적인 고전 해결책들을 압도하고 시장의 판도를 바꿀 수 있다는 것이다.

퀀텀 컴퓨팅의 현주소는 매우 흥미로운 모순을 보여준다. 실질적 매출은 미미하지만, 대규모 자금 조달에 연이어 성공하며 업계 최고 수준의 재무 건전성을 확보했다. 이 막대한 자본은 퀀텀 컴퓨팅이 단순한 연구 기업에서 핵심 부품인 광자 칩의 설계부터 생산까지 모든 과정을 책임지는 수직 통합 제조사로 거듭나려는 데 필요한 핵심 동력이다. 퀀텀 컴퓨팅의 해결책을 구체적으로 살펴보면 수많은 후보 중에서 가장 뛰어난 단 한 명을 뽑는 서바이벌 경연과 비슷하다.

첫째, 문제의 모든 가능한 해답 후보를 동시에 만든다. '광학 공진기'라는 아주 작은 거울 상자 안에서 수많은 빛의 양자 상태를 생성하여 문제의 정답이 될 수 있는 모든 경우의 수를 한 공간에 펼쳐 놓는 방식이다. 경연에 참가할 수천, 수만 명의 선수를 한자리에 모으는 단계와 같다.

둘째, 의도적으로 통제된 '혼돈'을 시스템에 가한다. 큐비트를 외부와 격리하려는 기존 방식과 달리, 엔트로피 양자 컴퓨팅은 시스템을 의도적으로 외부 환경의 잡음과 에너지 손실에 노출시킨다. 참가자들에게 혹독한 장애물 코스를 통과하도록 하는 것과 같다. 대부분의 해답 후보, 즉 불안정하거나 오답인 양자 상태들은 이 '장애물 코스'를 견디지 못하고 결맞음 상태를 잃으며 빠르게 사라진다.

셋째, '양자 제논 효과'를 이용해 유일한 정답을 보호하고 선택한다. 이것이 엔트로피 양자 컴퓨팅의 가장 독창적인 부분이다. 양자 제논 효과란 어떤 양자 상태를 계속 관찰하면 그 상태가 다른 상태로 변하지 않고 고정되는 현상을 말한다. 엔트로피 양자 컴퓨팅은 문제의 '최적해'에 해당하는 양자 상태만 지속적으로 관찰하도록 설계되어 있다. 마치 심사위원이 경연장의 수많은 참가자 중 유력한 우승 후보 단 한 명에게만 스포트라이트를 계속 비추는 것과 같다.

이 통제된 혼돈 속에서 모든 불안정한 해답 후보가 자연스럽게 소멸하고 나면, 시스템이 처음부터 정답으로 '점찍어 둔' 가장 안정적인 최종 해답만 남는다. 시스템은 이 마지막까지 살아남은 상태를 읽어 문제의 결과를 도출한다. 이처럼 퀀텀 컴퓨팅은 깨지기 쉬운 양자 상태를 억지로 보존하려 애쓰는 대신, 자연의 엔트로피를 이용해 오답들을 적극 제거하고 정답만 선택적으로 남기는, 매우 독창적이고 효율적인 문제 해결 방식을 제시한다.

엔트로피 양자 컴퓨팅은 이러한 독특한 접근법 때문에 범용 양자 컴퓨터가 아니라, 특정 문제 해결에 고도로 특화된 전문 장치로 분류된다. 특히 복잡하게 얽힌 변수들 사이에서 가장 안정적인 에너지 상태인 바닥 상태 에너지ground state energy를 찾아내어, 목표 함수를 최소화·최대화하는 최적화 문제 해결에 탁월한 성능을 보인다.

이처럼 퀀텀 컴퓨팅의 기술 개발 철학은 이론적인 완벽함보다는 현실 문제 해결이라는 실용성에 깊이 뿌리내리고 있다. 업계가 오류를 스스로 바로잡는 논리 큐비트 구현에 천문학적인 비용과 시간을 쏟아붓는 동안, 퀀텀 컴퓨팅은 불완전하고 잡음이 많은 현실의 양자 시스템을 전제로 '충분히 좋은' 계산 결과를 더 빠르고 저렴하며 효율적으로 얻는 방법을 고민한다. 이는 단순한 기술 방식의 차이를 넘어, 양자 컴퓨터가 기존 컴퓨터를 압도하는 양자 우위를 달성하는 시점과 그 과정 자체에 대한 철학적 베팅이라고 해석할 수 있다.

또한 SWaP-C의 장점은 운영 비용 절감을 넘어 양자 컴퓨팅의 적용 범위를 확장하고 새로운 시장을 창출할 잠재력을 지닌다. 극저온 냉각 장치에 의존하는 경쟁사 시스템은 크기가 크고 무거워서 한번 설치하면 이동이 거의 불가능하다. 따라서 대규모 특수 데이터 센터에 국한되며 클라우드 서비스를 통해서만 원격 접근할 수 있다. 반면 퀀텀 컴퓨팅의 시스템은 표준 서버 랙에 장착할 수 있을 정도로 작고 휴대가 가능하다. 따라서 고객사의 기존 설비에 직접 설치할 수 있어 탁월한 유연성을 제공한다.

이러한 휴대성은 단순한 편의성이 아니라 시장을 재정의하고 확장하는 핵심 역량이다. 퀀텀 컴퓨팅이 주요 글로벌 자동차 제조사에 '엣지 머신러닝edge machine learning' 연구용으로 이뮤코어EmuCore라는 저수지 컴퓨팅Reservoir Computing 장치를 판매한 사례가 이를 입증한다. 이 장치는 기기 자체에서 실시간으로 데이터를 처리한다.

저수지 컴퓨팅은 순환 신경망RNN의 일종으로, 복잡한 중간 연결망(저수지)을 무작위로 고정한 채 출력 부분만 학습시켜 훈련 속도를 획기적으로 높인 머신러닝 모델을 말한다. 자율주행차의 센서 데이터처럼 시간에 따라 순차적으로 발생하는 방대한 데이터를 저전력으로 빠르게 처리하는 데 강점을 가진다.

이는 퀀텀 컴퓨팅 기술이 기존 서비스형 양자 컴퓨팅QCaaS 시장을 넘어 엣지 컴퓨팅edge computing이라는 새로운 시장을 개척할 수 있다는 점에서 중요한 이정표다. 엣지 컴퓨팅은 데이터가 발생하는 현장이나 단말기에서 곧바로 데이터를 처리하는 방식이다. 중앙 서버로 데이터를 주고받는 과정이 없어 처리 속도가 매우 빠르고 효율적이다. 이 기술은 자율주행차, 항공기, 원격 감지 장비 같은 분야에서 특히 중요하다.

기존 경쟁사들은 양자 컴퓨터 구동을 위해 -273℃에 가까운 극저온 환경을 유지해야 한다. 이 경우 거대하고 복잡한 냉각 장비가 필수라서, 공간이 좁고 움직임이 많은 자동차나 항공기에 양자 컴퓨터를 탑재하는 것은 사실상 불가능하다. 하지만 퀀텀 컴퓨팅의 이번 기술은 그러한 제약을 극복했다. 기존 방식으로는 접근조차 어려웠던 엣지 컴퓨팅 영역까지 사업을 확장할 수 있게 된 것이다.

퀀텀 컴퓨팅은 2025년 초 미국 애리조나주 템피에 박막 리튬 니오베이트 광자 칩 제조 공장을 본격 가동하며, 부품 공급망을 내재화하는 수직 통합 전략의 핵심 자산을 확보했다. 이 공장은 두 가지 전략적 목적을 수행한다. 첫째는 디락Dirac, 이뮤코어 등 자사 양자 장비에 탑재되는 독점 광자 칩을 외부 변수에 흔들리지 않고 안정적으로 내부 공급하는 것이다. 둘째는 데이터 통신, 양자 센서, 양자 컴퓨팅 등 다양한 분야의 외부 고객사에 맞춤형 칩 제작 서비스를 제공하는 파운드리 사업부로 운영되는 것이다.

자본과 규모가 부족한 신생 하드웨어 기업에게 첨단 반도체나 광자 칩 공장 접근성이 낮다는 점은 성장을 가로막는 주요 병목이다. 제작 의뢰부터 결과물 수령까지의 긴 리드 타임과 높은 비용, 그리고 무엇보다 회사의 명운이 걸린 핵심 기술인 지식재산권IP 유출 위험은 큰 부담이다. 퀀텀 컴퓨팅은 자체 공장을 통해 이러한 문제에서 자유로워 졌으며 아이디어 구상부터 설계, 제작, 테스트에 이르는 전 과정을 완벽하게 통제할 수 있게 되었다. 이는 외부 공장에 의존하는 경쟁사들보다 훨씬 빠르고 저렴하게 칩 설계를 반복하고 개선할 수 있는 강력한 비대칭적 우위가 된다.

더 나아가 파운드리 사업은 퀀텀 컴퓨팅의 재무적 위험을 분산하고 완화하는 안전장치 역할을 한다. 핵심 사업인 양자 컴퓨팅 시스템 판매는 본격적인 수익 발생 시점이 불확실한 고위험 장기 프로젝트다. 반면 파운드리 사업은 첨단 광자 칩이라는 검증된 수요에 기반해 실질적인 단기 수익원을 제공한다. 실제로 퀀텀 컴퓨팅의 새 공장은 공식 가동 전부터 아시아의 주요 연구 기관, 유럽의 명문 대학, 캐나다의 광자집적회로 설계 전문 회사 등으로부터 초기 상업 주문을 확보하며 기술력과 사업 모델의 타당성을 입증했다. 경영진은 향후 12~18개월 안에 이 파운드리 사업이 회사 전체 매출에 의미 있는 기여를 할 것으로 기대하고 있다.

즉 퀀텀 컴퓨팅의 공장은 단순한 생산 시설이 아니라, 내부 연구개발을 가속화하고 지식재산권을 보호하며 장기적인 양자 컴퓨팅 연구 자금을 스스로 조달하는 다목적 전략 도구다. 이를 통해 양자 우위라는 먼 미래의 약속만 바라보는 투자자들의 불안을 완화하고, 구체적이고 가시적인 단기 성장 경로를 제시한다.

사업 모델 및 재무 상태

물론 퀀텀 컴퓨팅의 미래가 보장된 것은 아니다. 성패는 독창적인 기술적 우위라는 '가능성'을 실제 문제를 해결하고 수익을 창출하는 '제품'으로 전환할 수 있는 강력한 실행력에 달려 있다. 기술 상용화, 시장에서의 선택, 법적 위험과 같은 과제들을 극복하는 것이야말로 포토닉스의 다크호스인 퀀텀 컴퓨팅이 잠재력을 현실로 바꾸기 위한 필수 조건이다.

퀀텀 컴퓨팅의 사업 모델은 아직 여명기에 있는 양자 컴퓨팅 시장의 불확실성에 대응하기 위해 정교하게 설계된 다각화 포트폴리오에 기반을 둔다. 단일 기술이나 시장에 모든 것을 거는 대신, 세 가지 핵심 사업 축을 중심으로 안정성과 성장 잠재력을 동시에 추구하는 전략이다.

첫째, 독자적인 양자 기반 하드웨어를 고객에게 직접 판매한다. 복잡한 최적화 문제 해결을 위한 엔트로피 양자 컴퓨팅 머신인 디락 시리즈와 AI 및 머신러닝 애플리케이션을 위한 이뮤코어가 주요 제품군이다. 연구 기관을 상대로 한 초기 하드웨어 판매는 단순한 매출을 넘어 실제 시장의 요구 사항을 파악하는 '유료 연구개발'이자 잠재 고객을 교육하고 충성도 높은 사용자 생태계를 구축하는 역할을 한다.

둘째, 애리조나주 템피에 위치한 박막 리튬 니오베이트 광자 칩 제조 공장을 외부 고객사에 개방하여 맞춤형 서비스를 제공한다. 파운드리 사업은 이미 수요가 검증된 첨단 광자 칩 시장에서 즉각적이고 실질적인 가치를 창출한다. 따라서 단기적으로 가장 중요한 수익원이 될 것으로 기대를 모으고 있다.

셋째, 하드웨어 판매에 그치지 않고 통합 솔루션을 제공한다. 양자 기술을 활용한 사이버 보안 솔루션이 대표적이며 특정 고객 맞춤형 소프트웨어 개발, 양자 기술 도입 컨설팅, 맞춤형 알고리즘 개발 등으로 부가가치를 극대화한다. 특히 대형 은행을 위한 사이버 보안 솔루션 같은 고부가가치 서비스는 퀀텀 컴퓨팅 기술의 잠재력을 가장 극적으로 보여주며, 시장의 신뢰를 얻고 대표 고객사를 확보하는 선봉장 역할을 한다.

현재 퀀텀 컴퓨팅은 이 세 축을 바탕으로 델프트 공과대학과 같은 연구 기관, 미국 항공우주국NASA과 같은 정부 기관, 그리고 미래 기술 확보에 사활을 건 자동차 및 금융 분야 대기업의 혁신 부서 등을 대상으로 초기 단계의 제품을 판매하며 기술의 실용성을 입증하는 데 주력하고 있다. 이러한 다각화된 사업 모델은 아직 성숙하지 않은 양자 컴퓨팅 시장의 특성을 고려한 실용적인 전략이다. 수백만 달러에 달하는 고가의 양자 시스템 대부분이 산업 응용 분야에서 명확한 투자 대비 효과를 입증하지 못한 상황에서, 퀀텀 컴퓨팅은 양자 산업의 성숙도에 맞추어 단계별로 수익 기반과 시장 점유율을 확보해 나가고 있다. 또한 각기 다른 성숙 단계와 수요를 가진 여러 시장을 동시에 공략하여 리스크를 분산하고 있다.

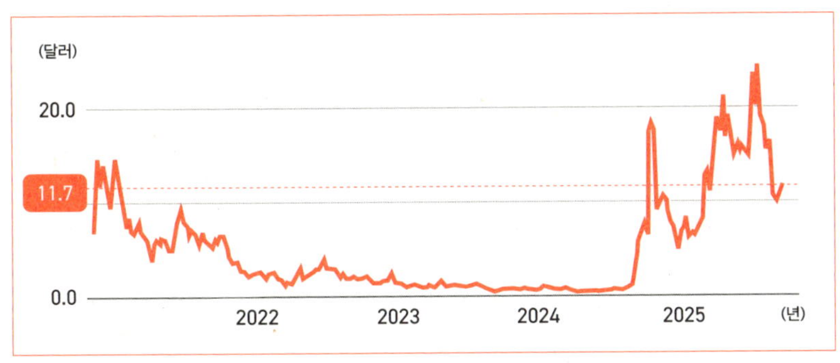

퀀텀 컴퓨팅의 재무 상태는 전통적인 기업 분석 기준으로는 설명하기 어려운 역설적인 상황이다. 실질적인 매출이 거의 없고 상당한 규모의 영업손실을 기록하고 있지만, 동종 업계의 어느 경쟁사보다 튼튼한 재무 상태를 자랑한다. 2025년 2분기 매출은 6만 1,000달러에 불과했으며, 지난 1년간 매출을 모두 합쳐도 50만 달러에 미치지 못한다. 반면 영업비용은 급증하여 2025년 2분기 영업비용은 1,020만 달러로, 전년 같은 기간의 530만 달러보다 거의 2배 늘었다.

하지만 부진한 영업 실적과 대조적으로, 회사의 대조대조표는 이례적으로 강력하다. 2024년 말부터 이어진 성공적인 사모 발행을 통해 16억 4,000만 달러 가치의 금융 거래(신주인수권 행사 포함)를 완료했다. 그 결과 2025년 6월 30일 기준, 회사의 보유 현금 및 현금성 자산은 3억 4,880만 달러에 달한다. 경영진은 이 자금을 바탕으로 추가 자금 조달 없이 최소 2028년까지 중장기 운영 계획을 충분히 실행할 수 있다고 자신한다.

이러한 독특한 재무 구조는 퀀텀 컴퓨팅이 전통적인 상장 기업이 아니라 '공개 시장에서 거래되는 벤처 캐피털 투자처'에 가깝다는 것을 보여준다. 전통적인 기업 가치 평가는 매출, 이익, 성장률과 같은 실적 지표에 기반하지만 퀀텀 컴퓨팅은 이러한 지표가 거의 무의미하다. 높은 현금 소진율, 초기 단계의 매출, 그리고 파괴적 기술에 대한 집중은 사모펀드로 성장하는 비상장 심층 기술 스타트업과 정확히 일치한다.

따라서 퀀텀 컴퓨팅 투자자들은 분기별 실적 보고서의 숫자보다는 회사가 가진 기술의 장기적 잠재력에 베팅하는 벤처 투자자처럼 행동한다. 실제로 퀀텀 컴퓨팅의 주가매출비율은 현재 미미한 매출과 달리 천문학적인 수준이다. 이는 전적으로 미래 성장 잠재력에 대한 시장의 기대를 반영한다. 투자자들은 현재의 손실을 미래의 막대한 성공을 위한 필수 투자로 간주하며 자본을 기꺼이 공급하고 있다. 다시 말해 퀀텀 컴퓨팅의 주가는 시장의 기대감과 투자자들의 심리 변화에 따라 극심한 변동성을 보일 수밖에 없다.

퀀텀 컴퓨팅은 투자자가 반드시 인지해야 할 중대한 위험을 안고 있다. 가장 근본적인 위험은 실행 능력이다. 퀀텀 컴퓨팅이 현금을 모두 소진하기 전에 야심 차게 구축한 파운드리 사업과 양자 하드웨어 사업을 성공적으로 확장하여 지속 가능한 매출을 창출할 수 있을까 하는 점이다. 또한 양자 컴퓨팅 시장은 아직 초기 단계다. 즉 퀀텀 컴퓨팅은 혁신적인 기술을 개발하는 것을 넘어, 잠재 고객들에게 양자 컴퓨팅이 왜 필요하며 자사 기술이 어떤 가치를 제공하는지 설득하고 시장 자체를 교육해야 하는 이중 과제를 안고 있다.

경쟁도 치열하다. 자금력이 풍부한 양자 컴퓨팅 전문 상장 기업들뿐 아니라 구글, 마이크로소프트, IBM 같은 빅테크 기업들과도 경쟁해야 한다. 마지막으로 과거에 기술 능력과 사업 전망을 과장하고 부적절한 정보를 공개했다는 혐의로 투자자들로부터 집단 소송에 직면했던 경험은 심각한 평판 위험으로 남아 있다.

전략적 전망

퀀텀 컴퓨팅의 최고경영자는 회사의 전략적 초점이 "양자 기술 혁신 기업에서 선도적인 양자 하드웨어 제조업체로의 전환을 가속화하는 것"이라고 명확히 밝혔다. 그들의 장기 목표는 현재 AI 반도체 시장을 지배하는 엔비디아처럼, 미래의 광자 회로 분야에서 독보적인 위치를 차지하는 핵심 공급자가 되는 것이다.

이 야심 찬 목표는 이미 가시적인 성과로 구체화되고 있다. 박막 리튬 니오베이트 광자 칩 제조 공장의 성공적인 가동, 아시아와 유럽의 주요 연구 기관을 대상으로 한 첫 상업용 파운드리 제품 및 얽힘 광자원(두 광자가 서로 얽힘 상태에 있도록 생성하는 장치) 출하, 차세대 데이터 보안 시장을 겨냥한 양자 보안 네트워크 솔루션 공개 등이 대표적이다. 또한 2024년 11월 이후 사모 발행을 통해 성공적으로 조달한 총 16억 4,000만 달러는 이러한 전환을 가속화하는 강력한 추진력이 되어줄 것이다. 이 자금은 대량 생산 능력 구축, 전 세계 시장 공략을 위한 영업 및 엔지니어링 인력 확장, 기술적 시너지를 창출할 수 있는 기업 인수 등 전략적 인수합병에 집중 투입될 예정이다.

이러한 공격적이고 신속한 실행 계획은 단순한 성장을 넘어 양자 산업의 예측 불가능한 미래에 대비한 생존 전략이다. 양자 산업은 본질적으로 엄청난 잠재력에 대한 기대감과 과대광고에 취약하다. 현재 투자자들의 열기는 뜨겁지만, 업계 전체가 가까운 미래에 실질적이고 측정 가능한 성과를 보여주지 못한다면 '퀀텀 윈터 Quantum Winter'가 닥칠 수 있다는 우려가 상존한다. 퀀텀 윈터는 과거 AI 분야에 닥쳤던 시장 침체기처럼 투자 심리가 급격히 냉각되어 자금난이 닥치고 연구개발도 어려워지는 시기를 말한다. 특히 지속적인 외부 자금 조달에 의존해 운영되는 순수 양자 기술 기업들에게는 존립을 위협하는 치명적인 위기가 될 것이다.

퀀텀 컴퓨팅은 현재의 시장 낙관론을 최대한 활용하여 빠른 기간에 실질적인 수익을 창출하는 안정적인 하드웨어 사업을 구축하고 있다. FTQC 개발에 대한 의존도를 줄이고 잠재적인 시장 침체기가 도래하더라도 회사가 흔들림 없이 살아남을 수 있도록 견고한 재정적 방어막을 미리 구축하려는 계산된 움직임이다. 또한 제한된 자원을 효율적으로 활용하기 위해 무차별적인 시장 접근 대신 정교한 시장 침투 전략을 구사하고 있다. 기술의 파급 효과가 가장 클 것으로 예상되는 특정 고부가가치 산업의 핵심 고객을 선점하여 전략적 교두보를 확보하려는 것이다.

대표적으로 미국 항공우주국 랭글리 연구센터와 계약을 통해 자사의 디락-3 Dirac-3 장비를 우주 기반 라이다LiDAR 데이터의 태양 잡음 제거에 활용하여 양자 센서 및 신호 처리 분야에서 기술력을 입증했다. 또한 주요 글로벌 자동차 제조사에 이뮤코어 시스템을 판매하며 자율주행 및 커넥티드카 기술의 핵심이 될 엣지 컴퓨팅 및 AI 연구 시장에 성공적으로 진입했다. 금융 분야에서는 미국 5대 상업은행 중 한 곳으로부터 사이버 보안 솔루션 주문을 확보하며 사이버 보안 시장에서의 경쟁력을 증명했다. 동시에 앞서 말했듯이 델프트 공과대학을 비롯한 전 세계 연구 기관에 얽힘 광자원 같은 핵심 부품을 판매하며 미래 기술을 선도할 사용자 및 개발자 생태계를 구축하고 있다.

이러한 초기 파트너십과 판매 실적은 당장의 매출액보다 훨씬 깊은 전략적 의미를 지닌다. 시장의 실제 요구를 파악하고 미래 전략의 방향을 설정하는 데 필수적인 정보를 얻는 과정이기 때문이다. 초기 단계의 기술 기업이 신기술의 모든 잠재적 응용 분야를 자체적으로 탐색하는 것은 사실상 불가능하다. 미국 항공우주국, 대형 은행, 자동차 제조사와의 파트너십은 협력 연구개발 프로젝트 같은 역할을 한다. 고객들은 각자 직면한 복잡한 고부가가치 문제를 제시하고, 퀀텀 컴퓨팅은 이를 해결할 수 있는 새로운 계산 도구를 제공한다.

이 과정을 통해 퀀텀 컴퓨팅은 어떤 응용 분야가 가장 큰 상업적 잠재력을 지녔는지 학습하고, 시장의 피드백을 바탕으로 제품을 신속하게 개선할 수 있다. 결과적으로 이 파트너십들은 퀀텀 컴퓨팅 기술의 타당성을 입증하는 핵심 성공 사례이자 마케팅 자산이다. 또한 회사의 연구개발 방향을 수익성 높은 분야로 이끄는 나침반 역할을 한다.

정리하자면 퀀텀 컴퓨팅의 잠재력은 네 가지 견고한 기둥 위에 서 있다. 독창적이면서도 실용적인 엔트로피 양자 컴퓨팅 기술, 상온에서 작동해 운영 효율성을 극대화하는 광자집적회로, 자체 공장을 통해 확보한 제조 우위, 그리고 업계 최고 수준의 막강한 재무 상태다. 이것들의 조합으로 퀀텀 컴퓨팅은 양자 컴퓨팅 경쟁에서 누구도 쉽게 무시할 수 없는 강력한 다크호스로 자리매김했다.

하지만 미래가 보장된 것은 아니다. 극복해야 할 거대한 장벽들이 앞에 놓여 있다. 기존 해결책들을 압도하는 계산 우위를 명확하게 입증해야 하는 기술적 과제, 막대한 잠재력을 실질적인 매출로 신속하게 전환해야 하는 상업화의 압박, 그리고 구글과 IBM 같은 빅테크 기업들과의 치열한 생존 경쟁이다. 궁극적으로 퀀텀 컴퓨팅의 미래는 "향후 3~5년 안에 고객에게 실질적인 경제적 가치를 제공하고 기존 대안들을 압도할 수 있는가?"라는 핵심 질문으로 귀결된다.

퀀텀 컴퓨팅이 다크호스라고 평가받는 이유는 비대칭적인 위험-
보상 전략 때문이다. 이 회사는 수십 년이 걸릴지 모르는 FTQC 개발
이라는 마라톤 경주에서 1등을 노리지 않는다. 대신 최적화 문제 해
결, 양자 센서, 사이버 보안처럼 현재 시장 수요가 존재하는 분야에서
고부가가치 상업 계약을 따내기 위한 단거리 경주에 모든 역량을 집
중한다. 이 단거리 경주들에서 연이어 승리하며 시장의 신뢰를 쌓아나
간다면 퀀텀 컴퓨팅은 마라톤이 끝나기도 전에 높은 수익성을 갖춘
핵심 하드웨어 공급업체로 확고하게 자리매김할 수 있다. 그러나 가치
를 입증하지 못하고 실행에 실패한다면, 막대한 자금과 독창적인 기
술은 역사상 가장 대담했지만 성공하지 못한 도전 중 하나로 기록될
것이다.

제3부

기존 거인들

양자 컴퓨팅 제국 건설

제8장
기술의 타이탄들:
구글, 마이크로소프트, IBM

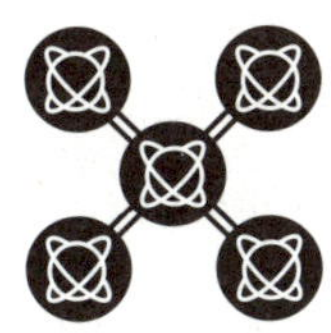

앞서 2부에서 다룬 순수 양자 컴퓨팅 개척자들이 고위험 고수익의 전형을 보여준다면, 이제 투자자의 시선은 기술 지형의 근간을 이루는 기존 거인들로 향해야 한다. 구글, 마이크로소프트, IBM은 양자 컴퓨팅이라는 새로운 대륙에서 단순히 금을 캐려는 탐사꾼이 아니다. 이 대륙의 지정학적 지도를 그리고, 인프라를 건설하며, 경제 활동의 규칙 자체를 제정하려는 제국 건설자들이다.

이들에게 양자 컴퓨팅은 하나의 투기적 사업 부문이 아니라 전략적 필수재다. 클라우드 컴퓨팅, AI, 엔터프라이즈 서비스라는 수조 달러 규모의 핵심 사업을 방어하고 확장하기 위한 도구인 것이다. 이 빅테크 기업들은 스타트업이 감히 상상할 수 없는 규모의 자본과 인재, 시간을 투입할 수 있는 능력을 갖추고 있다. 이들의 연구개발 예산은 웬만한 국가의 예산을 초과하며, 이를 통해 수십 년이 걸릴지도 모르는 불확실한 기술에 지속적으로 장기 투자하고 있다.

구글, 마이크로소프트, IBM 이 세 타이탄은 양자 시대를 지배하기 위해 각기 다른 철학과 전략을 추구하고 있다. 이들의 경쟁은 기술적 우위를 넘어 미래 컴퓨팅 패러다임의 표준을 결정하는 거대한 서사가 될 것이다. 따라서 이들 기업의 양자 컴퓨팅 부문에 대한 투자는 특정 기술의 성공 가능성에 대한 베팅이 아니다. 오히려 이들이 각자의 막강한 경쟁 우위(압도적인 시장 규모, 방대한 고객 네트워크, 세계 최고 수준의 인재 풀)를 활용하여 퀀텀 경제의 과실을 독점적으로 수확할 능력에 대한 다각화된 투자로 이해해야 한다.

'인내심 강한 거인' 구글

구글은 단순한 기술 기업에 머무르지 않는다. 인류의 미래를 바꿀 대담한 계획들에 투자하며 미래를 설계하는 역할을 맡아왔다. 자율주행차와 AI에 이어 구글이 다음 목표로 삼은 분야는 양자 컴퓨팅이다. 구글 퀀텀 AI Google Quantum AI는 단순히 양자 컴퓨팅을 담당하는 부서가 아니다. AI 분야에서 이룩한 압도적인 우위를 차세대 양자 컴퓨팅에서도 이어가기 위한 구글의 핵심 전략이다.

구글이 공식적으로 내세운 임무는 "다른 방법으로는 해결할 수 없는 문제들을 풀기 위해 양자 컴퓨터를 구축하는 것"으로 요약된다. 구글은 단기적인 성공에 얽매이지 않는다. 오류를 완벽히 잡아내지 못하는 NISQ 시대 양자 컴퓨터에서 작은 성과를 내기보다 최종 목표 달성에 모든 자원을 쏟고 있다. 구글의 최종 목표는 세계 최초의 내결함성 양자 컴퓨터를 만드는 것이다. 앞서 말했듯이 스스로 오류를 바로잡아 거의 모든 문제를 해결할 수 있는 궁극의 양자 컴퓨터다.

이러한 전략의 바탕에는 양자 컴퓨팅 시장의 본질에 대한 깊은 이해가 깔려 있다. FTQC가 현실화되면 그 계산 능력은 현재의 불완전한 양자 컴퓨터를 압도하여 기존의 시장 경쟁을 한순간에 무의미하게 만든다. 내연기관 자동차 시장에 완벽한 성능의 전기차가 등장하는 상황과 같다. 따라서 구글은 당장의 수익이나 시장 점유율보다 미래 기술 표준을 선점해 시장 가치를 독식할 가능성에 투자하고 있다. 투자자 입장에서 이 전략은 상상을 초월하는 수익을 가져다줄 수도 있다. 하지만 동시에 기술 개발에 실패할 위험도 큰 장기 투자다.

구글의 원대한 계획을 뒷받침하는 하드웨어 기술은 '초전도 트랜스몬 큐비트'다. 이 기술은 기존 반도체 칩 제조 공정과 비슷한 점이 많아, 앞으로 양자 컴퓨터 규모를 키우고 더 많은 큐비트를 하나의 칩에 모으는 데 유리하다는 장점이 있다. 2025년 10월 초, 구글 퀀텀 AI는 매사추세츠공과대학교MIT에서 시작된 스타트업인 애틀랜틱 퀀텀Atlantic Quantum을 인수했다고 발표했다. 애틀랜틱 퀀텀의 모듈식 칩 기술은 큐비트와 제어 장치를 저온 환경에 통합해 초전도 큐비트 하드웨어의 확장성을 개선하고, 오류를 스스로 바로잡는 양자 컴퓨터로 가는 길을 단축할 것으로 기대된다.

구글의 전략이 단순한 희망에 그치지 않는다는 점은 그들이 공개한 체계적이고 구체적인 '6단계 양자 컴퓨터 상업화 로드맵'을 통해 증명된다. 이 로드맵은 단순한 기술 개발 계획을 넘어 구글의 비전을 현실화하기 위한 전략적 청사진이다. 투자자들은 이를 통해 구글의 진행 상황을 객관적으로 파악하고, 기술적 위험을 평가하며, 경쟁사 대비 우위를 가늠할 수 있다. 이 6단계 로드맵은 다음과 같다.

1단계 **기존 컴퓨터의 한계 돌파(2019년 달성):** 당시 구글은 53큐비트 시커모어 프로세서로 세계 최고 성능의 슈퍼컴퓨터로도 사실상 불가능한 문제를 해결하며 양자 우위를 발표했다. 양자 컴퓨터가 이론에만 머물지 않고 현실에서 강력한 성능을 발휘할 수 있음을 전 세계에 알린 상징적인 이정표였다.

2단계 **양자 오류 정정(2023년 달성):** 가장 중요한 기술적 전환점이다. 양자 컴퓨터는 매우 민감하여 오류가 쉽게 발생한다. 구글은 여러 물리 큐비트를 묶어 하나의 안정적인 논리 큐비트 시제품을 만들었고, 물리 큐비트의 수를 늘릴수록 논리 큐비트의 오류가 실제로 줄어든다는 것을 세계 최초로 실험을 통해 증명했다. 스스로 오류를 고치는 양자 컴퓨터로 가는 길이 더 이상

이론의 영역이 아님을 보여준 결정적인 성과였다.

3단계 **오래 지속되는 논리 큐비트 구축(진행 중):** 100만 번의 연산을 수행하는 동안 오류가 한 번 미만으로 발생하는 극도로 안정적인 논리 큐비트를 만드는 것이 목표다. 큐비트의 성능, 양자 컴퓨터의 구조, 오류 정정 기술 등 시스템의 모든 부분이 동시에 발전해야만 이룰 수 있는 매우 어려운 공학적 과제다.

4단계 **논리 게이트 생성 :** 안정적으로 만들어진 논리 큐비트들 사이에서 매우 낮은 오류율로 계산을 수행하는 것을 목표로 한다. 이 단계가 성공한다면 최초의 실용적인 양자 컴퓨터 응용 프로그램이 등장할 것으로 기대된다.

5단계 **공학적 확장:** 100개의 논리 큐비트를 타일처럼 이어 붙여 정확하게 연산을 처리하는 단계다. 이 시점에서는 최소 세 분야에서 내결함성 양자 컴퓨터를 활용할 수 있을 것으로 예상된다.

6단계 **대규모 FTQC:** 100만 개의 물리 큐비트를 완벽하게 연결하고 제어하여 신약 개발, 신소재, 지속 가능한 기술 등 여러 산업에 혁명을 일으킬 10개 이상의 응용 프로그램을 구현하는 것이 최종 목표다.

경쟁사들이 단순히 큐비트 수를 늘리는 양적 성과를 강조하는 것과 달리, 구글의 로드맵은 단계마다 훨씬 어려운 근본적인 질적 문제를 해결하는 데 목표를 두고 있다. 논리적 오류율 감소나 논리적 연산 수행 같은 목표가 바로 그것이다. 즉 단기적으로 화려해 보이는 성과보다 장기적인 기술 성공에 필요한 요소들을 정직하게 해결하려는 태도를 보여준다. 투자자 입장에서 이 로드맵은 구글의 기술력과 실행력을 평가하는 중요한 기준점이 된다.

구글의 하드웨어 전략을 논할 때 이 6단계 로드맵 중 2019년 양자 우위 발표를 빼놓을 수 없다. 당시 구글은 53큐비트 시커모어 프로세서로 슈퍼컴퓨터가 1만 년 걸릴 계산을 200초 만에 끝냈다고 밝혔다. 다만 이 실험은 실용적인 문제가 아니라 특정 무작위 회로 계산에 한정되었다. 이 발표 직후 IBM은 자사 슈퍼컴퓨터를 최적화하면 같은 계산을 2.5일 만에 완료할 수 있다고 반박했고, '우위'라는 표현의 적절성을 두고 논쟁이 일어났다. 일부 학자들도 구글이 제시한 데이터의 정확도와 통계 분석 방법에 의문을 제기하며, 실험 결과가 객관적 현실보다는 연구자들의 기대를 반영했을 수 있다고 비판했다. 그럼에도 이 사건은 양자 컴퓨터가 특정 영역에서 기존 컴퓨터를 뛰어넘을 수 있음을 실험으로 최초 입증한 기념비적인 성과였다.

따라서 이 사건을 기술적 성과로만 평가하면 본질을 놓치기 쉽다. 다소 도발적이지만 강렬한 인상을 주는 '우위'라는 단어 선택에서 알 수 있듯이, 이 발표는 뛰어난 인재를 유치하고 연구 자금을 확보하며 시장에서 심리적 우위를 차지하기 위한 치밀한 전략적 소통이었다. 실제로 이 발표 이후 양자 컴퓨팅에 대한 대중과 투자자의 관심이 폭발적으로 늘어났다. 그리고 구글이 전 세계 최고 인재들을 끌어들이고 막대한 연구 자금을 확보하는 데 결정적인 역할을 했다.

결국 실용성 논쟁이나 IBM의 반론과는 별개로, 구글은 '최초'라

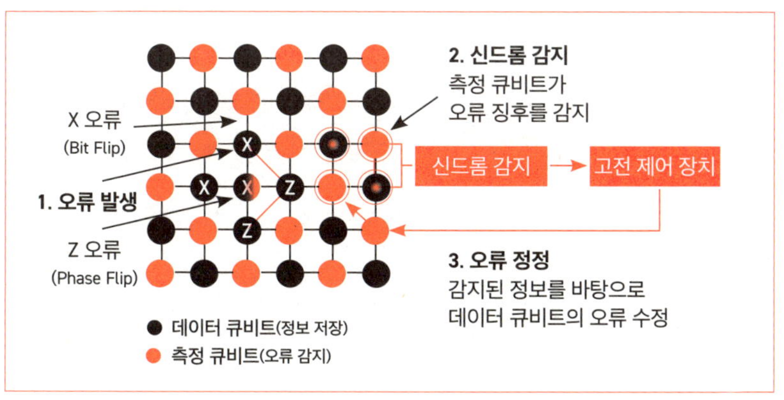

데이터 큐비트 주변의 측정 큐비트를 이용해 오류 징후(신드롬)를 실시간으로 감지하고 수정하여 안정적인 양자 연산을 구현한다.

는 칭호를 얻었다. 양자 컴퓨팅 경쟁의 주도권이 누구에게 있는지 전 세계에 깊이 각인시키는 데 성공한 것이다. 이처럼 기술 경쟁은 순수한 과학적 성취뿐만 아니라 대중의 인식과 서사를 지배하기 위한 싸움이기도 하다.

이어서 로드맵 중 2단계를 자세히 살펴보자. 구글 양자 컴퓨팅 전략의 핵심 목표는 양자 오류 정정 문제를 해결하는 것이다. 양자 정보는 외부의 아주 작은 잡음에도 극도로 민감하여 계산 과정에서 오류가 쉽게 발생한다. 신약이나 신소재 개발처럼 사회에 유용한 대규모 양자 계산을 실행하려면 현재 물리 큐비트의 오류율보다 수백만 배 낮은 오류율이 필요하다. 현재까지 알려지기로 이를 달성하는 유일한 방법은 양자 오류 정정이다. 구글은 이 어려운 문제를 정면 돌파하는 길을 선택했다.

2023년 구글은 양자 컴퓨팅 분야에서 역사적인 진전을 이루었다. 이 성과의 핵심에는 '표면 코드surface code'라는 기술이 있다. 표면 코드는 큐비트를 2차원 바둑판 모양으로 배열하여 정보를 저장하는 데이터 큐비트와 오류를 검사하는 측정 큐비트를 교차 배치하는 방식이다.

이 구조에서 가장 중요한 과정은 데이터 큐비트가 가진 양자 정보를 파괴하지 않으면서 오류 징후(신드롬)를 확인하는 작업이다. 이를 '신드롬 감지'라고 한다. 마치 의사가 환자의 몸을 직접 열어보지 않고 증상만으로 병을 진단하는 것처럼, 측정 큐비트의 상태 변화를 통해 데이터 큐비트에 오류가 생겼는지 간접적으로 확인한다.

감지된 신드롬 정보는 즉시 고전 제어 장치로 전달된다. 고전 제어 장치는 양자적 성질이 없는 일반 고성능 전자 회로로 구성된 장치다. 이 장치는 신드롬 감지 결과를 실시간 분석하여 어떤 큐비트에 어떤 오류가 발생했는지 판단하고, 이를 바로잡는 신호를 다시 양자 프로세서로 보낸다. 즉 양자 컴퓨터가 계산을 수행하는 동안 고전 제어 장치는 끊임없이 신드롬을 읽고 오류를 수정하는 관리자 역할을 수행한다.

구글은 이 정교한 오류 정정 시스템을 바탕으로 17개의 물리 큐비트를 사용한 경우와 49개의 물리 큐비트를 사용한 경우를 비교하는 실험을 진행했다. 그 결과 큐비트 수가 더 많은 49개일 때 오류 발생률이 오히려 낮아진다는 사실을 세계 최초로 입증했다.

이전까지는 불완전한 부품인 물리 큐비트가 늘어나면 관리 대상이 많아져 전체 시스템의 오류도 함께 늘어날 것이라는 우려가 컸다. 하지만 이번 실험은 신드롬 감지와 고전 제어 장치를 통한 체계적인 오류 정정 기술이 뒷받침된다면 물리 큐비트를 많이 연결할수록 더 안정적이고 완벽한 논리 큐비트를 만들 수 있다는 사실을 증명해 냈다. 이는 양자 오류 정정 이론이 현실에서 작동함을 보여준 첫 사례다.

구글은 여기서 멈추지 않았다. 2024년 12월에 처음으로 공개한 105큐비트 양자 칩 윌로우를 통해 이 성과를 한 단계 더 발전시켰다. 윌로우 칩은 오류 정정에 사용되는 큐비트의 규모를 키울수록 오류가 기하급수적으로 줄어드는 현상을 더욱 명확하게 보여주었다. 구글은 이를 통해 양자 컴퓨터의 규모를 안정적으로 확장할 수 있는 명확한 경로를 제시하며 기술적 우위를 더욱 굳건히 했다.

한편 2025년 10월 22일, 구글 퀀텀 AI는 퀀텀 에코스Quantum Echoes 알고리즘 실험의 결과를 발표했다. 이 실험은 단순히 계산 속도 기록을 경신한 것을 넘어서 양자 컴퓨팅 연구의 방향 자체를 근본적으로 바꾸었다. 핵심은 연구 목표가 양자 우위라는 추상적 개념에서 '검증 가능한 양자 이점'이라는 새로운 기준으로 전환되었다는 점이다.

앞서 소개한 2019년의 양자 우위 실험은 고전 컴퓨터가 수행하기 힘든 특정 작업을 다루었다. 무작위 회로 샘플링Random Circuit Sampling, RCS이라고 불리는 이 실험은 컴퓨터에게 매우 복잡한 방식으로 동전을 수천 번 던져 그 결과를 기록하라고 시키는 것과 비슷했다. 컴퓨터는 0과 1이 무작위로 나열된 긴 숫자열, 즉 비트 스트링bit string을 만들어 냈다. 하지만 이 숫자열은 실용적 가치가 없었고, 결과가 올바르게 무작위적인지 확인하기가 거의 불가능했다. 반면 퀀텀 에코스 알고리즘 실험은 무작위적인 값을 만드는 데 그치지 않고, 시간 순서에서 벗어난 상관관계 함수Out-of-Time Order Correlation, OTOC라는 물리적으로 뚜렷한 의미를 지닌 값을 계산해 냈다. 이 실험은 '시간 되돌리기'와 '간섭'이라는 양자역학의 독특한 성질을 이용한다.

OTOC는 이름 그대로 시간의 정상적인 흐름을 따르지 않는 독특한 방식으로 시스템 변화를 측정하는 척도다. 일반적인 물리 현상이 '과거의 원인'이 '미래의 결과'로 이어지는 순서를 따른다면, 이 함수는 과거의 특정 조작이 미래에 미친 영향을 다시 과거 시점으로 되돌려 그 민감도를 측정하는 것처럼 복잡한 인과관계를 다룬다. 다시 말해 OTOC는 양자 혼돈quantum chaos 상태에서 정보가 얼마나 빨리 섞여 퍼져나가는지 측정하는 정교한 도구로, 흔히 '나비 효과'에 비유할 수 있다. 물리학자들은 이 값을 이용해 양자 시스템 내부에서 정보나 작은 교란이 얼마나 빠르고 복잡하게 뒤섞이며 퍼져나가는지, 즉 작은 변화가 시스템 전체에 얼마나 큰 영향을 미치는지를 숫자로 파악한다.

OTOC 값을 계산하는 과정은 매우 복잡한 물리 실험을 수행한 뒤 정확한 측정값 하나를 얻어내는 과정과 흡사하다. 이렇게 얻은 값은 무작위적인 숫자의 나열이 아니다. 원칙적으로 다른 양자 컴퓨터로

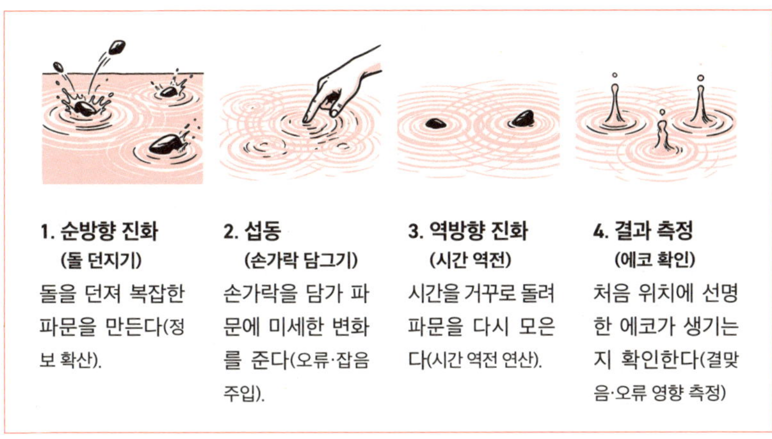

호수에 돌을 던져 퍼진 파문을 다시 모으는 과정에서 중간에 가해진 미세한 방해(섭동)가 최종 결과(에코)에 얼마나 영향을 미치는지 측정해 양자 시스템의 안정성과 오류 특성을 파악하는 실험이다.

똑같은 실험을 반복해도 동일하게 얻을 수 있는 확정된 값, 즉 '결정론적 값'이다. 이처럼 확률적인 값을 찾는 문제에서 명확하게 확정된 값을 계산하는 문제로 실험의 성격이 바뀐 것이 '검증 가능성'을 주장하는 핵심 근거가 된다. 실험 과정은 다음과 같이 네 단계로 이루어진다.

1단계 **순방향 진화:** 65개의 큐비트로 이루어진 양자 시스템을 복잡한 연산을 통해 의도적으로 매우 혼란스러운 상태로 만든다. 마치 잔잔한 호수에 수십 개의 돌을 동시에 던져 복잡한 물결을 일으키는 것과 같다.

2단계 **섭동:** 혼돈의 절정에서 큐비트 하나에 아주 작은 변화를 가한다. 호수에 손가락 하나를 살짝 담그는 행위에 해당한다.

3단계 **역방향 진화:** 시간을 거꾸로 되돌린다. 마법처럼 시간을 되감아 모든 물결이 거꾸로 돌아가도록 하는 것이다. 만약 중간에 손가락을 담그지 않았다면 모든 물결은 정확히 상쇄되어 호수는 다시 잔잔한 초기 상태로 돌아가야 한다.

4단계 **결과 측정:** 중간에 가한 작은 변화 때문에 시간 되돌리기는 완벽하지 않게 된다. 대부분의 복잡한 물결은 시간을 되돌리면 스스로 사라진다(상쇄 간섭). 반면 손가락이 만든 변화의 흔적은 사라지지 않고 한 지점에 다시 모여 뚜렷한 '에코(메아리)' 신호로 나타난다(보강 간섭). 퀀텀 에코스 알고리즘은 바로 이 에코 신호의 세기를 측정한다.

고전 컴퓨터로는 이 작업을 수행하기가 거의 불가능하다. 65개의 큐비트가 만들어 내는 복잡한 혼돈 상태를 계산하려면 2^{65}개에 달하는 천문학적인 경우의 수를 모두 시뮬레이션해야 하기 때문이다. 2^{65}은 3경 6,000조 개가 넘는, 상상하기 힘든 규모다. 이처럼 막대한 계산량은 프런티어와 같은 세계 최고 성능의 슈퍼컴퓨터로도 감당할 수 없다.

하지만 양자 컴퓨터는 접근 방식 자체가 근본적으로 다르다. 고전 컴퓨터처럼 이 모든 경우의 수를 하나하나 계산하여 현상을 '흉내' 내지 않는다. 양자 컴퓨터는 '호수'와 같은 완전한 물리 시스템 자체가 되어 실제 물리 현상을 직접 실행한 후 되돌아오는 '에코'만 간단히 측정하여 답을 얻는다. 구글은 윌로우 칩이 이 계산을 슈퍼컴퓨터 프런티어보다 1만 3,000배 빠르게 수행했다고 발표했다. 프런티어를 이용하면 최소 3.2년에서 최장 150년까지 걸릴 수 있는 작업을 윌로우 칩으로는 불과 몇 시간 만에 완료할 수 있다는 의미다.

퀀텀 에코스 알고리즘이 단순한 이론적 호기심에 그치지 않고 실제로 응용될 수 있음을 보여준 첫 번째 사례는 분자 자molecular ruler 실험이다. 캘리포니아대학교 버클리 캠퍼스UC Berkeley와 협력하여 진행된 이 실험에서, 연구팀은 퀀텀 에코스 알고리즘을 사용해 15개와 28개의 원자로 이루어진 두 종류의 유기 분자를 연구했다. 이 실험의 목표는 화학이나 의학 분야에서 분자 구조를 밝히는 핵심 기술인 핵자기공명NMR 장치를 보완하는 것이었다. 양자 시뮬레이션 결과는 실제 핵자기공명 장치로 측정한 실험 데이터와 정확히 일치했다.

이 기술의 핵심적인 혁신은 '더 긴 분자 자'를 만들 수 있다는 점이다. 기존 핵자기공명 방식과 달리 분자 내에서 더 멀리 떨어진 원자들의 상호작용을 관찰하여 이전에는 알 수 없었던 새로운 화학 구조 정보를 밝혀낼 수 있다. 다만 이 응용 사례는 아직 개념 증명 단계이며, 고전 컴퓨터의 시뮬레이션을 능가하지는 못했다. 그럼에도 양자 컴퓨터의 잠재력을 입증하고 실제 물리 시스템을 정확히 모방할 수 있음을 검증했다는 점에서 중요하다. 양자 컴퓨터가 기존 방식을 대체하기보다는 기존 실험 기술을 보완하는 '보조 프로세서'로 사용될 수 있음을 보여준 것이다.

검증 가능성은 과학 발전의 기본이자 기술을 실제로 사용하기 위한 필수 조건이다. 퀀텀 에코스 알고리즘이 제시한 검증 가능성은 '양자적 검증 가능성'으로 정의된다. 고전 컴퓨터로는 검증이 불가능한 문제라도 동일한 수준의 다른 양자 컴퓨터를 이용해 결과를 비교하고 성능을 측정할 수 있다는 뜻이다. 양자 컴퓨팅 분야에서 '재현 가능성'이라는 표준을 세우는 중요한 단계다.

구글이 이렇게 전략을 바꾼 것은 2019년 실험 결과 발표 때 받았던 과학계 비판에 대한 직접적인 답변으로 볼 수 있다. 또한 이번 성과는 NISQ 시대가 새로운 단계로 접어들었음을 알린다. 이제 NISQ 시대 양자 컴퓨터는 단순한 시연용 작업을 넘어, 믿을 수 있고 비교 검증 가능한 과학 데이터를 산출하는 데 집중하게 되었다. '검증 가능한 NISQ' 시대가 시작된 것이다.

이처럼 구글은 오류를 스스로 고치는 양자 컴퓨터를 개발하는 동시에, 그 기술로 인류의 난제를 어떻게 해결할지 구체적인 비전을 제시하며 연구개발의 방향을 명확히 하고 있다. 이는 제약, 신소재, 에너지 등 경제적 가치가 큰 산업 분야의 선도 기업들과 미리 협력 관계를 맺는 방식으로 구체화된다.

1. 신약 개발 및 의학 분야: 세계적인 제약사 베링거인겔하임Boehringer Ingelheim과 협력해 인체 내 약물 분해에 결정적인 역할을 하는 효소 '사이토크롬 P450'의 분자 구조를 양자 컴퓨터로 시뮬레이션하는 연구를 진행했다. 양자

시뮬레이션에 성공한다면 신약 후보 물질의 효과와 부작용을 훨씬 더 빠르고 정확하게 예측할 수 있다.

2. 신소재 및 배터리 분야: 세계적인 화학 기업 바스프BASF와 손잡고 차세대 배터리 소재로 주목받는 리튬니켈산화물의 복잡한 양자역학적 움직임을 시뮬레이션했다. 이 연구는 기존의 코발트 기반 배터리보다 더 친환경적이고 효율적인 배터리를 설계하는 데 중요한 단서를 제공할 수 있다.

3. 에너지 및 핵융합 분야: 미국 샌디아국립연구소와 미래 청정 에너지원으로 기대를 모으는 핵융합 반응의 원리를 양자 알고리즘으로 더 효율적으로 시뮬레이션할 수 있음을 보였다.

구글의 산업 협력은 기술 공급과 시장 수요를 동시에 활용하는 전략적 활동으로, 특히 제약이나 에너지 등 경제적 가치가 명확한 문제에서 기술의 필요성과 정당성을 확보하고 있다. 과거에도 구글은 딥마인드DeepMind를 통해 AI 기술을 개발하면서 검색, 번역, 자율주행 등 구체적인 문제에 AI를 적용해 시장을 창출했다. 또한 구글은 시카고대학교, 도쿄대학교 등 세계 유수의 대학들과 10년간 최대 1억 달러 규모의 장기 협력 관계를 맺고 있다. 차세대 인력 양성, 기초 연구, 스타트업 생태계 조성을 지원하여 장기적인 기술 발전에 필수적인 인재와 혁신 아이디어를 확보하려는 미래 투자다.

이러한 접근을 통해 구글은 연구개발이 현실과 동떨어지는 것을 막고, 막대한 투자에 대한 내부적·외부적 설득력을 높인다. 최종 기술이 완성되었을 때 가장 빠르게 상업적 성공으로 이어질 수 있는 길을 미리 닦아두는 것이다. 다시 말해 현재 구글은 오류를 스스로 고치는 강력한 하드웨어가 완성되었을 때 곧바로 상업적 가치를 만들어 낼 '준비된 문제'들을 미리 찾아내어 검증하고 있다. 기술 개발과 시장의 수요 사이의 격차를 최소화하려는 선제적 조치인 셈이다.

이처럼 구글의 양자 컴퓨팅 전략은 명확한 장기 로드맵을 바탕으로 다차원적인 접근을 취하고 있다. 하드웨어에서 압도적인 기술 우위를 추구하는 동시에, 소프트웨어와 플랫폼을 통해 개방적인 생태계를 구축하는 이중 전략을 채택했다. '하드웨어 통제'와 '플랫폼 개방'이라는 두 축으로 위험을 분산하고 시장 지배력을 극대화하는 것이다.

하드웨어 통제 관점에서는 초전도 큐비트와 양자 오류 정정 같은 핵심 하드웨어 기술에 막대한 투자를 쏟아부으며 기술 우위를 확보하고 있다. 부품부터 완제품까지 직접 만드는 수직 통합 전략이다. 초전도 큐비트 기술을 수직 통합하여 하드웨어의 기술적 깊이를 추구하고, 양자 오류 정정이라는 가장 근본적인 난제를 정면 돌파한다. 구글은 단기 수익보다는 수십 년간 무너지지 않을 압도적인 기술적 우위, 즉 '기술적 해자'를 구축하는 데 초점을 맞추고 있다. 따라서 투자자는 구글의 양자 오류 정정 성과를 구글이 미래 양자 컴퓨팅 산업의 기반이 될 핵심 원천 기술에 대한 특허와 노하우를 선점하는 과정으로 이해해야 한다.

플랫폼 개방 관점에서는 서크와 구글 클라우드 플랫폼을 통해 생태계를 확장하고 있다. 먼저 서크는 파이썬 기반의 오픈소스 양자 프로그래밍 도구로, 현재 소프트웨어의 불완전한 특성(잡음이 많고 큐비트 간 연결이 제한적인 점)을 고려해 양자 회로를 최적화할 수 있게 설계되었다. 구글은 서크를 통해 전 세계 개발자 커뮤니티를 자사의 기술 체계 안으로 끌어들여 강력한 네트워크 효과를 만들고 있다. 또한 서크를 자사의 대표적인 머신러닝 도구인 텐서플로와 통합한 텐서플로 퀀텀을 출시했다. 양자 머신러닝이라는 유망한 차세대 분야에서 초기 생태계를 선점하려는 의도다.

그리고 구글 클라우드 플랫폼은 시장 전체를 아우르는 수평적 확장 전략을 채택하며, 경쟁사 하드웨어까지 받아들이는 개방형 플랫폼을 지향한다. 수평적 확장 정책은 경쟁사의 큐비트 기술이 특정 분야에서 더 나은 성능을 보이더라도 사용자들이 구글 생태계를 떠나지 않도록 하는 정교한 위험 분산 전략이다. 구글은 모든 사용자가 구글 클라우드 플랫폼을 통해 양자 컴퓨터에 접근하게 만들어 미래 퀀텀 경제의 중심 시장이자 운영체제가 되려고 한다.

투자자 관점에서 구글은 미래 양자 시대의 기술 패권을 차지하고 근본적인 틀을 창조하기 위해 장기전을 펼치는 '인내심 강한 거인'이다. 이 거대한 도전이 성공한다면 구글은 양자 하드웨어 시대에 과거 인텔과 같은 독보적인 위치를 차지할 수 있을 것이다. 그러나 그 도전 과정은 길고 험난하며, 아직 넘어야 할 기술적·공학적 위험이 상당하다. 따라서 투자자들은 구글이 올바른 방향으로 나아가고 있는지를 앞서 소개한 6단계 양자 컴퓨터 상업화 로드맵으로 확인해야 한다. 각 단계의 목표를 달성했는지 꾸준히 추적하며 장기적으로 접근하는 것이 이 거인의 도전에 동참하는 현명한 방법이다.

과감한 도전에 나선 마이크로소프트

마이크로소프트는 양자 컴퓨팅 경쟁에서 구글, IBM 같은 경쟁사와 근본적으로 다른 길을 걷고 있다. 마이크로소프트의 양자 컴퓨팅 전략의 중심에는 위상학적 큐비트라는 매우 대담하면서도 위험 부담이 큰 기술이 있다. 경쟁사인 구글과 IBM이 주력하는 초전도 큐비트와는 전혀 다른 접근법이다.

마이크로소프트의 양자 컴퓨팅 전략은 크게 세 가지다. 첫째, 이론적으로 완벽에 가까운 위상학적 큐비트 기술에 과감히 투자한다. 둘째, 자체 양자 컴퓨터의 성공 여부와 무관하게 애저 퀀텀이라는 클라우드 서비스로 시장을 선점한다. 셋째, 미래 양자 시대의 표준이 될 '양자 슈퍼컴퓨터'를 구축한다. 2023년 6월, 마이크로소프트는 양자 슈퍼컴퓨터 구축 로드맵을 다음과 같이 제시했다.

1단계 마요라나 준입자Majorana quasiparticle 생성 및 제어

2단계 하드웨어로 보호되는 큐비트 개발

3단계 고품질의 하드웨어 보호 큐비트 확보

4단계 다중 큐비트 시스템 구축

5단계 오류 정정 논리 큐비트를 갖춘 회복탄력적 양자 시스템 개발

6단계 신뢰할 수 있는 양자 슈퍼컴퓨터 완성

마이크로소프트는 이 중 1단계를 이미 달성했으며, 2단계에서도 상당한 진전을 이루었다고 밝혔다. 이를 바탕으로 10년 안에 완전한 기능을 갖춘 양자 컴퓨터를 개발할 수 있을 것이라고 전망한다.

구글과 IBM은 초전도 트랜스몬 큐비트 기술을 기반으로 '반복적 확장' 전략을 채택한다. 잡음이 많은 큐비트의 수를 늘리고 소프트웨어로 오류를 제어하는 방식이다. 이들이 사용하는 초전도 큐비트는 외부의 미세한 온도나 진동 변화에도 양자 상태가 쉽게 무너지는 결어긋남 현상에 매우 취약하다. 이 때문에 수많은 물리 큐비트를 추가로 동원하여 소프트웨어로 오류를 바로잡는 복잡한 양자 오류 정정이 필요하다.

반면 마이크로소프트는 '인내심 있는 완벽주의' 전략을 추구한다. 단기적으로 큐비트 수를 늘리는 경쟁에서 벗어나, 양자 컴퓨팅의 가장 근본적인 문제인 오류를 하드웨어 차원에서 원천적으로 해결하려는 접근이다.

마이크로소프트가 지난 20여 년간 매진해 온 위상학적 큐비트 연

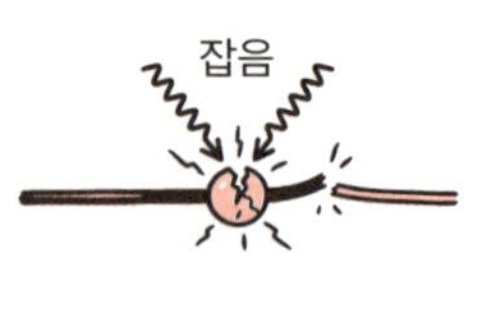

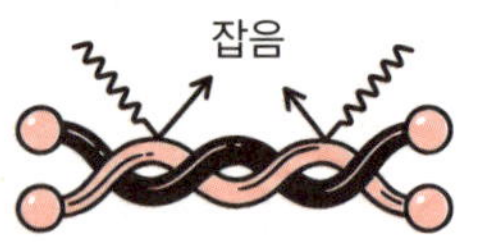

머리카락을 땋으면 더 튼튼해지듯, 하나의 입자를 둘로 나누어 꼬아braiding 정보를 저장함으로써 외부 방해에도 끄떡없는 안정적인 양자 컴퓨터의 기본 단위(큐비트)를 만든다.

구는 마요라나 준입자라는 독특한 물리 현상을 기반으로 한다. 준입자는 전자나 광자처럼 자연계에 독립적으로 존재하는 기본 입자가 아니다. 특정 물질 내부에서 수많은 입자가 서로 영향을 주고받으며 만들어 내는 집단적 움직임이 하나의 입자처럼 행동하는 현상을 일컫는다. 마요라나 준입자가 학계의 주목을 받는 이유는 하나의 입자가 가진 정보를 물리적으로 떨어진 두 장소에 나누어 저장할 수 있어서다.

마이크로소프트는 이 난해한 개념을 땋은 머리에 비유하여 설명한다. 일반적인 입자에 정보를 저장하는 방식은 가느다란 실 한 가닥에 데이터를 담아두는 것과 비슷하다. 정보가 한 점에 집중되어 있어 외부에서 미세한 충격이나 잡음만 발생해도 실이 끊어지듯 정보가 쉽게 손상된다. 반면 마요라나 준입자를 활용하는 방식은 머리카락을 두 가닥으로 갈라서 단단히 땋는 과정에 비유할 수 있다. 마요라나 준입자는 하나의 정보를 물리적으로 분리된 두 입자에 나누어 담아 서로 꼬아놓은 구조를 띤다.

낱개의 머리카락은 약하지만 이를 땋으면 훨씬 튼튼해지듯, 정보를 분산해 구조적으로 엮어 놓으면 외부 방해에도 강한 내성을 갖게 된다. 외부 잡음이 시스템을 흔들더라도 정보는 땋인 매듭의 형태, 즉 위상학적 구조 속에 저장되어 안전하게 보호된다. 하나의 입자를 둘로 나누어 꼬아둠으로써 외부 충격에도 끄떡없는 방패를 만드는 셈이다. 이것이 바로 마이크로소프트가 추구하는 위상학적 보호 기술이며, 이를 통해 오류 없이 안정적으로 작동하는 큐비트를 구현할 수 있다.

위상학적 큐비트는 바로 이 독특한 성질을 이용하여 정보를 저장한다. 큐비트가 나타내는 0 또는 1의 상태는 한쪽 준입자가 아닌, 멀리 떨어진 두 준입자의 얽힘 관계 속에 암호처럼 기록된다. 이러한 정보 저장 방식은 여러 가닥의 밧줄을 복잡하게 꼬아 만든 단단한 매듭과 같아서, 한 가닥을 흔드는 정도의 미세한 방해로는 매듭 구조 전체가 쉽게 풀리지 않는다.

마요라나 준입자가 에너지 0 상태로 고정되어 외부 간섭에 강한 형태로 안정화된 것을 마요라나 제로 모드Majorana Zero Mode, MZM라고 부른다. 주변의 미세한 잡음이 한쪽 준입자에만 영향을 미쳐서는 양자 정보를 손상할 수 없다. 정보를 바꾸려면 두 준입자 모두를 조작해야 한다. 이것이 바로 '위상학적 보호'라고 부르는 강력한 안정성의 핵심 원리다. 따라서 이 기술을 성공적으로 구현한다면 기존 양자 컴퓨터의 고질적인 문제였던 양자 오류 정정에 필요한 막대한 추가 큐비트 수를 극적으로 줄일 수 있다. 그 결과 훨씬 효율적이고 규모 확장이 용이한, 진정으로 강력한 양자 컴퓨터를 만들 길이 열린다.

이처럼 마이크로소프트는 현재 양자 컴퓨팅 경쟁사들이 NISQ 시대의 주도권을 잡기 위해 잡음이 많은 큐비트 수를 늘리는 데 집중하는 동안, 한발 물러나 그다음 시대를 내다보고 있다. 앞서 말했듯이 NISQ 시대 양자 컴퓨터는 큐비트가 늘어날수록 오류도 기하급수적으로 증가하고, 양자 오류 정정에 막대한 추가 자원이 필요해 실질적인 성능 확장을 막는다. 만약 마이크로소프트의 위상학적 큐비트가 이론상의 안정성을 실제로 구현해 낸다면, 현재 NISQ 설계 방식 전체를 구시대의 유물로 만들고 시장의 판도를 완전히 바꿀 수 있다. 즉 마이크로소프트의 전략은 현재 시장의 선두주자들이 사용하는 기술의 근본적인 한계를 파고들어 시장 전체를 뒤엎으려는 전형적인 파괴적 혁신 전략이다.

이 전략의 배경에는 마이크로소프트의 막대한 자본력과 장기적인 안목이 있다. 2004년 스테이션 Q Station Q 양자 컴퓨팅 연구소를 세우면서 시작된 이 여정은, 단기적인 성과 압박에 시달리는 대부분의 상장 기업이라면 불가능했을 인내의 결과물이다. 윈도우, 오피스, 애저라는 강력한 수익원을 바탕으로 20년 가까이 뚜렷한 상업적 결과 없이 기초 과학 연구에 투자할 수 있었다는 사실 자체가 경쟁자들이 쉽게 따라 할 수 없는 강력한 경쟁 우위다.

하지만 일부 물리학자들은 마이크로소프트가 제시한 마요라나 준입자 관련 실험 결과가 결정적이지 않다고 본다. 특히 위상학적 보호 효과가 명확히 입증되지 않았다는 비판이 제기된다. 마이크로소프트의 양자 컴퓨팅 전략 전체가 아직 완전히 증명되지 않은 물리 현상에 달려 있는 셈이다. 따라서 투자자가 마주한 가장 큰 위험은 마이크로소프트의 의지나 자본 부족이 아니다. 그들이 도전하는 자연의 법칙이 끝내 인간의 통제를 허락하지 않을 가능성이다.

마이크로소프트 양자 컴퓨팅 전략의 진정한 탁월함은 이처럼 위험성이 큰 하드웨어 개발에 모든 것을 걸지 않는다는 점에 있다. 그들은 이 위험을 상쇄할 수 있는 영리한 상업화 계획을 동시에 가동하고 있으며, 그 중심에는 클라우드 플랫폼인 애저 퀀텀이 있다. 애저 퀀텀은 마이크로소프트가 자체 양자 컴퓨터 완성만 기다리지 않고, 지금 당장 양자 컴퓨팅 시장 생태계를 장악하려는 전략적 위험 분산 수단이자 교두보다.

애저 퀀텀 전략의 핵심은 기존의 방대한 애저 클라우드 기반 위에서 QCaaS 모델을 제공하여 누구나 양자 컴퓨팅에 쉽게 접근할 수 있도록 만드는 것이다. 이를 위해 자사의 위상학적 큐비트만 고집하지 않고 아이온큐의 이온 트랩, 퀀티늄의 H-시리즈 양자 컴퓨터, 리게티 컴퓨팅의 초전도 회로 등 여러 기업의 양자 컴퓨터에 모두 접근할 수 있게 했다.

또한 마이크로소프트는 Q#이라는 독자적인 양자 프로그래밍 언어와 퀀텀 개발 키트QDK로 구성된 포괄적인 소프트웨어 도구를 누구나 자유롭게 사용할 수 있도록 공개하여 개발자들의 광범위한 사용을 유도하고 있다. 이 도구들은 복잡한 하드웨어의 물리적 특성을 개발자가 신경 쓰지 않아도 되도록 설계되어 특정 기계에 종속되지 않는 범용 양자 알고리즘 작성을 돕는다. 애저 퀀텀의 가격 정책 또한 이러한 유연성을 반영하여 협력사들의 다양한 과금 모델을 모두 수용하는 형태다.

마이크로소프트는 이를 통해 자사의 소프트웨어 도구와 플랫폼을 중심으로 강력한 사용자 공동체를 일찌감치 형성하려 한다. Q#을 양자 시대의 표준 언어 중 하나로 자리 잡게 하고, 개발자들이 마이크로소프트 생태계를 계속 사용하게 만드는 강력한 기반을 마련하는 것이다. 이러한 플랫폼 전략은 단순히 수익을 창출하는 것을 넘어, 귀중한 시장 정보를 수집하는 거대한 '전략 정보 기지'로서 기능한다.

양자 컴퓨팅 산업의 가장 큰 불확실성 중 하나는 "어떤 문제를 풀어야 상업적 가치가 있는가?"라는 질문에 대한 답이 명확하지 않다는 것이다. 마이크로소프트는 다양한 하드웨어에서 수많은 사용자가 실행하는 실험을 관찰하며 중요한 데이터를 축적한다. 어떤 알고리즘이 가장 많이 사용되는지, 어떤 문제에 어떤 하드웨어가 적합한지, 그리고 어떤 산업 분야가 가장 먼저 양자 이점이라는 실질적인 성과를 낼

지에 대한 독보적인 정보를 얻는 것이다.

이 정보는 그 자체로 값을 매길 수 없는 전략적 자산이다. 마이크로소프트는 이 데이터를 통해 자체 하드웨어의 설계 방향을 세밀하게 조정하고, 수요가 가장 높은 분야를 위한 맞춤형 소프트웨어 라이브러리를 개발할 수 있다. 또한 가장 유망한 상업적 활용 사례에 영업 및 마케팅 역량을 집중할 수 있다. 사실상 시장 전체가 마이크로소프트의 응용 연구개발을 대신해 주는 셈이다.

마이크로소프트는 자사 상품을 양자 컴퓨터라는 기술 자체가 아닌, '과학적 발견을 가속하는 엔진'이라는 솔루션으로 제시하고 있다. 양자 컴퓨팅에 대한 접근 방식을 근본적으로 바꾸려는 시도다. 대부분의 기업은 초기 단계의 양자 컴퓨팅에 대한 전문 지식이 부족하기 때문에, 양자 컴퓨터를 직접 판매하는 것은 현실적으로 어렵다. 하지만 '신약 개발 기간을 단축하는 해결책'이나 '고효율 촉매를 설계하는 플랫폼'과 같은 구체적인 가치를 제안한다면, 기업 최고 경영진은 이를 훨씬 더 매력적이고 이해하기 쉬운 제안으로 받아들일 것이다.

이러한 장기 비전을 상업적으로 구현한 것이 애저 퀀텀 엘리먼트Azure Quantum Elements다. 화학 및 재료과학과 같은 특정 분야의 연구개발을 가속하기 위해 HPC, AI, 양자 컴퓨팅을 하나의 작업 흐름으로 통합한 플랫폼이다. 애저 퀀텀 엘리먼트는 양자 컴퓨터만 단독으로 사용하지 않는다. 대신 HPC 클러스터, AI 모델, 양자 컴퓨팅 기술을 하나의 통합된 환경에서 제공한다. 덕분에 연구원들은 복잡한 시뮬레이션 작업을 이전보다 훨씬 효율적으로 수행할 수 있다.

예를 들어 신약 개발자는 자연어 기반의 애저 퀀텀 코파일럿Copilot in Azure Quantum을 통해 복잡한 분자 구조 문제를 질문할 수 있다. 그러면 애저 퀀텀 코파일럿은 AI와 HPC로 방대한 후보 물질을 걸러낸 후, 계산이 가장 복잡한 분자 시뮬레이션 부분만 양자 프로세서에 보내 처리한다. 마이크로소프트는 이러한 혼합 접근법이 "지난 250년간의 화학 및 재료과학 발전을 앞으로 25년으로 압축할 수 있다"고 주장하며 연구개발 과정을 획기적으로 단축할 수 있다고 강조한다.

즉 애저 퀀텀 엘리먼트는 양자 컴퓨팅을 전체 해결책의 한 부분으로 포함한다. 덕분에 오류에 강한 완벽한 양자 컴퓨터가 개발되기 전이라도 현재 사용 가능한 AI와 HPC 기술을 적극 활용하여 고객에게 실질적인 가치를 제공하고 수익을 창출할 수 있다. 양자 컴퓨터가 완전히 상용화될 때까지 막연히 기다리는 대신, 현재의 기술을 조합해 가치 있는 제품을 먼저 만드는 현명한 상업화 전략이다. 동시에 이 플랫폼은 미래에 더욱 발전된 양자 하드웨어가 등장했을 때 기존 연구 결과를 자연스럽게 새로운 시스템으로 업그레이드할 수 있는 경로까지 마련해 준다.

이와 동시에 마이크로소프트는 강력한 양자 컴퓨터가 현재의 모든 암호 체계를 무력화할 것이라는 미래 위협에 미리 대응하고 있다. 2025년 8월, 퀀텀 세이프 프로그램Quantum-Safe Program을 통해 윈도우, 애저, 마이크로소프트 365를 포함한 자사의 모든 제품군을 양자내성암호 표준으로 전환한다는 계획을 발표했다. 목표 시점은 미국 정부의 권고안보다 2년 빠른 2033년이다. 이는 '지금 데이터를 수집해서 나중에 해독한다'는 실존적인 위협에 대비하는 동시에, 양자 시대로 전환하려는 기업들에게 가장 신뢰할 수 있는 보안 파트너로 입지를 굳히려는 전략적 움직임이다.

한편 퀀텀 세이프 프로그램은 단순한 방어 조치를 넘어 공격적인 사업 전략으로 해석될 수 있다. 향후 10년간 모든 주요 기업과 정부 기관은 정보 기술 기반 전체를 양자내성암호로 전환해야 하는 거대한 과제에 직면할 것이다. 마이크로소프트는 방대한 생태계의 전환 계획을 미리 제시하여 안전하고 통합된 경로를 찾는 기업들을 자사 클라우드 플랫폼인 애저로 끌어들이는 강력한 동기를 제공한다. 즉 퀀텀 세이프 프로그램은 보안이라는 시대적 과제를 통해 핵심 사업인 클라우드의 매출을 늘리고 마이크로소프트 생태계에 대한 기업 의존도를 심화하는 역할을 할 수 있다.

마이크로소프트는 양자 컴퓨팅의 장기적 가치가 하드웨어 자체가 아니라 플랫폼, 소프트웨어, 서비스에서 만들어질 것이라고 믿고 있다. 컴퓨터 시장의 역사를 보면, 인텔 같은 반도체 기업도 거대했지만 결국 가장 큰 부가가치를 창출한 것은 마이크로소프트 애저, 아마존 웹 서비스, 구글 클라우드 플랫폼 같은 클라우드 플랫폼이었다. 마이크로소프트는 이러한 역사를 양자 시대에 그대로 재현하려 한다. 그들의 목표는 양자 시대에 없어서는 안 될 '운영체제'가 되는 것이다. 설령 미래에 경쟁사가 더 뛰어난 하드웨어를 개발하더라도 가장 큰 고객 기반을 확보하려면 애저 퀀텀에 입점하는 것이 유리한 전략적 선택이 될 수 있다.

또한 마이크로소프트의 최종 목표는 단순히 양자 컴퓨터 하나를 개발하는 것이 아니다. 고전 슈퍼컴퓨팅, AI, 양자 컴퓨팅을 하나의 구조 안에서 유기적으로 결합한 새로운 차원의 양자 슈퍼컴퓨터를 구축하는 것이다. 이러한 비전을 구체적인 로드맵과 선제적인 보안 전략으로 제시하여 투자자들에게 신뢰를 주고 있다. 투자자 관점에서 보면 마이크로소프트는 성공 확률은 낮지만 성공 시 막대한 보상을 얻는 기초 과학 연구와 안정적인 플랫폼 사업을 결합하여 미래 양자 시대의 지배자를 꿈꾸고 있다.

따라서 마이크로소프트의 양자 부문에 대한 투자는 다음과 같이 세 층으로 구성된 투자 조합으로 이해해야 한다.

첫 번째 층 '플랫폼을 통한 위험 분산': 애저 퀀텀이 마이크로소프트 자체 하드웨어의 성공 여부와 무관하게 양자 산업 전체를 지배하는 클라우드 생태계로 성장할 것이라는 가장 안정적인 투자다.

두 번째 층 '솔루션을 통한 시장 진입': 애저 퀀텀 엘리먼트처럼 AI, HPC, 양자 컴퓨팅을 결합한 솔루션이 중기적으로 계산과학과 연구개발 시장에서 새로운 고수익 사업을 창출할 것이라는 투자다.

세 번째 층 '하드웨어에 대한 과감한 도전': 위상학적 큐비트가 마침내 실현되어 업계를 앞서고 오류에 강한 양자 하드웨어 시장에서 독점적인 지위를 확보할 것이라는, 가장 위험하지만 가장 폭발적인 잠재력을 지닌 투자다.

다시 말해 투자자로서 마이크로소프트의 진정한 가치를 평가하려면 단기적인 큐비트 수 발표에 현혹되지 말고 다음과 같은 핵심 진행 상황을 주시해야 한다.

첫째, 마요라나 제로 모드의 안정적 생성과 제어다. 위상학적 보호 효과가 과학적으로 검증된다면 이 전략의 가장 큰 위험이 해소될 것이다.

둘째, 6단계 양자 슈퍼컴퓨터 구축 로드맵 중 3단계(고품질의 하드웨어 보호 큐비트 확보)와 4단계(다중 큐비트 시스템 구축)의 달성 여부다. 이는 과학적 돌파구가 공학적으로 확장 가능한 시스템으로 전환될 수 있는지를 가늠하는 척도다.

셋째, 애저 퀀텀 엘리먼트와 같은 혼합 솔루션의 실질적인 상업적 채택이다. 주요 고객사가 실제 연구개발에 이 플랫폼을 활용해 의미 있는 성과를 내기 시작하는 것이 상업적 성공의 가장 빠른 신호다.

마지막으로 깃허브GitHub와 같은 플랫폼에서 Q# 언어와 퀀텀 개발 키트의 채택률이 증가하는 것이다. 마이크로소프트가 구축하려는 개발자 생태계와 기술적 우위의 깊이를 측정하는 중요한 지표다.

이처럼 마이크로소프트의 양자 컴퓨팅 전략은 투자자에게 여러 층위의 기회를 제공하는 정교하게 설계된 청사진이다. 마이크로소프트는 위험을 분산하면서도 서로 다른 시간대에 가치를 창출하는 다각적 전략으로 양자 컴퓨팅 혁명의 최종 승자를 노리고 있다.

핵심 선두주자 IBM

IBM의 역사는 단순히 뛰어난 기술을 개발해 온 기록이 아니다. 컴퓨팅이라는 개념 자체를 정의하고, 세상에 없던 시장을 창조하며, 산업 표준을 세워온 과정이었다. 19세기 말 허먼 홀러리스Herman Hollerith의 천공카드 시스템으로 데이터 처리 시대를 연 것을 시작으로, 1964년에는 시스템/360 메인프레임 컴퓨터로 비즈니스 컴퓨팅의 기준을 확립했다. 1981년에는 IBM PC를 선보이며 개인용 컴퓨터PC 혁명을 이끌었다. 1997년에는 IBM의 체스 특화 AI 컴퓨터인 딥 블루Deep Blue가 당시 세계 체스 챔피언을 꺾었으며, 2011년에는 IBM의 AI 슈퍼컴퓨터 왓슨Watson이 인간의 언어로 퀴즈쇼에서 우승하며 AI 시대의 개막을 알렸다. 이처럼 IBM은 기존 기술을 개선하는 데 그치지 않고, 다음 시대의 컴퓨팅이 무엇이어야 하는지를 스스로 정의해 왔다.

이러한 맥락에서 IBM의 양자 컴퓨팅 도전은 여러 신사업 중 하나를 시도하는 차원을 넘어선다. 고전 컴퓨팅이 근본적인 한계에 다다르고 있음을 가장 먼저 알아차린 거인의 생존 본능이자, 차세대 컴퓨팅 시장의 주도권을 잡기 위한 필연적인 전략이다. 양자역학의 원리를 이용하는 양자 컴퓨터는 특정 문제에서 기존 컴퓨터가 영원히 풀 수 없는 계산을 해낼 잠재력을 지니고 있다. 따라서 IBM에게 양자 컴퓨팅은 선택 가능한 여러 갈래의 길이 아니라, 컴퓨팅의 미래를 계속해서 이끌기 위해 반드시 정복해야 할 운명과도 같다. IBM은 이 거대한 전환을 단순한 기술 개발을 넘어, 시장의 규칙을 만들고 산업 생태계를 조성하며 미래 표준을 선점하는 전략으로 대처하고 있다.

이 전략은 IBM이 양자 컴퓨팅 분야의 후발주자가 아니라, 그 이론적·실험적 토대를 닦은 핵심 선구자였기에 가능했다. 1980년대 초 리처드 파인만Richard Feynman과 폴 베니오프Paul Benioff 등이 양자 컴퓨팅의 개념을 처음 제안한 이래, IBM 연구소는 꾸준히 이 미지의 영역을 개척해 왔다. 특히 2001년에는 IBM 알마덴연구센터가 스탠퍼드대학교와 협력하여 7개의 큐비트를 가진 핵자기공명 양자 컴퓨터로 피터 쇼어의 쇼어 알고리즘을 세계 최초로 시연했다. 숫자 15를 3과 5로 소인수분해하는 이 실험은 비록 간단한 계산이었지만, 양자 알고리즘이 이론적 가능성을 넘어 물리적 현실에서 구현될 수 있음을 증명한 상징적인 사건이었다. IBM의 기술 리더십과 공학적 역량은 수십 년에 걸친 깊이 있는 연구와 끈질긴 실험의 결과였다.

이처럼 역사의 필연성을 강조하는 서사는 투자자들에게 큰 신뢰를 준다. 양자 컴퓨팅이라는 장기적이고 불확실한 기술에 대한 IBM의 투자가 일시적인 유행을 좇는 것이 아니라, 기업의 핵심 정체성에 기반한 치밀한 장기 전략이라는 믿음을 심어주는 것이다. 또한 이러한 신뢰는 변동성이 큰 신생 기술 분야에서 위험을 피하려는 대규모 파트너사들을 IBM의 생태계로 끌어들이는 중요한 동기가 된다.

IBM의 양자 컴퓨팅 전략은 거대한 세 기둥 위에 세워져 있다. 첫째, 투명하고 공격적인 하드웨어 개발 계획으로 기술의 최전선을 이끈다. 둘째, 누구나 자유롭게 사용할 수 있는 오픈소스 소프트웨어인 키스킷으로 개발자 생태계를 장악하여 사실상의 표준을 만든다. 셋째, IBM 퀀텀 네트워크IBM Quantum Network를 통해 전 세계 파트너들과 연합하여 초기 시장을 만들고 위험을 분산한다.

이 세 가지 전략은 개별적으로 움직이지 않는다. 서로의 가치를 키워주는 강력한 선순환 구조를 형성하며, 경쟁자들이 쉽게 모방할 수 없는 깊고 넓은 진입 장벽을 구축한다.

먼저 IBM 하드웨어 전략의 핵심은 세 가지다. 첫째, 속도와 확장성을 모두 달성하기 위한 초전도 큐비트 기술에 집중 투자한다. 둘째, 'IBM 퀀텀 로드맵'으로 통칭되는 양자 컴퓨팅 로드맵을 통해 기술 발전 과정을 대중에게 명확히 제시한다. 셋째, 오류에 강한 FTQC로 가는 길의 가장 큰 장애물을 제거하기 위해 과감한 기술 전환을 추진한다.

초전도 큐비트는 IBM이 주력으로 선택한 기술이다. 이온 트랩이나 포토닉스 등 다른 방식에 비해 연산 속도가 빠르고, 기존 반도체 제조 공정을 상당 부분 활용할 수 있어 큐비트 수를 대규모로 늘리는 데 유리하다. 이는 복잡한 양자 알고리즘을 실행하고 상업적으로 의미 있는 규모의 양자 컴퓨터를 만드는 데 필수적이다. 하지만 초전도 큐비트는 외부 자극에 매우 민감해 양자 상태가 쉽게 무너지며, 결맞음 시간이 짧은 편이다. 또한 양자 상태를 유지하기 위해 절대영도에 가까운 극저온 환경과 복잡한 냉각 시스템이 필요하다. 이는 IBM이 해결해야 할 가장 큰 기술적 도전 과제다.

IBM은 이러한 기술적 도전을 극복해 나가는 과정을 전례 없이 투명하게 공개하고 있다. 매년 자사의 양자 컴퓨팅 로드맵을 갱신하며, 향후 10년의 구체적인 개발 목표를 제시한다. 단순한 내부 계획을 넘어 시장 전체를 향해 강력한 메시지를 보내고 있는 것이다.

실제로 IBM은 큐비트 수를 꾸준히 확장해 왔다. 2021년 127큐비트의 이글Eagle 프로세서, 2022년 433큐비트의 오스프리Osprey 프로세서를 거쳐 2023년 12월에는 1,000큐비트의 장벽을 넘어서는 콘도르Condor 프로세서를 선보였다. 더 나아가 IBM은 큐비트 수 확장을 넘어 질적 도약을 추구하며, 양자 컴퓨팅의 잠재력을 최대한 발휘하는 것을 목표로 한다.

- **2025년 예정:** 고연결성 프로세서 나이트호크Nighthawk와 양자 오류 정정 코드의 핵심 부품을 시험할 시스템인 룬Loon 공개
- **2026년 예정:** 모듈식 프로세서 쿠카부라Kookaburra를 통한 내결함성 모듈

의 첫 시연

- **2027년 예정:** 양자 프로세서 코카투Cockatoo를 통한 모듈 간 얽힘 구현
- **2029년 예정:** 200개의 논리 큐비트에서 1억 개의 연산을 수행하는 세계 최초의 대규모 내결함성 양자 컴퓨터인 IBM 퀀텀 스탈링IBM Quantum Starling 출시
- **2033년 이후:** 2,000개의 논리 큐비트에서 10억 개의 연산이 가능한 블루 제이Blue Jay 시스템으로 확장

이처럼 IBM은 구체적인 계획을 공개하며 세 가지 효과를 노린다. 먼저 투자자에게는 예측 가능성을 제공해 장기 투자를 유도하고, 파트너사에게는 IBM의 양자 컴퓨팅 로드맵에 맞춰 자사 연구개발 계획을 수립할 수 있는 신뢰를 준다. 동시에 경쟁사에게는 IBM이 설정한 기준을 따라와야 한다는 압박을 가한다. 시장의 기대를 IBM 중심으로 형성하고 산업 발전 속도를 조율하는 사실상의 시장 지배 전략이라고 할 수 있다.

IBM의 양자 컴퓨팅 로드맵에서 가장 주목해야 할 지점은 양자 오류 정정 방식에 대한 과감한 방향 전환이다. 양자 컴퓨터가 실용화 되려면 외부 잡음으로 큐비트의 양자 상태가 쉽게 손상되는 오류를 실시간으로 감지하고 수정하는 기술이 필요하다. 오랫동안 가장 유력 한 후보는 표면 코드 방식이었다.

앞서 살펴보았듯 표면 코드는 데이터 큐비트와 측정 큐비트를 바둑판 같은 2차원 격자 구조 위에 배열하는 방식이다. 각각의 측정 큐비트는 바로 이웃한 데이터 큐비트들의 상태를 주기적으로 확인한다. 이러한 구조는 물리적으로 구현하기 쉽고, 양자 시스템의 오류율이 다소 높아도 안정적으로 작동한다는 장점이 있어 오랫동안 표준 접근법으로 여겨졌다. 하지만 오류 없는 논리 큐비트 하나를 만들려면 수천 개의 물리 큐비트가 필요하다는 치명적인 비효율성 문제를 안고 있다. IBM의 펠로우 겸 퀀텀 부사장인 제이 감베타Jay Gambetta는 이러한 막대한 자원 소모를 두고 "공학적으로 실현 불가능한 환상"이라고 표현하며, 상업적 확장이 불가능한 길이라고 결론 내렸다.

IBM은 기존 방식의 한계를 극복하기 위해 양자 저밀도 패리티 검사 코드quantum low-density parity check code, 줄여서 qLDPC 코드라고 부르는 새로운 기술 경로를 선택했다. 이 방식은 이동통신 등에서 사용하던 고전적인 오류 정정 기술을 양자 컴퓨터에 맞게 응용한 것이다. 핵심은 큐비트 간 연결 구조를 효율화하는 데 있다.

기존의 표준 방식인 표면 코드는 촘촘하고 무거운 그물에 비유할 수 있다. 즉 표면 코드는 바로 옆에 인접한 큐비트끼리만 연결하는 구조다. 하나의 데이터 큐비트를 오류로부터 보호하려면 주변에 수많은 측정 큐비트가 달라붙어야 하므로 자원 소모가 많고 비효율적이다.

반면 qLDPC 코드는 가벼운 거미줄에 비유할 수 있다. 큐비트 사이의 연결을 성글게, 즉 저밀도로 구성한다. 바로 옆 큐비트뿐만 아니

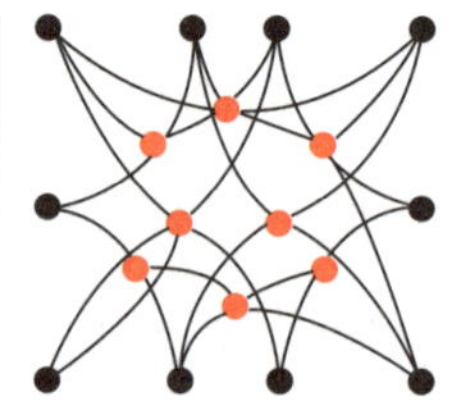

qLDPC 코드는 큐비트 간 연결을 성글게low-density 만들어 오류 검사에 필요한 측정 큐비트 수를 획기적으로 줄인다. 동시에 강력한 오류 정정 능력은 유지하는 고효율 기술로, 대규모 양자 컴퓨터 실현을 앞당긴다.

라 멀리 떨어진 큐비트들과도 연결해 오류를 감지한다. 이렇게 하면 각 데이터 큐비트가 연결해야 하는 측정 큐비트 수는 줄어들지만 전체적인 오류 보호 능력은 강력하게 유지된다.

물론 멀리 떨어진 큐비트들을 복잡하게 연결하는 구조를 물리적으로 구현하기란 매우 까다롭다. 하지만 이 방식을 실현한다면 오류 없는 완벽한 큐비트, 즉 논리 큐비트 하나를 구현하는 데 필요한 물리 큐비트 수를 크게 줄일 수 있다. 기존 표면 코드와 비교해 10분의 1 수준의 자원만으로도 동일한 성능을 낼 수 있어, 대규모 양자 컴퓨터 상용화를 앞당길 핵심 기술로 평가받는다.

이는 같은 수의 물리 큐비트로 훨씬 더 강력한 양자 컴퓨터를 만들 수 있다는 의미이며, 내결함성 양자 컴퓨터의 실현 시점을 크게 앞당길 수 있는 결정적인 전환점이 될 수 있다. IBM의 이 결정은 학문적 이상보다 상업적 실현 가능성을 우선하는 실용주의적 접근인 동시에, 매우 큰 위험을 감수하는 대담한 도전이다.

만약 IBM이 qLDPC 코드의 실시간 오류 해석과 같은 기술적 난제들을 성공적으로 해결한다면, 표면 코드의 막대한 비효율성 문제에 갇혀 있는 경쟁자들을 단숨에 뛰어넘을 수 있다. 그러나 실패한다면 IBM의 양자 컴퓨팅 로드맵 전체를 위협하는 중대한 차질로 이어질 수 있다. 따라서 투자자들은 IBM이 발표하는 큐비트 수 증가에만 주목할 것이 아니라 룬, 쿠카부라, 코카투와 같은 후속 프로세서들을 통해 이 새로운 아키텍처의 핵심 요소들이 성공적으로 검증되는지를 예의주시해야 한다.

하드웨어가 강력한 엔진이라면, 소프트웨어는 그 엔진을 움직이고 가치를 창출하는 운영체제와 응용 프로그램이다. IBM은 이를 명확히 인지하고 하드웨어 개발과 동시에 소프트웨어 생태계를 장악하기 위한 전략을 펼치고 있다. 2016년, IBM은 세계 최초로 클라우드를 통해 누구나 실제 양자 컴퓨터에 접속할 수 있는 IBM 퀀텀 익스피리언스IBM Quantum Experience를 선보이며 QCaaS라는 새로운 시장을 개척했다.

또한 2018년에는 퀀텀 볼륨Quantum Volume이라는 양자 컴퓨터의 성능을 나타내는 지표를 제시했다. 퀀텀 볼륨은 큐비트 수뿐만 아니라 게이트 충실도, 연결성, 오류율 등 시스템의 전반적인 능력을 종합 평가하는 엄격한 기준이다. 이어서 2021년에는 IBM 퀀텀 익스피리언스의 발전된 클라우드 서비스인 IBM 퀀텀 플랫폼IBM Quantum Platform을 출시했다. IBM의 소프트웨어 생태계 전략을 사업 모델로 구현한 이 플랫폼은 간단한 실험을 위한 무료 서비스부터 대규모 연구와 상업적 활용을 위한 유료 서비스까지 다양한 접근 방법을 제공한다.

IBM은 이를 통해 두 가지 중요한 목적을 달성할 수 있다. 첫째, 양자 기술이 본격적으로 수익을 창출하기 전부터 잠재 고객을 미리 확보하고 클라우드 사용료를 통해 초기 수익 모델을 구축한다. 둘째, 전 세계 사용자들이 플랫폼 위에서 수행하는 수많은 실험을 통해 유망한 양자 알고리즘과 하드웨어 개선 방향에 대한 귀중한 데이터를 얻는다.

또한 IBM은 2017년에 오픈소스 소프트웨어 개발 키트인 키스킷을 공개했다. 키스킷의 전략적 목표는 단순히 양자 프로그래밍 도구를 제공하는 것을 넘어 양자 시대의 파이썬이 되는 것이다. 키스킷은 전 세계 개발자, 연구자, 학생들이 양자 알고리즘을 배우고 양자 회로를 설계하며 시뮬레이터나 실제 IBM 양자 컴퓨터에서 실행할 수 있는 포괄적인 환경을 제공한다. IBM은 키스킷을 아파치 라이선스Apache License 기반의 오픈소스로 공개하여 특정 기업에 종속되지 않는 개방형 표준을 지향했다. 이는 개발자 커뮤니티의 폭발적인 성장으로 이어졌다.

현재 키스킷은 60만 명 이상의 등록 사용자, 600명 이상의 오픈 소스 기여자, 그리고 3,600편 이상의 연구 논문 인용을 기록하며 양자 컴퓨팅 소프트웨어 분야에서 압도적인 지배력을 확보했다. 마이크로소프트가 윈도우 운영체제로 개인용 컴퓨터 시장을 장악하고 구글이 안드로이드로 모바일 생태계를 지배했던 것과 같은 전략이다. 개발자들이 키스킷에 익숙해지고 키스킷 기반의 라이브러리와 응용 프로그램이 쌓일수록, 그들은 자연스럽게 IBM의 하드웨어와 클라우드 플랫폼을 선택하게 된다. 이는 경쟁사 플랫폼으로 이전하는 데 높은 비용과 노력이 들게 하여 사용자를 묶어두는 강력한 기술적 장벽이자 고착 효과를 만들어 낸다.

IBM의 장기 목표는 오류가 전혀 없는 내결함성 양자 컴퓨터를 만드는 것이다. 하지만 그 단계에 도달하기까지는 수년이 걸릴 것으로 보인다. 그 중간 단계에서 IBM이 제시하는 현실적인 이정표가 바로 2026년까지의 양자 이점 달성이다. 다만 IBM이 정의하는 양자 이점이란 특정 산업 분야에서 의미 있는 문제를 양자 컴퓨터가 기존 최고 성능의 컴퓨터보다 더 정확하거나 빠르거나 저렴하게 해결하는 시점을 말한다. 2019년 구글이 달성했다고 주장한 양자 우위와는 다른 개념이다. 양자 우위가 기존 컴퓨터로는 사실상 풀 수 없는 인위적인 수학 문제를 해결하여 양자 컴퓨터의 잠재력을 학문적으로 증명하는 데 초점을 맞춘다면, 양자 이점은 실제 사업적 가치를 창출할 수 있는 실용적인 문제 해결을 목표로 한다.

　다만 현재로서는 오류가 많은 중규모 양자 컴퓨터로 이러한 양자 이점을 달성해야 한다. 이를 가능하게 하는 핵심 기술이 바로 오류 완화 기법이다. 오류 정정이 발생한 오류를 물리적으로 수정하는 적극적인 방식이라면, 오류 완화는 계산 과정에서 발생하는 잡음의 통계적 패턴을 파악한 뒤 최종 결괏값에서 그 영향을 수학적으로 제거하여 실젯값에 가까운 결과를 추정하는 소극적이지만 실용적인 기법이다. IBM은 키스킷과 클라우드 플랫폼에 다양한 오류 완화 기술을 통합하여 현재의 불완전한 하드웨어에서도 사용자들이 의미 있는 결과를 얻을 수 있도록 지원하고 있다.

　최근 IBM은 개발의 복잡성을 낮추기 위해 키스킷 펑션스Qiskit Functions와 키스킷 서버리스Qiskit Serverless 같은 고수준 도구들을 도입했다. 양자 컴퓨팅의 실제 응용 문제는 대부분 양자 프로세서와 고전 프로세서가 긴밀히 협력하는 복합적인 작업을 필요로 한다. 키스킷 펑션스는 오류 완화나 포트폴리오 최적화와 같은 특정 작업을 패키지 서비스로 제공한다. 덕분에 개발자는 복잡한 저수준 코드를 작성할 필요 없이 원하는 기능을 호출해 사용할 수 있다. 키스킷 서버리스는 이러한 복합적인 계산을 클라우드 환경에서 원활하게 실행하고 관리하도록 지원하여, 개발자가 자신의 컴퓨팅 자원에 얽매이지 않고 대규모 계산을 수행할 수 있게 해준다.

　IBM은 이를 통해 양자 컴퓨팅을 소수의 물리 전문가 영역에서 더 넓은 소프트웨어 개발자 커뮤니티로 확장하려 한다. 사용 편의성을 극대화하여 생태계 성장을 가속하고 IBM 플랫폼 의존도를 높이려는 전략이다.

한편 IBM은 양자 컴퓨터가 실험실의 성과에 머물지 않고 실제 산업 가치를 창출하려면 기술 공급업체만의 힘으로는 불가능하다는 것을 잘 알고 있다. 이를 위해 IBM은 하드웨어와 소프트웨어의 기술적 리더십을 바탕으로 전 세계 주요 기업, 대학, 연구소, 스타트업을 아우르는 거대한 연합 전선을 구축했다. 이것이 바로 IBM 퀀텀 네트워크다. 현재 250개가 넘는 기관이 참여하는 이 네트워크는 단순한 고객 목록이나 마케팅 협력 프로그램이 아니다. 양자 컴퓨팅이라는 불확실한 미래에 대한 위험을 분산하고, 아직 존재하지 않는 시장을 공동으로 창출하기 위한 전략적 중심축이다.

IBM 퀀텀 네트워크에 참여하는 파트너사들은 IBM의 최신 양자 시스템과 전문가 지원에 우선 접근할 수 있다. 이를 통해 각자의 산업 분야에서 양자 컴퓨팅이 어떤 문제를 해결할 수 있을지 남들보다 먼저 탐색하고 내부 역량을 키운다. 예를 들어 바이오 기업 모더나Moderna는 신약 개발 과정에, 에너지 기업 엑손모빌Exxon Mobil은 글로벌 공급망 최적화에, 자동차 제조사 메르세데스-벤츠Mercedes-Benz는 차세대 전기차 배터리 소재 개발에 양자 컴퓨팅의 잠재력을 적용하는 공동 연구를 진행하고 있다.

IBM은 이러한 협력을 통해 막대한 연구개발 비용을 파트너와 나누는 동시에, 실제 산업 현장의 문제를 해결하면서 기술의 실효성을 검증하고 완성도를 높일 수 있다. 양자 기술이 상업적 가치를 입증하기 훨씬 전부터 초기 수요를 창출하고 구체적인 활용 사례를 축적하는 전략이다.

이 생태계 전략이 현실로 구현된 것이 '양자 중심 슈퍼컴퓨팅'이라는 개념이다. IBM은 가까운 미래에 양자 컴퓨터가 모든 계산을 기존 슈퍼컴퓨터보다 월등하게 처리할 것이라는 비현실적인 기대를 경계한다. 대신 양자 컴퓨터가 가장 잘할 수 있는 특정 계산(양자 시뮬레이션이나 최적화 문제 등)은 양자 프로세서에 맡기고, 대규모 데이터 처리나 제어 같은 나머지 작업은 기존의 HPC가 담당하는 혼합형 구조가 가장 효율적이라고 본다.

이 비전을 실현하기 위한 핵심 협력 관계가 바로 반도체 기업 AMD와의 파트너십이다. 이 협력을 통해 IBM의 양자 컴퓨팅 시스템은 AMD의 고성능 CPU 및 GPU와 긴밀하게 통합될 것이다. 특히 양자 오류 정정에 필수적인 복잡한 실시간 해석 작업을 AMD 칩이 전담함으로써 양자 프로세서는 양자 연산 자체에만 집중할 수 있다. 오류에 강한 내결함성 양자 컴퓨터로 가는 길을 가속화하는 실용적인 접근 방식이다. 또한 이러한 전략은 투자자들에게 IBM이 먼 미래의 기술에만 몰두하지 않고, 현재 보유한 기술과 파트너십을 활용해 단기적으로 달성 가능한 가치를 창출하려는 실용적인 기업이라는 인상을 준다.

IBM의 양자 컴퓨팅 전략은 단거리 경주가 아닌 수십 년을 내다보는 마라톤이다. IBM은 꾸준한 하드웨어 성능 확장, 키스킷을 통한 개방형 소프트웨어 생태계 장악, 글로벌 파트너 네트워크를 통한 시장 공동 창출이라는 세 가지 축을 유기적으로 결합하여 장기적인 경쟁 우위를 쌓아가고 있다. 예를 들어 오류율이 낮은 헤론Heron 프로세서 등의 우수한 하드웨어는 IBM 퀀텀 네트워크에 더 많은 파트너사를 끌어들인다. 이 파트너사들은 키스킷으로 정교한 응용 프로그램과 라이브러리를 개발하고 키스킷 생태계를 더욱 풍부하게 만들어 더 많은 개발자를 유인한다. 이렇게 확장된 사용자 기반은 IBM에게 차세대 하드웨어 설계를 위한 귀중한 피드백과 데이터를 제공한다.

이같은 수직 통합 선순환 구조는 하드웨어, 소프트웨어, 클라우드 중 하나에만 집중하는 경쟁사들이 쉽게 복제할 수 없는 IBM만의 강력한 경쟁 우위다. 이 마라톤의 최종 승자가 누구일지는 아직 알 수 없지만 IBM이 가장 유리한 위치에서 출발한 선두주자 중 하나라는 점은 분명하다.

IBM은 투자자에게 양자 컴퓨팅이라는 거대한 패러다임 전환에 참여하는 가장 안정적이고 포괄적인 경로를 제시한다. 다만 IBM을 양자 컴퓨팅 투자 대상으로 평가할 때 이 회사의 독특한 이중적 성격을 이해해야 한다. IBM은 양자라는 가장 혁신적이고 파괴적인 기술의 최전선에 서 있는 개척자인 동시에, 100년 이상의 역사를 지닌 안정적인 현금 흐름을 창출하는 빅테크 기업이다. 따라서 순수 양자 컴퓨팅 스타트업과는 투자 논리가 근본적으로 다르다.

　IBM 투자의 가장 큰 매력은 안정성이다. 첫째, IBM은 다각화된 사업 구조를 갖추고 있다. 양자 컴퓨팅이 아직 연구개발 단계에 있는 동안, 회사는 하이브리드 클라우드와 AI 부문에서 연간 수백억 달러의 매출과 수십억 달러의 안정적인 잉여 현금 흐름을 창출하고 있다. 즉 양자 기술이 본격적으로 수익을 내기까지 5~10년이 걸려도 회사는 안정적이기 때문에 투자자는 회사 존폐 위험을 감수하지 않고 양자 컴퓨팅 투자에 참여할 수 있다. 재무적으로 불안정한 순수 양자 스타트업 투자와 본질적으로 다른 위험-수익 구조다.

　둘째, IBM은 경쟁자들이 따라올 수 없는 압도적인 연구개발 자본력을 보유하고 있다. IBM은 향후 5년간 미국 내 투자 계획의 일환으로 양자 및 메인프레임 연구개발에만 300억 달러 이상을 투입할 계획이다. 외부 자금 조달 라운드마다 생존을 걱정해야 하는 아이온큐나 리게티 컴퓨팅 같은 스타트업들은 상상하기 어려운 수준이다. 이 막대한 자본은 최고의 인재를 유치하고, 최첨단 설비를 구축하며, 내결함성으로 가는 길에 놓인 수많은 기술적 난관을 끈기 있게 해결해 나갈 원동력이 된다.

　셋째, 앞서 분석한 키스킷과 IBM 퀀텀 네트워크를 통해 구축한 강력한 생태계는 기술적 우위만큼이나 중요한 무형 자산이다. 이미 수십만 명의 개발자와 수백 개의 기업이 IBM 플랫폼에서 활동하며, 이는 강력한 네트워크 효과와 전환 비용을 창출한다. 새로운 경쟁자가 더 나은 하드웨어를 개발하더라도 IBM이 수년에 걸쳐 구축한 이 거대한 생태계의 관성을 극복하기는 매우 어려울 것이다. 투자자에게 이는 지속 가능한 경쟁 우위의 원천으로 해석될 수 있다.

그러나 IBM의 거대한 규모와 깊은 역사는 동시에 몇 가지 위험을 내포한다. 가장 큰 위험은 하나의 기술 경로에 지나치게 의존할 가능성이다. IBM이 막대한 자원을 투입한 초전도 큐비트 기술은 현재까지 가장 빠르게 발전하는 기술이지만 유일한 경로는 아니다. 만약 아이온큐나 퀀티뉴엄이 주도하는 이온 트랩 방식이나, 싸이퀀텀이 개발하는 포토닉스 방식, 또는 마이크로소프트가 오랫동안 연구해 온 위상학적 큐비트 같은 경쟁 기술이 더 우월한 성능을 입증한다면 IBM의 전략은 큰 타격을 입을 수 있다. 특히 마이크로소프트의 위상학적 큐비트는 이론적으로는 외부 자극에 대한 내성이 훨씬 강해, 양자 오류 정정에 필요한 추가 자원을 크게 줄일 수 있는 잠재적 변수로 평가받는다.

두 번째 위험은 수익화까지 오랜 시간이 걸린다는 점이다. IBM의 양자 컴퓨팅 로드맵은 매우 인상적이지만 양자 컴퓨팅이 회계장부에 의미 있는 매출과 이익으로 기여하기까지는 2020년대 후반 또는 2030년대 초반까지 기다려야 할 가능성이 높다. IBM의 안정적인 기존 사업이 이 기간을 버틸 체력을 제공하지만 단기 성과를 기대하는 투자자들에게는 상당한 인내심이 요구된다.

마지막으로 경쟁 환경이 결코 만만치 않다. 구글은 IBM과 마찬가지로 초전도 큐비트 방식을 채택하여 2029년까지 내결함성 양자 컴

	구글	마이크로소프트	IBM
큐비트 방식	• 초전도 큐비트 • 다중 큐비트 칩 • 고밀도 집적 아키텍처	• 위상학적 큐비트 • 마요라나 준입자 기반 • 근본적 내결함성 추구	• 초전도 큐비트 • 모듈식 아키텍처 • 퀀텀 볼륨 중심 개발
기술 로드맵	• 6단계 양자 컴퓨터 상용화 로드맵 • 2019년 양자 우위 달성 • 2025년 검증 가능 양자 이점 목표	• 위상학적 큐비트 R&D • 6단계 양자 슈퍼컴퓨터 구축 로드맵 • 근본적 안정성 우선 전략	• 모듈식 프로세서 확장 전략 • qLDPC 코드 집중 • 2028~2029년 FTQC 목표
클라우드 서비스	• 구글 클라우드 퀀텀 • 서크 • 텐서플로 퀀텀	• 애저 퀀텀 • Q# 언어 및 개발 환경 • 양자 시뮬레이터 리소스	• IBM 퀀텀 플랫폼 • 키스킷 • 키스킷 펑션스, 키스킷 서버리스
생태계 구축	• 제약사, 화학기업 파트너십 • AI와 양자 컴퓨팅 통합 • 학계 연구 협력 네트워크	• AI+HPC+양자 컴퓨팅 통합 플랫폼 • 스테이션 Q 글로벌 네트워크	• 250개 이상의 글로벌 기업 및 기관 • IBM 퀀텀 네트워크 • 산학연 중심의 생태계 주도

퓨터를 개발하겠다는 목표를 가지고 있으며, IBM에 필적하는 자본력과 인재를 보유하고 있다. 아이온큐와 같은 순수 양자 컴퓨팅 기업은 규모는 작지만 특정 기술 분야에서 더 빠른 의사결정과 혁신을 통해 IBM을 앞서 나갈 잠재력이 있다. 따라서 IBM이 양자 컴퓨팅 분야에서 가장 안전한 투자처 중 하나일 수는 있지만, 반드시 가장 높은 수익

률을 보장하는 투자처가 아닐 수 있다는 점을 인지해야 한다.

결론적으로 IBM에 대한 투자는 전통적인 가치주와 성장주의 성격을 동시에 지닌다. IBM은 안정적인 배당과 현금 흐름을 제공하는 방어적 특성을 가지면서도, 양자 컴퓨팅이라는 폭발적인 성장 잠재력을 함께 갖추고 있다. 반면 아이온큐 같은 순수 양자 컴퓨팅 기업은 전형적인 양자 성장주로, 기술과 사업이 성공하면 막대한 수익을 기대할 수 있지만 실패하면 투자금 전액을 잃을 위험이 있다. 따라서 투자자는 자신의 위험 감수 능력과 투자 전략에 따라 현명한 선택을 내려야 한다.

종합해 보면 구글, 마이크로소프트, IBM은 같은 경주에서 경쟁하는 것이 아니라 각자 다른 시간대와 승리 조건을 가지고 전략적인 경쟁을 펼치고 있다. 구글은 AI 연산의 미래를 놓고 경쟁한다. 그들의 성공은 기계 지능을 위한 궁극의 엔진을 구축하는 능력에 달려 있다. 마이크로소프트는 두 전선에서 싸우고 있다. 하나는 완벽하고 오류 없는 컴퓨팅 구조를 만들기 위한 장기적이고 위험 부담이 큰 모험이고, 다른 하나는 양자 클라우드 생태계를 장악하기 위한 단기 저위험 플랫폼 전략이다. 그리고 IBM은 신뢰성, 접근성, 실질적인 사업 가치를 최우선으로 삼아 글로벌 기업을 위한 필수 양자 유틸리티가 되기 위해 경쟁한다.

따라서 투자자는 이 세 기업에 대해 순수 플레이 기업과 다르게 접근해야 한다. 모회사의 고유한 강점(구글의 AI 지배력, 마이크로소프트의 클라우드 패권, IBM의 엔터프라이즈 시장 장악력)을 활용해 양자 컴퓨팅 혁명을 주도하고 그 과실을 수확할 능력에 대해 투자하는 것이다. 다시 말해 투자자의 선택은 단순히 "누가 최고의 양자 컴퓨터를 만들 것인가?"에 답하는 것이 아니다. 그보다는 "이 세 기업의 전략적 비전 중 무엇이 가장 설득력 있고, 장기적으로 방어 가능한 가치를 창출할 가능성이 높은가?"라는 더 근본적인 질문에 답하는 과정이 되어야 한다.

제9장

양자 컴퓨팅 혁명의 강자들: 퀀티뉴엄, 엔비디아, 인텔

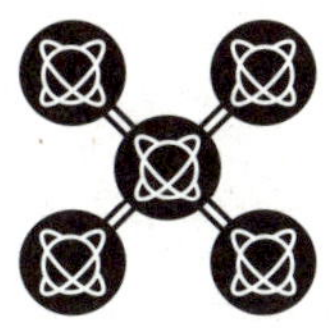

양자 컴퓨팅이라는 혁신이 만들어 낼 사업 기회는 기술력을 앞세운 스타트업들만의 것이 아니다. 기존 산업의 강자들과 반도체 기술을 이끌어 온 거인들 역시 새로운 시대의 규칙을 만들고 인프라를 구축하며 산업 생태계를 형성하고 있다. 이 장에서는 양자 컴퓨팅 혁명을 통해 수익을 창출하려는 주요 전략을 분석한다. 주인공은 산업 강자인 퀀티뉴엄과 반도체 거인 엔비디아, 인텔이다. 이 기업들은 불확실한 미래에 모든 것을 거는 신생 벤처 기업과 다르다. 확고한 기술력을 바탕으로 차세대 컴퓨팅 시대의 토대를 다지는 강력한 주체들이다.

퀀티뉴엄, 시장의 선도자로 우뚝 서다

2021년 11월, 퀀티뉴엄은 허니웰 인터내셔널Honeywell International의 양자 컴퓨터 사업 부문으로 세계 최고 성능의 이온 트랩 기반 하드웨어를 구축한 허니웰 퀀텀 솔루션즈Honeywell Quantum Solutions와 양자 소프트웨어·운영체제·사이버 보안 분야를 개척한 케임브리지 퀀텀Cambridge Quantum의 합병으로 탄생했다. 양자 컴퓨팅 분야를 선도하던 두 기업의 결합으로 퀀티뉴엄은 설립과 동시에 약 400명의 직원을 보유한 세계 최대 규모의 통합형 양자 컴퓨팅 기업으로 떠올랐다. 직원 중 300명 이상이 과학자와 엔지니어로, 높은 기술 장벽을 구축하며 양자 컴퓨팅 산업의 지형을 바꾸었다.

퀀티뉴엄의 사업 구조에서 가장 주목할 부분은 모기업인 허니웰 인터내셔널과의 다각적 관계다. 허니웰 인터내셔널은 약 54%의 지분을 가진 대주주일 뿐 아니라 퀀티뉴엄의 성장을 돕는 핵심 전략 파트너다. 먼저 허니웰 인터내셔널은 초기에 약 3억 달러를 투자하여 퀀티뉴엄이 자본 집약적인 연구개발 경쟁에서 안정적인 기반을 다지도록 도왔다. 이후 JP모건 체이스, 미쓰이MITSUI, 암젠Amgen, 그리고 엔비디아의 벤처 캐피털 자회사인 엔벤처스NVentures 같은 기업들이 참여하여 6억 달러 규모의 추가 자금을 유치했다. 이때 퀀티뉴엄의 기업 가치는 100억 달러로 평가받으며 시장의 높은 신뢰를 얻었다.

허니웰 인터내셔널은 단순한 재정 지원을 넘어 공급자, 투자자,

고객의 역할을 동시에 수행한다. 먼저 퀀티뉴엄의 양자 하드웨어에 필수적인 고성능 이온 트랩을 장기간 공급하는 계약을 하여 핵심 부품의 공급망 위험을 줄여주었다. 또한 허니웰 인터내셔널이 운영하는 다양한 산업 부문은 퀀티뉴엄의 양자 기술을 검증하는 시험대 역할을 한다. 이를 통해 퀀티뉴엄은 실제 산업 현장의 복잡한 문제를 해결하면서 기술의 상업적 가치를 조기에 입증할 수 있었다.

이러한 관계는 퀀티뉴엄에게 다른 기업이 갖기 어려운 독자적인 생태계를 제공한다. 허니웰 인터내셔널의 정밀한 제조 능력은 퀀티뉴엄 하드웨어의 발전을 이끌고, 개선된 하드웨어는 다시 허니웰 인터내셔널이 마주한 산업 문제를 해결하는 데 쓰인다. 이 과정에서 검증된 해결책은 외부 고객을 유치하는 강력한 성공 사례가 된다. 이러한 선순환 구조는 안정적인 연구개발 환경과 뚜렷한 전략적 방향성을 제시하며 퀀티뉴엄의 핵심 경쟁력으로 자리 잡았다.

퀀티뉴엄은 하드웨어부터 미들웨어(운영체제와 애플리케이션 사이에서 동작하는 소프트웨어), 그리고 응용 소프트웨어에 이르기까지 모든 기술 단계를 아우르는 통합 전략으로 설립되었다. 이 통합 모델은 기술의 모든 단계에 걸쳐 깊이 있는 공동 설계와 최적화를 가능하게 한다. 단순히 컴퓨팅 자원을 빌려주는 것을 넘어, 실질적인 문제 해결 능력을 갖춘 완성된 상용 제품을 시장에 내놓는 가장 효과적인 방법으로 평가받는다.

퀀티뉴엄의 기술이 다른 회사와 뚜렷하게 구분되는 지점은 큐비트 구현 방식에 있다. 퀀티뉴엄은 이온 트랩 기술을 선택했는데, 이는 장기적 관점에서 FTQC 달성의 핵심인 '품질'에 집중하겠다는 전략이다. 이온 트랩 방식은 전자기장으로 이온을 진공에 가두고 레이저로 양자 상태를 제어해 큐비트로 활용한다. 자연에 존재하는 이온은 물리적 특성이 동일해 인공 큐비트의 불균일성 문제가 없다. 또한 이온 트랩 방식은 구글이나 IBM이 주력하는 초전도 큐비트 방식과 비교했을 때 게이트 충실도와 결맞음 측면에서 월등하다. 외부 잡음에 강해 양자 상태를 오래 유지하고 연산 과정에서 오류가 발생할 확률도 낮다. 반면 연산 속도는 초전도 큐비트가 수백만 배 더 빨라서 짧은 결맞음 시간 안에 최대한 많은 연산을 끝낼 수 있다.

퀀티뉴엄은 이온 트랩 방식의 연산 속도 단점을 큐비트 간의 뛰어난 연결성과 효율적인 알고리즘 설계로 극복하고자 한다. 큐비트 간 연결성은 이온 트랩 방식의 가장 강력한 장점 중 하나다. 퀀티뉴엄의 양자 컴퓨터는 시스템 안의 모든 큐비트가 다른 모든 큐비트와 정보를 직접 주고받을 수 있는 전체 대 전체 연결을 지원한다. 그에 비해 초전도 칩은 대부분 인접한 큐비트끼리만 상호작용이 가능하며, 먼 큐비트와 정보를 교환하려면 복잡하고 오류 가능성 높은 추가 연산이 필요하다.

또한 퀀티뉴엄은 이온 트랩의 장점을 극대화하기 위해 양자전하결합소자Quantum Charge-Coupled Device, QCCD라는 독자적인 구조를 개발했다.

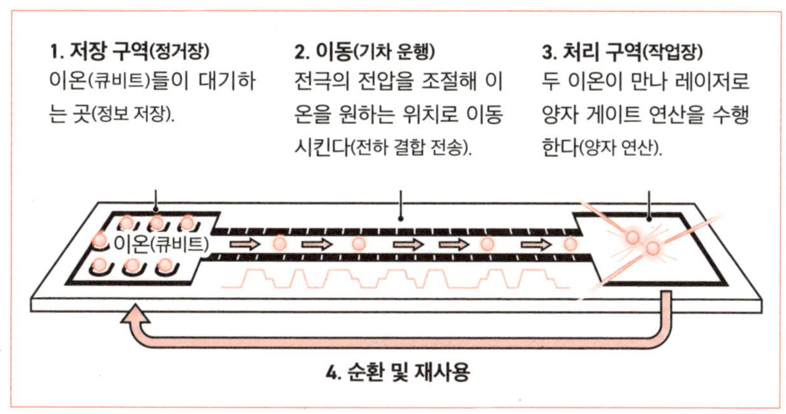

양자전하 결합소자QCCD는 이온(큐비트)을 칩 위의 경로(전극)를 따라 기차처럼 이동시켜 필요한 위치에서 정확하게 양자 연산을 수행하게 하는 기술이다. 이를 통해 이온 트랩 방식의 확장성 문제를 해결한다.

이 구조는 칩 위에서 이온을 물리적으로 움직여 연산, 저장, 측정 등 서로 다른 기능을 수행하는 구역으로 보낼 수 있게 한다. 덕분에 전체 대 전체 연결과 병렬 연산뿐만 아니라 양자 오류 정정에 필수적인 고급 기능들을 효율적으로 구현할 수 있다. 대표적인 예로 계산 중간에 결과를 확인하는 회로 중간 측정, 사용한 큐비트를 초기화하여 다시 쓰는 큐비트 재사용 등이 있다. 2024년에는 2차원 격자 형태의 이온 트랩을 개발하여 수천 개 이상의 큐비트로 확장할 때 생기는 배선 문제를 해결했다.

현재 퀀티뉴엄은 업계 표준 성능 평가에서 압도적인 결과를 보여주며 기술적 리더십을 증명하고 있다. 특히 퀀텀 볼륨에서 꾸준히 세계 기록을 경신했다. 퀀티뉴엄은 2020년 가을 H-시리즈의 1세대 양자 컴퓨터인 시스템 모델 H1을 출시한 데 이어, 2023년 5월에는 시스템 모델 H2를 출시했다. 이렇듯 시스템 모델을 H1에서 H2로 발전시키며 퀀텀 볼륨을 약 32배 향상시키는 위업을 달성했다. 매년 퀀텀 볼륨을 10배씩 향상시키겠다는 약속을 초과 달성한 것이다. 하드웨어 성능이 예측 가능한 속도로 빠르게 발전하고 있다는 명백한 증거다.

다른 성능 평가에서도 퀀티뉴엄의 우위를 확인할 수 있다. 대표적으로 시스템 모델 H2-1은 무작위 회로 샘플링이라는 알고리즘 실행에서 2019년 구글이 양자 우위를 주장하며 발표한 결과보다 100배 이상 뛰어난 성과를 기록했다. 무작위 회로 샘플링은 양자 컴퓨터에 무작위로 생성된 복잡한 연산 문제를 풀게 하여 성능을 측정하는 방식이다. 퀀티뉴엄은 이 실험에서 기존 슈퍼컴퓨터 시뮬레이션보다 3만 배 적은 전력을 소모해 양자 컴퓨팅의 에너지 효율성도 입증했다. 이처럼 퀀티뉴엄은 경쟁사가 개발한 가장 어려운 평가 기준에서 우위를 보이는 동시에, 아이온큐 등이 사용하는 #AQ처럼 상대적으로 덜 엄격한 지표에 대해서는 공개적으로 문제점을 지적한다. 이러한 전략은 투자자들에게 기술적 투명성과 신뢰성을 심어준다.

퀀티뉴엄의 가장 중요한 기술 성과는 양자 오류 정정과 논리 큐비트 구현 분야에서 나타나고 있다. 2022년, 퀀티뉴엄은 실시간 오류 정정을 통해 논리 큐비트 회로가 물리 큐비트 회로보다 더 뛰어난 성능을 보인다는 것을 세계 최초로 증명했다.

이후 마이크로소프트와 협력하여 마이크로소프트의 최첨단 큐비트 가상화 소프트웨어Qubit Virtualization Software를 퀀티뉴엄의 시스템 모델 H2에 적용하여 여러 중요한 성과를 얻었다. 큐비트 가상화 소프트웨어는 오류가 많고 불안정한 다수의 물리 큐비트를 묶어 실시간으로 관리하고 제어함으로써, 안정적이고 신뢰도 높은 하나의 논리 큐비트처럼 작동하게 만드는 소프트웨어 계층이다. 복잡한 오류 정정 코드를 실행하고 하드웨어의 복잡성을 추상화하는 핵심 역할을 한다.

퀀티뉴엄은 이 협력을 통해 먼저 30개의 물리 큐비트로 4개의 신뢰도 높은 논리 큐비트를 구현하여 오류율을 800분의 1로 크게 낮추었다. 이는 양자 컴퓨팅이 NISQ(오류가 있는 중규모 양자) 시대를 넘어 오류를 극복하는 단계로 진입했음을 알리는 중요한 사건으로 평가된다. 그 후 56개의 물리 큐비트로 12개의 논리 큐비트를 구현했고, 최대 50개의 논리 큐비트를 서로 얽힌 상태로 만드는 데 성공하며 기술의 확장 가능성을 입증했다.

마이크로소프트와의 협력은 단순한 기술적 성과 이상의 의미를 지닌다. 퀀티뉴엄의 하드웨어가 FTQC 시대를 위한 최고의 플랫폼이라는 점을 업계 최고의 소프트웨어 전문 기업으로부터 인정받은 셈이기 때문이다. 이러한 외부 검증은 퀀티뉴엄이 제시하는 야심 찬 기술 로드맵에 대한 신뢰도를 극적으로 높여 투자 위험을 줄여주는 역할을 한다.

이러한 성과를 바탕으로 퀀티뉴엄은 2030년까지 범용 내결함성 양자 컴퓨터를 구현하겠다는 구체적인 로드맵을 실행하고 있다. 현재 시스템 모델 H2는 56개의 물리 큐비트를 지원하며, 마이크로소프트와의 협력을 통해 세계 최고 수준의 신뢰성을 가진 논리 큐비트를 구현하며 기존 컴퓨터의 한계를 넘어서는 성과를 보여주고 있다. 이들의 최종 목표는 2030년경 출시될 5세대 시스템 '아폴로Apollo'다. 아폴로는 수천 개의 물리 큐비트와 다수의 논리 큐비트를 탑재하여, 수백만 개의 연산으로 구성된 복잡한 양자 회로를 실행할 수 있는 진정한 의미의 범용 내결함성 양자 컴퓨터가 될 것이다.

퀀티뉴엄은 단순히 컴퓨팅 자원 접근권을 판매하는 데 그치지 않는다. 특정 산업 문제를 해결하는 고부가가치 솔루션을 제공하며 성숙한 상용화 전략을 추구한다. 사업 모델은 여러 계층으로 구성되어 있다. 기본적으로는 자체 클라우드 플랫폼인 넥서스Nexus나 마이크로소프트 애저를 통해 H-시리즈 양자 컴퓨터를 제공한다. QCaaS의 이용량은 앞서 소개한 HQC라는 단위로 측정된다.

그러나 퀀티뉴엄의 핵심 상용화 전략은 양자 기술을 특정 용도에 맞춰 패키지화한 소프트웨어 플랫폼에 있다. 이러한 플랫폼은 양자 컴퓨팅 전문가가 아닌 산업 현장의 실무자들도 기술 혜택을 누릴 수 있도록 진입 장벽을 낮춘다. 대표 제품으로는 퀀텀 오리진Quantum Origin과 인콴토InQuanto가 있다.

퀀텀 오리진은 양자 컴퓨터로 예측 불가능한 진정한 무작위성을

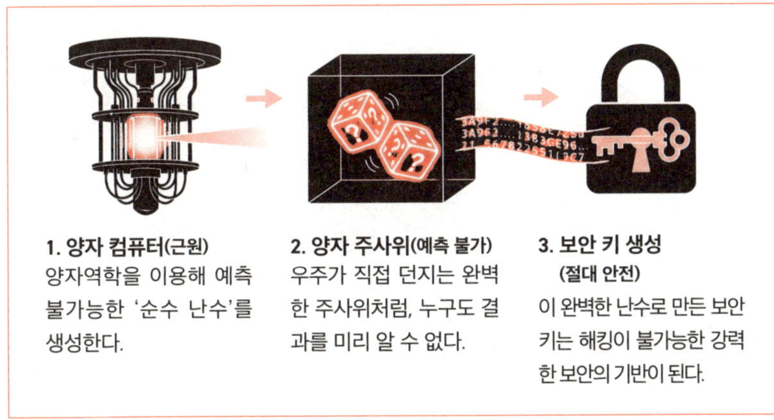

퀀텀 오리진은 기존 컴퓨터의 '가짜 난수'가 아닌, 양자 컴퓨터가 만든 '진짜 난수'를 제공하여 현대 보안 시스템의 가장 취약한 부분을 근본적으로 강화한다.

가진 암호화 키를 생성하는 세계 최초의 상용 사이버 보안 제품이다. 현재 널리 쓰이는 기존 암호화 알고리즘뿐만 아니라 미래 표준이 될 양자내성암호까지 지원하여 현재와 미래의 보안 위협에 모두 대응한다. 특히 퀀텀 오리진 온보드Quantum Origin Onboard는 이 기능을 인터넷 연결 기기에 내장할 수 있도록 확장한 솔루션이다. 인콴토는 제약, 신소재, 에너지 등 화학 기반 산업의 연구개발을 위한 최첨단 양자화학 시뮬레이션 플랫폼이다. 기존의 계산화학 작업 과정에 쉽게 통합되도록 설계되었으며, 공개된 경쟁 제품보다 정확도가 최대 10배 높다.

이 같은 제품 중심 접근은 단순히 컴퓨팅 자원을 빌려주는 것보다 높은 가치를 창출한다. QCaaS가 컴퓨팅 시간을 판매하는 공공 서

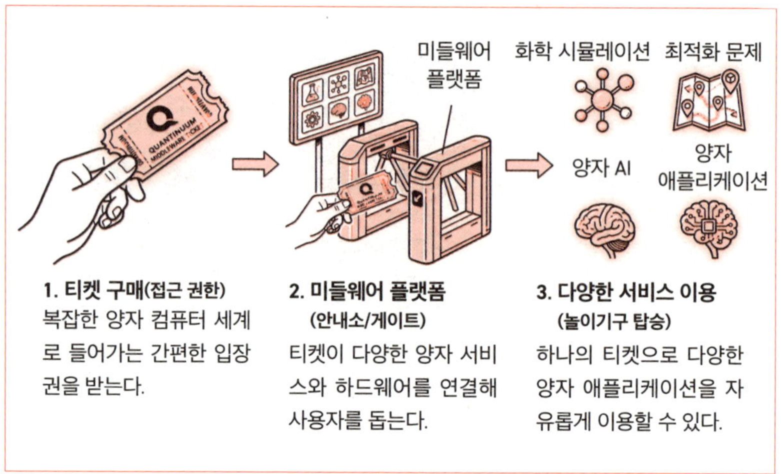

티켓TKET은 복잡한 양자 기술을 몰라도 다양한 양자 컴퓨팅 자원과 애플리케이션에 쉽게 접근할 수 있게 해주는 '통합 접속 권한'이다.

비스 모델이라면, 퀀텀 오리진이나 인콴토는 신약 개발을 앞당기거나 금융 거래 보안을 강화하는 등 고객의 사업 문제를 직접 해결한다. 이를 통해 컴퓨팅 비용이 아닌 고객 가치 기반으로 가격을 책정하여 더 높은 수익을 기대할 수 있다.

이러한 제품과 서비스를 뒷받침하는 것은 강력한 미들웨어 및 개발자 도구 생태계다. 그 중심에는 오픈소스 형태의 양자 소프트웨어 개발 키트이자 컴파일러인 티켓TKET이 있다. 티켓의 가장 큰 특징은 특정 하드웨어에 얽매이지 않는다는 점이다. 한번 작성한 코드를 퀀티뉴엄의 하드웨어를 비롯해 IBM, 구글 등 경쟁사의 양자 컴퓨터에서도 실행 가능하도록 최적화하고 변환할 수 있다. 양자 엔지니어들이 겪는 가장 큰 어려움은 하드웨어마다 호환성이 부족하다는 점인데, 티켓은 이 문제를 해결하는 보편적인 번역기 역할을 하며 전 세계 개발자 커뮤니티의 표준 도구로 자리매김하고 있다.

쿼티뉴엄이 티켓을 무료 오픈소스로 제공하는 것은 생태계를 장악하기 위한 치밀한 전략이다. 개발자들이 티켓을 중심으로 작업 환경을 구축하면 자연스럽게 쿼티뉴엄의 소프트웨어 생태계로 들어오게 된다. 최적화한 회로를 최고 성능의 하드웨어에서 실행하고자 할 때 티켓은 쿼티뉴엄의 H-시리즈 시스템으로 손쉽게 전환하도록 돕는다. 결국 티켓은 경쟁사 플랫폼 사용자까지 잠재 고객으로 흡수하여 자사의 고수익 하드웨어로 유도하는 전략적 자산인 셈이다.

쿼티뉴엄은 '과학이 이끌고 기업이 주도한다'는 철학 아래 다양한 산업 분야의 선도 기업들과 깊은 협력 관계를 구축하고 있다. 금융 분야에서는 JP모건 체이스, HSBC와 협력하여 위험 분석 및 사이버 보안 솔루션을 개발하고, 산업 및 소재 분야에서는 미쓰이, JSR, BMW 등과 신소재 및 반도체 연구를 진행한다. 제약 분야에서는 암젠과 단백질 상호작용을 연구했고, AI 및 HPC 분야에서는 엔비디아, 구글 딥마인드와 협력하고 있다. 또한 카타르와의 대규모 합작 투자를 통해 중동 지역으로 지정학적 영향력을 넓히고 있다. 이러한 협력은 단순히 기술을 판매하는 것을 넘어, 공동으로 사용 사례를 개발하고 시장을 개척하는 핵심적인 시장 진출 전략이다.

퀀티뉴엄의 등장은 하드웨어와 소프트웨어로 나뉘어 있던 양자 컴퓨팅 시장의 판도를 바꾸는 선제적 조치였다. 당시 업계 전문가들은 시장이 모든 기술을 아우르는 통합 기업 중심으로 재편될 것으로 예측했다. 퀀티뉴엄은 최고 수준의 하드웨어와 소프트웨어를 결합하여 스스로 시장의 선도자가 되었고, 현재 시장 통합을 이끌며 경쟁 구도를 자신에게 유리하게 만들어 가고 있다.

조력자의 길을 선택한 엔비디아

오늘날 AI와 HPC 분야에서 엔비디아는 시장을 지배하는 기업과 거의 같은 의미로 통한다. 하지만 차세대 컴퓨터 혁명인 양자 컴퓨팅에서 엔비디아의 역할은 훨씬 더 세밀하고 전략적이다. 엔비디아는 큐비트 수를 늘리는 물리적인 개발 경쟁에 직접 뛰어들지 않았다. 대신 양자 컴퓨팅 세계를 떠받치는 핵심 인프라와 생태계를 구축하는 조력자의 길을 선택했다. 이는 양자 컴퓨팅을 단순한 성능 경쟁으로 보지 않는다는 뜻이다. 엔비디아는 양자 컴퓨팅을 자사의 강점(가속 컴퓨팅 기술, 시스템 통합 능력, AI)과의 협력이 필수인 거대한 인프라 문제로 바라본다. 이 전략은 과거 엔비디아가 자율주행차나 로봇 공학 분야에서 성공을 거두었던 방식과 정확하게 일치한다.

엔비디아 최고경영자 젠슨 황Jensen Huang의 발언 변화는 이러한 전략을 더욱 잘 보여준다. 그는 2025년 1월 쓸모 있는 양자 컴퓨터가 등장하려면 15년에서 30년은 걸릴 것이라며 다소 회의적인 입장을 보였다. 당시 그의 발언은 양자 컴퓨팅 관련 상장 기업들의 주가를 급락시킬 만큼 큰 영향력을 미쳤다. 그러나 같은 해 6월에 그는 양자 컴퓨팅이 중요한 전환점에 도달했다며 입장을 바꾸고, 적극적인 투자와 기술 개발 계획을 발표했다. 이는 단순한 생각의 변화가 아니다. 먼저 시장의 과열된 기대감을 가라앉히고, 현실적인 대안으로 자사의 GPU와 AI 기술을 부각했다. 그런 다음에 양자 컴퓨팅 기술이 실험실 수준을 넘어 실제 통합 시스템으로 전환되는 단계, 즉 자사의 핵심 역량이 필요한 시점에 시장에 진입하는 계산된 전략으로 분석된다.

엔비디아가 양자 컴퓨팅 분야에서 조력자 역할을 수행하기 위한 핵심 전략 중 하나는 전략적 투자다. 투자는 엔비디아의 벤처 캐피털 자회사인 엔벤처스를 통해 이루어지며, 현재 주요 양자 컴퓨팅 기업 세 곳에 투자하고 있다. 중성 원자를 이용하는 큐에라 컴퓨팅, 이온 트랩 기술을 사용하는 퀀티뉴엄, 그리고 광자를 활용하는 싸이퀀텀이다. 엔비디아는 다양한 양자 컴퓨팅 기업에 투자하여 특정 기술에만 집중하는 위험을 피하고 미래에 성공할 가능성이 있는 모든 주요 기술에 영향력을 확보하고 있다. 동시에 양자 컴퓨팅 생태계 전반의 핵심 정보를 얻고 주요 기업들과 긴밀한 협력 관계를 구축한다.

이러한 전략은 초전도 큐비트라는 단일 방식에 집중하는 구글이나 IBM과 뚜렷한 대조를 이룬다. 엔비디아의 양자 컴퓨팅 제품 관리자인 샘 스탠윅Sam Stanwyck의 말에 따르면 엔비디아는 자율주행차나 로봇을 직접 만들지 않지만 그 분야의 모든 기업을 돕는다. 마찬가지로 양자 컴퓨터를 직접 제작하는 대신, AI와 가속 컴퓨팅 기술로 양자 컴퓨팅 분야의 모든 연구자와 개발자를 지원하는 것이 엔비디아의 임무라고 한다. 실제로 엔비디아는 QPU 개발에 따르는 막대한 연구개발 비용과 기술적 불확실성을 피했다. 대신 자사가 가장 뛰어난 역량을 발휘하는 GPU 설계와 소프트웨어 개발 능력에 집중하여 양자 컴퓨팅 시장 전체에 영향력을 행사하려 한다. 이어서 소개할 쿠다큐CUDA-Q와 DGX 퀀텀DGX Quantum을 통해 엔비디아는 미래 양자 컴퓨터를 위한 강력한 기반을 미리 마련하고 있다.

엔비디아는 자체 QPU가 없다는 약점을 오히려 모든 하드웨어 기업에 필요한 중립적인 플랫폼 제공자, 즉 '양자 컴퓨팅의 스위스'가 되는 전략적 강점으로 바꾼다. 다양한 기술 방식에 투자해 기술적 위험을 분산하고 자사 소프트웨어와 하드웨어가 시장을 선도하는 양자 컴퓨터들과 긴밀히 연결되도록 한다. 이를 통해 어떤 하드웨어 기술이 승리하든 사용자들이 엔비디아의 소프트웨어에 의존하게 만드는 것을 목표로 한다. 이처럼 다각화된 저위험 전략은 특정 기술의 성공에 모든 것을 거는 순수 양자 컴퓨팅 기업들의 불확실성에 불안감을 느끼는 투자자들에게 매력적인 대안이 된다. 현재 엔비디아의 투자 목록에는 초전도 큐비트 분야가 빠져 있는데, 앞으로 이 분야에 대한 투자가 중요한 전략적 행보가 될 수 있다.

엔비디아의 조력자 전략은 소프트웨어, 하드웨어, 연구라는 세 기둥 위에 세워져 있다. 첫 번째이자 가장 핵심적인 기둥은 소프트웨어 생태계인 쿠다큐다. 쿠다큐는 특정 종류의 QPU에 얽매이지 않는 오픈소스 기반의 플랫폼으로, 하이브리드 워크플로(양자 컴퓨터와 고전 컴퓨터를 함께 사용하는 방식)을 위한 프로그래밍 도구다. 오늘날 양자 컴퓨터는 특정 계산에만 강점을 가지므로, 복잡한 문제를 풀려면 기존 슈퍼컴퓨터의 도움이 필요하다.

쿠다큐는 서로 다른 방식으로 작동하는 두 컴퓨터를 통합 제어하는 공통 언어 같은 역할을 한다. 개발자가 한번 코드를 작성하면 다양한 시뮬레이션 환경이나 실제 양자 컴퓨터에서 그대로 실행할 수 있도록 설계되었다. 이 플랫폼은 현재 공개적으로 사용 가능한 QPU의 75%와 통합되어 있으며, 산업 표준 도구를 사용하여 프로그램을 변환하고 최적화한다. 덕분에 개발자들은 양자 컴퓨터 종류에 상관없이 고전 컴퓨터와 협력하는 프로그램을 손쉽게 만들 수 있다. 엔비디아의 목표는 쿠다큐를 하이브리드 워크플로를 위한 보편적인 프로그래밍 언어로 만드는 것이다.

쿠다큐의 강력한 성능은 큐퀀텀 소프트웨어 개발 키트라는 라이브러리 모음에서 나온다. 큐퀀텀은 크게 세 가지 요소로 구성된다.

1. 큐스테이트벡cuStateVec**:** 양자 상태를 정밀하게 묘사하는 상태 벡터 시뮬레이션을 가속화한다. CPU를 사용한 기존 방식보다 수백 배 빠른 속도를 제공

하며, 여러 큐비트가 복잡하게 얽혀 있는 양자 회로를 시뮬레이션하는 데 효과적이다.

2. 큐텐서넷cuTensorNet: 텐서 네트워크 방식의 시뮬레이션을 위한 도구다. 큐비트 수가 늘어나도 계산량이 급격히 증가하지 않는다는 장점이 있다. 덕분에 특정 문제에 대해서는 수천 개의 큐비트를 시뮬레이션할 수 있다. 실제로 엔비디아 연구진은 이 기술로 1,688개의 큐비트가 포함된 최대 절단 문제를 시뮬레이션하는 데 성공했다.

3. 큐덴시티맷cuDensityMat: 양자 시스템의 움직임과 외부 간섭으로 인한 오류를 시뮬레이션한다. 실제 양자 하드웨어를 설계하고 검증하는 데 필수적인 기능을 제공한다.

이러한 소프트웨어 기술의 실질적인 영향력은 구글 퀀텀 AI와의 협력 사례에서 명확히 드러난다. 구글은 엔비디아의 에오스Eos 슈퍼컴퓨터와 쿠다큐 플랫폼으로 자사의 양자 프로세서를 시뮬레이션하고, 오류와 설계상의 문제를 해결하고 있다. 덕분에 기존에 일주일이 걸리던 시뮬레이션 작업을 단 몇 분 만에 완료하며 연구개발 기간을 획기적으로 단축하고 있다.

엔비디아 조력자 전략의 두 번째 기둥은 하드웨어 통합 솔루션인 DGX 퀀텀이다. DGX 퀀텀은 쿠다큐를 물리적으로 뒷받침하는 시스템이자, 엔비디아의 고전 슈퍼컴퓨터와 다양한 양자 컴퓨터를 직접 연결하는 다리 역할을 하는 통합 하드웨어다. 다시 말해 쿠다큐라는 소프트웨어 언어를 통해 내린 명령이 DGX 퀀텀이라는 물리적 통로를 거쳐 양자 컴퓨터와 고전 컴퓨터 양쪽에 전달되고 실행되는 구조다.

DGX 퀀텀은 고전 컴퓨터와 양자 컴퓨터를 결합하는 하이브리드 컴퓨팅이라는 구상을 물리적으로 구현한 시스템으로, 두 종류의 컴퓨터 간에 발생하는 치명적인 통신 지연 문제를 해결한다. 이스라엘의 양자 컴퓨팅 스타트업인 퀀텀 머신스Quantum Machines와 공동 개발한 이 시스템은 엔비디아의 그레이스 호퍼 슈퍼칩Grace Hopper Superchips과 퀀텀 머신스의 양자 제어 시스템을 하나로 통합한다. 그리고 특수한 연결 방식을 통해 통신 지연 시간을 4마이크로초, 즉 100만 분의 4초 미만으로 단축했다. 기존 시스템에 비해 1,000배 이상 개선된 수치다.

DGX 퀀텀이 달성한 4마이크로초 미만의 통신 지연 시간은 양자 컴퓨팅의 궁극적인 목표인 양자 오류 정정을 가능하게 하는 핵심 열쇠다. 양자 오류 정정은 큐비트의 양자 상태가 무너지기 전에 오류를 측정하고 바로잡는 빠른 피드백이 필수적이다. 기존의 긴 통신 지연 시간은 이러한 과정을 불가능하게 만들었지만, DGX 퀀텀의 초저지연 연결은 강력한 GPU가 오류 정정 과정에 직접 참여할 수 있게 한다. AI 기반의 정교한 알고리즘을 실시간 오류 정정에 활용할 수 있다는 뜻이다. 다시 말해 엔비디아는 오류에 강한 양자 컴퓨터를 만드는 데 필수적인 '신경계'를 제공하여 의미 있는 양자 컴퓨터를 구현하려는 모든 시도에 자사 하드웨어가 꼭 필요하도록 만들어 가고 있다.

또한 DGX 퀀텀의 가치는 유럽에서 가장 빠른 슈퍼컴퓨터를 보유한 율리히 슈퍼컴퓨팅 센터에 설치된 사례를 통해 입증되었다. 이는 양자 컴퓨터가 주요 HPC 센터에 통합된 세계 최초의 사례로, 양자 컴퓨팅이 고립된 실험실 환경에서 벗어나 실제 대규모 컴퓨팅 환경으로 진입했음을 의미한다. 율리히 슈퍼컴퓨팅 센터와의 협력 목표는 큐비트의 성능을 안정적으로 유지하는 보정 작업을 가속화하고, 양자 오류 정정 기술의 성능을 측정하며 대규모 하이브리드 알고리즘을 개발하는 것이다.

마지막으로 엔비디아 조력자 전략의 세 번째 기둥은 미래 기술 육성을 위한 엔비디아 가속 양자 연구센터NVAQC다. 미국 보스턴에 위치한 이 센터(2025년 말 가동 예정)는 엔비디아의 최신 슈퍼컴퓨팅 하드웨어와 퀀텀 머신스·퀀티뉴엄·큐에라 컴퓨팅 같은 산업 파트너들의 QPU, 그리고 하버드대학교나 MIT 같은 학술 기관의 연구 역량을 한데 모은다. 이 센터의 임무는 두 가지다. 첫째, 컴퓨팅·AI·양자 기술이라는 세 가지 핵심 분야의 시너지를 탐구한다. 둘째, 양자 오류 정정과 같은 핵심 난제를 해결하여 실험적인 양자 프로세서를 실용적인 장치로 전환한다.

이 세 기둥은 서로 맞물려 엔비디아의 전략적 우위를 강화한다. 특히 현재처럼 오류가 많고 규모가 작은 시기에는 실제 양자 컴퓨터보다 고전 컴퓨터 기반의 시뮬레이터가 더 강력한 성능을 보이는 경우가 많다. 엔비디아는 큐퀀텀과 GPU를 통해 세계에서 가장 빠른 시뮬레이션 플랫폼을 제공하며 연구 커뮤니티에 즉각적인 가치를 제공한다. 이 전략은 구글과 같은 경쟁사마저 엔비디아의 시뮬레이션 기술에 의존하게 만들고, 전체 생태계가 쿠다큐에 익숙해지도록 하는 일종의 '트로이 목마' 역할을 한다. 그 결과 미래에 실제 양자 하드웨어가 성숙해 시뮬레이션 성능을 능가할 때, 전체 생태계는 이미 엔비디아의 통합 솔루션으로 전환할 준비가 되어 있을 것이다. 엔비디아는 현재 고전 컴퓨팅 시장에서의 지배력을 활용하여 미래 양자 소프트웨어 시장을 선점해 가고 있다.

엔비디아의 전략은 AI, HPC, 양자 컴퓨팅이라는 세 영역이 서로

양자 시대의 숨은 지배자, 엔비디아

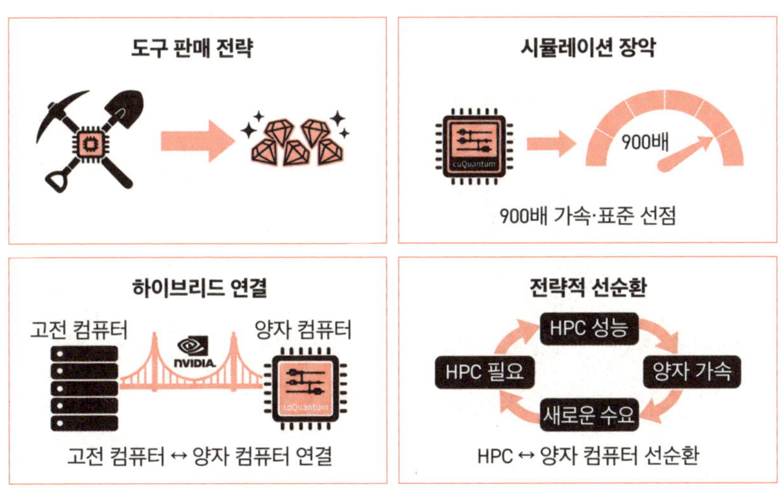

를 강화하며 계속해서 성장하는 선순환 구조를 형성한다. 필자는 이를 '전략적 플라이휠'이라 부른다. 플라이휠은 한번 돌기 시작하면 관성에 의해 계속 힘을 내며 돌아가는 바퀴를 뜻하는 말로, 성장이 또 다른 성장을 이끄는 선순환 효과를 비유한다.

현재 엔비디아의 GPU와 AI 슈퍼컴퓨터는 차세대 QPU 설계와 하이브리드 알고리즘 개발을 가속화하고 있다. 미래에는 오류에 강한 양자 컴퓨터가 재료과학, 신약 개발, 복잡한 최적화 문제 등 고전 컴퓨터로는 해결할 수 없는 문제들을 풀게 될 것이다. 이 양자 시스템들은 독립적으로 작동하지 않고, 더 큰 HPC 센터 안에서 고전 시스템의 제어를 받는 일종의 가속기처럼 기능할 것이다. 결국 더 나은 고전 컴퓨터가 더 빠른 양자 연구개발을 이끌고, 이는 다시 더 강력한 고전 시스템을 필요로 하는 유용한 양자 가속기의 탄생으로 이어져 영구적인 수요 순환을 만들어 낸다.

투자 관점에서 엔비디아의 양자 컴퓨팅 접근법은 아이온큐, 리게티 컴퓨팅, 디 웨이브 퀀텀 같은 순수 양자 컴퓨팅 기업들과 근본적으로 다르다. 이들 기업은 특정 큐비트 기술이나 단기적인 수익 모델에 의존할 수밖에 없다. 반면 엔비디아의 현재 양자 관련 수익은 시뮬레이션용 GPU와 시스템 판매에서 발생하며, 미래 수익은 양자 산업 전체가 필요로 하는 필수 소프트웨어와 하드웨어 판매에서 창출될 것이다. 이는 위험을 양자 컴퓨팅 분야 전체에 걸쳐 분산하는 효과를 낳는다.

물론 위험 요인도 존재한다. 일부 분석가들은 양자 컴퓨팅 같은 새로운 기술이 특정 작업에서 GPU를 낡은 기술로 만들 수 있는 파괴적 혁신의 가능성을 지적한다. 양자 컴퓨터가 기존 암호 체계를 위협하면서 양자내성암호로의 전환이 시급한 과제가 되었고, 엔비디아 역시 이 분야에 적극 대응하고 있다. 또한 더 분산되고 비용 효율적인 모델이 등장하면 엔비디아의 고가 하드웨어 의존도가 위험 요인이 될 수 있다는 분석도 있다. 그러나 엔비디아의 하이브리드 컴퓨팅 전략은 이러한 위험을 정면으로 완화한다. 미래에 어떤 QPU가 특정 계산에서 GPU를 대체하더라도 그 장치는 여전히 엔비디아가 설계한 생태계 안에 통합될 가능성이 높기 때문이다.

결론적으로 엔비디아의 접근법은 인내심을 가지고 장기적으로 내다보는 매우 전략적인 게임이다. 따라서 엔비디아의 핵심 AI 사업에 투자하는 것은 양자 컴퓨팅의 미래에 대한 위험이 상당 부분 제거된 콜옵션을 보유하는 것과 같다. 콜옵션은 미래의 가치 상승에 대한 권리를 미리 확보하는 금융 계약을 말한다. 즉 양자 컴퓨팅이 수조 달러 규모의 산업으로 성장한다면 엔비디아는 그 중심에 서 있을 것이고, 설령 그 시기가 예상보다 늦어지더라도 핵심 사업의 강력한 기반은 흔들리지 않는다.

엔비디아는 현재 컴퓨팅 시대에서의 독보적인 위치를 활용하여 다음 시대의 기반을 구축하며, 가속 컴퓨팅과 양자 컴퓨팅 시대에도 지속적인 지배력을 확보하려 하고 있다. 이 전략은 투자자에게 독보적

으로 매력적이면서도 관리된 위험을 제공한다. 시장을 지배하는 수익
성 높은 선도 기업의 안정성에 기반하여 양자 컴퓨팅 혁명에 참여할
수 있는 기회이기 때문이다.

'제조'라는 경쟁 우위로 도전하는 인텔

인텔의 양자 컴퓨팅 전략은 단기적인 성과 대신 장기적인 승리를 목
표로 한다. 특히 두드러지는 특징은 '큐비트 수 경쟁'에 의도적으로 참
여하지 않는다는 점이다. 여러 경쟁사가 수백 개, 심지어 수천 개의 큐
비트를 탑재한 양자 프로세서를 발표하며 주목받는 동안, 인텔은 큐비
트 수보다 수율과 균일성 같은 근본적인 지표에 초점을 맞춘다. 현재
의 NISQ가 단기적인 상업적 이점을 제공하기 어렵다고 판단하고, 수
십 년간 쌓은 반도체 제조 기술로 FTQC 시대의 기반을 다지며 수백
만 개의 고품질 큐비트를 안정적으로 대량 생산하는 문제를 해결하는
데 집중하고 있는 것이다.

인텔의 양자 컴퓨팅 전략은 세 가지 핵심 요소를 바탕으로 한다.

1. 실리콘 기술에 대한 확신: 기존의 상보성 금속산화물 반도체cmos 제조 공
정과 시너지를 낼 수 있는 실리콘 스핀 큐비트를 핵심 기술로 선택했다. 양
자 컴퓨터의 심장을 세계에서 가장 정교하고 성숙한 제조 기반 위에 올려놓

겠다는 의도다.

2. 통합 시스템 제공: 단순히 큐비트 칩 하나만 개발하는 차원이 아니다. 큐비트 칩이 양자 정보를 담는 가장 기초적인 핵심 소자라면, 큐비트 프로세서는 이 칩이 외부와 신호를 주고받으며 실제로 연산을 수행할 수 있도록 제어 회로와 인터페이스를 갖춘 완성된 연산 장치다. 인텔은 절대영도에 가까운 극저온 환경에서도 오작동 없이 정밀하게 작동하는 제어 장치까지 포함해 양자 컴퓨터의 전체 하드웨어 시스템을 직접 설계한다. 이는 개별 부품의 성능 수치보다 하드웨어 전체가 유기적으로 결합했을 때의 안정성을 확보하고, 향후 시스템의 규모를 키워도 무리가 없도록 확장성을 고려하는 거시적 접근 방식이다.

3. 생태계 구축: 자사 하드웨어가 완성될 때를 대비해 이를 활용할 연구 및 개발자 공동체를 미리 육성하며, 기술 발전 속도를 높이고 시장 성공 가능성을 동시에 확보하려 한다.

먼저 실리콘 스핀 큐비트는 인텔의 가장 큰 장점인 반도체 제조 역량을 극대화하기 위한 전략적 결정이다. 앞서 말했듯이 IBM과 구글의 초전도 큐비트는 연산 속도가 빠르지만 외부 잡음에 매우 민감하고 결맞음 시간이 짧다. 또한 큐비트 수가 늘어날수록 배선과 수율 문제가 발생한다. 아이온큐와 퀀티뉴엄의 이온 트랩 방식은 품질과 결맞음 시간이 우수하지만 레이저를 이용한 연산 속도가 초전도 큐비트 방식보다 수천 배 느리고 규모를 확장하기가 어렵다. 반면 인텔의 실리콘 스핀 큐비트는 반도체의 확장성과 속도, 원자 시스템 수준의 결맞음 시간을 동시에 추구한다.

실리콘 스핀 큐비트는 현대 반도체의 기본 단위인 트랜지스터와 구조가 매우 비슷하다. 큐비트 정보는 실리콘 칩 위에 전기장으로 만든 미세한 우리, 즉 '양자점' 안에 갇힌 단일 전자의 '스핀' 상태에 저장된다. 스핀은 전자가 가진 양자적 특성으로, 위 또는 아래 방향을 가리키는 작은 자석에 비유할 수 있다. 더 나아가 인텔은 동위원소인 실리콘-28로 정제된 기판을 사용하여 전자의 스핀 상태를 방해하는 주변 잡음을 원천적으로 제거하고 결맞음 시간을 극대화하고 있다.

이러한 전략적 선택은 양자 컴퓨팅 문제를 물리학 영역에서 산업공학 영역으로 전환시킨다. 이온 트랩이 정교한 레이저와 진공 장비에 의존하고 초전도 시스템이 미세한 결함에도 민감한 부품을 섬세하게 제작해야 하는 '공예'라면, 인텔은 다르다. 인텔은 수십억 개의 트랜지스터를 만들 때 사용하는 산업 도구로 '충분히 좋은' 큐비트를 수백만 개 단위로 대량 생산하는 공정을 개발하고 있다. 이는 과거 인텔이 전통적인 컴퓨터 시장을 지배했던 방식과 같으며 통계적 공정 관리와 수율 최적화 등 현대 반도체 산업의 모든 무기를 양자 컴퓨팅 문제에 적용할 수 있음을 의미한다.

또한 인텔은 이러한 선택을 통해 '제조'라는 강력한 경쟁 우위를 두 가지 측면에서 확보했다. 첫째, 압도적인 확장성과 집적도다. 실리콘 스핀 큐비트는 크기가 수십 나노미터에 불과해 수백 마이크로미터 크기인 초전도 큐비트보다 이론적으로 100만 배가량 작다. 덕분에 단일 칩 위에 수백만 개의 큐비트를 집적할 수 있는 잠재력을 지닌다.

둘째, 균일성과 수율이다. 오류를 보정하는 양자 컴퓨터를 만들려면 수백만 개의 큐비트가 거의 동일한 물리적 특성을 가져야 한다. 인텔은 12큐비트 프로세서인 터널 폴스Tunnel Falls로 300mm 웨이퍼 전체에서 95%라는 높은 수율과 기존 반도체 공정 수준의 전압 균일성을 달성했다고 발표했다. 다른 기술은 큐비트가 적은 양자 프로세서에서 조차 큐비트 간 편차로 어려움을 겪지만, 이 기술은 비교할 수 없는 제조 안정성을 자랑한다.

셋째, 비용 효율성이다. 수십 년간 막대한 자금을 투자해 완성한 인텔의 300mm 반도체 제조 공정을 양자 칩 생산에 활용할 수 있다. 새로운 생산 시설을 만들어야 하는 경쟁사보다 양자 칩 생산 비용을 크게 낮출 수 있다.

한편 인텔은 양자 오류 정정에 필요한 세 가지를 강화하는 방향으로 내결함성에 나아가고 있다. 첫째는 '큐비트 품질'이다. 큐비트가 정보를 유지하는 시간을 늘리고 연산 정확도를 높이는 것을 의미한다. 인텔은 이미 단일 큐비트 연산에서 약 99.9%의 정확도를 달성했다. 하지만 실용적인 양자 오류 정정을 위해서는 더 높은 수준이 필요하다. 특히 두 큐비트를 연동하는 연산의 정확도를 99.9% 이상으로 안정적으로 달성하는 것이 다음 과제다.

둘째는 앞서 강조한 '균일성'이다. 인텔의 제조 공정은 양자 오류 정정에 필요한 수백만 개의 거의 동일한 큐비트를 생산할 수 있는 유일하고 현실적인 길을 제공한다.

셋째는 '확장 가능한 제어'다. 이는 호스 리지Horse Ridge와 판도 트리Pando tree 같은 극저온 제어 장치를 통해 해결되고 있다(이 둘에 대해서는 바로 이어서 설명하겠다).

인텔의 전략은 우수한 큐비트를 만드는 데서 그치지 않는다. 양자 컴퓨터의 모든 핵심 구성 요소를 아우르는 통합된 하드웨어 생태계를 구축하고 있으며, 이는 장기적 확장성을 염두에 둔 체계적 접근법이다.

이 생태계의 중심에는 12큐비트 프로세서인 터널 폴스가 있다. 12큐비트라는 숫자는 경쟁사들에 비해 적어 보일 수 있지만, 이 프로세서의 진정한 의미는 큐비트 수에 있지 않다. 터널 폴스는 QPU가 인텔의 최첨단 산업용 반도체 제조 라인에서 높은 수율로 생산될 수 있음을 증명한 핵심 자산이다. 앞서 언급한 95%의 웨이퍼 수율과 균일성은 실험실 수준의 기술을 산업적 규모로 전환할 수 있다는 강력한 신호다. 또한 인텔은 이 프로세서를 외부 연구 기관에 제공하기로 결정했다. 실리콘 플랫폼의 잠재력을 외부에서 검증받고, 학계와 산업계 전반에 걸쳐 실리콘 스핀 큐비트 기술에 대한 공감대를 형성하려는 것이다.

통합 시스템 전략의 또 다른 핵심은 양자 컴퓨팅의 가장 큰 골칫

인텔의 호스 리지: 양자 컴퓨터 제어 칩의 혁신

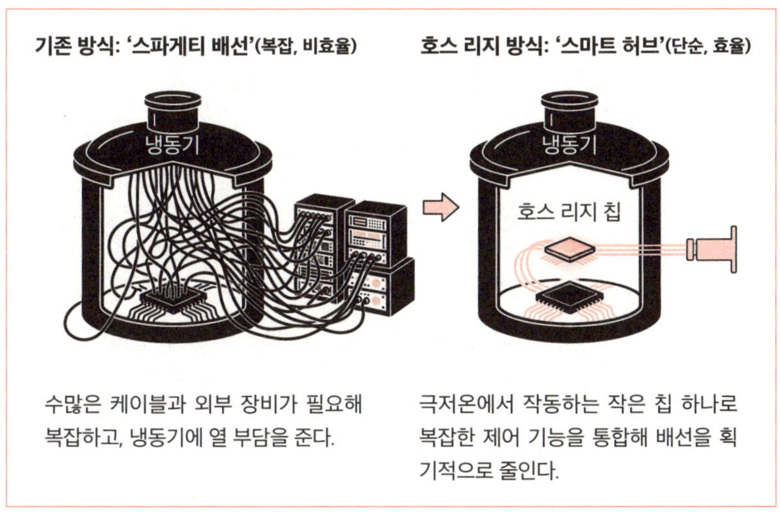

호스 리지는 양자 컴퓨터의 복잡한 제어 시스템을 극저온 냉동기 내부에 위치한 작은 칩 하나로 통합한다. 마치 여러 가닥의 스파게티 배선을 깔끔한 스마트 허브로 정리하듯, 시스템을 단순화하고 확장성을 높이는 핵심 기술이다.

거리인 '배선 병목 현상'을 해결하는 것이다. 현재 양자 시스템에서는 극저온 냉각기 내부에 있는 각각의 큐비트를 제어하기 위해 상온의 전자 장비로부터 여러 가닥의 케이블을 연결해야 한다. 수십 개 큐비트 수준에서는 가능하지만 100만 큐비트 시스템만 되어도 수백만 개의 제어선이 필요하다. 현재로서는 공간·열·비용 문제로 이렇게 많은 케이블을 냉각기 안에 집어넣기가 물리적으로 불가능하다.

인텔의 해답은 제어 장치를 큐비트와 함께 극저온 환경으로 옮기는 것이다. 이를 위해 개발한 것이 호스 리지라는 이름의 극저온 제어 칩이다. 호스 리지는 상온의 제어 장치와 냉각기 속 큐비트 사이를 연결하는 수천 가닥의 복잡한 배선 문제를 해결하기 위해 탄생했다. 인텔의 22나노 공정으로 제작된 이 칩은 -269℃에 가까운 초저온 환경에서 큐비트와 함께 동작하도록 설계되었다. 이 칩 하나가 여러 큐비트를 제어할 수 있어 냉각기 안팎을 연결하는 케이블 수를 획기적으로 줄인다.

2세대 칩인 호스 리지 2Horse Ridge2는 큐비트 상태 판독과 같은 핵심 기능까지 통합하여 양자 컴퓨터의 두뇌(제어부)를 근육(큐비트) 바로 옆에 배치하는 혁신을 이루었다. 여기서 더 나아가 판도 트리 칩은 큐비트 칩 바로 옆의 더 낮은 온도에서 작동하도록 설계되었고, 호스 리지에서 오는 제어 신호를 받아 여러 큐비트에 나누어 전달한다. 이러한 계층적 제어 구조는 수천 개의 외부 배선을 단 몇 개의 데이터 선으로 대체하는 제어 방식의 근본적인 전환이며, 큐비트 수가 늘어날 때 제어 배선이 이전보다 훨씬 완만하게 증가하도록 해준다.

인텔이 극저온 제어 칩 개발에 막대한 자원을 투자한다는 사실 자체가 수백만 큐비트 시스템을 진지하게 목표로 삼고 있음을 보여주는 가장 확실한 증거다. 1,000개 수준의 큐비트를 가진 컴퓨터가 목표라면 이렇게 복잡하고 어려운 제어 문제를 해결하는 데 매달릴 필요가 없다. 기존 방식으로도 수천 개의 제어선을 연결하는 것은 복잡하지만 불가능하지는 않기 때문이다. 그러나 인텔은 미래의 장벽을 수년 전에 예측하고 호스 리지와 판도 트리를 준비해 왔다. 다시 말해 터널 폴스, 호스 리지, 판도 트리의 조합은 인텔이 QPU뿐 아니라 확장 가능한 양자 컴퓨팅 통합 시스템을 설계하고 있음을 명확히 보여준다.

또한 인텔은 뛰어난 성능의 하드웨어만으로는 양자 시대의 주도권을 잡을 수 없다는 점을 명확히 인지하고 있다. 이에 따라 자사의 양자 컴퓨터 하드웨어를 중심으로 수많은 개발자와 연구자가 모여드는 거대한 기술 생태계를 조성하는 데 힘을 쏟고 있다. 이러한 전략의 핵심에는 '인텔 퀀텀 소프트웨어 개발 키트'가 자리하고 있다.

인텔의 소프트웨어 전략에서 특히 주목해야 할 부분은 C++ 언어와 LLVM 기반의 컴파일러를 선택했다는 점이다. 여기서 LLVM은 특정 컴파일러가 아니라 컴파일러를 더욱 효율적으로 만들도록 돕는 개발 도구 모음, 즉 프레임워크framework다. LLVM은 다양한 프로그래밍 언어나 컴퓨터 하드웨어 구조에 맞춰 컴파일러의 각 부분을 레고 블록처럼 유연하게 조합하고 확장할 수 있게 해준다. 이러한 장점 덕분에 LLVM은 오늘날 업계 표준 기술로 널리 인정받고 있다.

이러한 접근 방식은 데이터 과학자들이 주로 사용하는 파이썬 언어 기반의 키스킷과는 뚜렷한 차이를 보인다. 인텔은 데이터 과학자 그룹을 넘어, 전 세계에 폭넓게 분포한 HPC 분야의 C++ 개발자들을 자사 생태계로 끌어들이려고 한다. 이 전략의 핵심은 C++에 익숙한 수많은 개발자가 새로운 언어를 배우지 않고도 양자 컴퓨팅 기술에 쉽게 접근할 수 있도록 진입 장벽을 낮추는 데 있다. 궁극적으로 기존의 HPC 작업 흐름에 양자 컴퓨터를 활용한 연산을 자연스러운 단계로 통합하여 양자 컴퓨팅 기술의 대중화를 앞당기려고 한다.

인텔의 파트너십 또한 생태계 구축 전략의 핵심이다. 네덜란드의 양자 기술 연구소인 큐텍QuTech과의 협력은 인텔 양자 프로그램의 초석이 되었으며, 이 파트너십을 통해 인텔은 깊이 있는 양자물리학 전문 지식을 확보할 수 있었다. 또한 2023년 6월에는 미국 메릴랜드대학교 칼리지 파크 큐비트 공동 연구소LQC의 물리 과학 연구소LPS와 협력한다고 밝혔다. 이를 통해 인텔은 터널 폴스 큐비트 프로세서를 샌디아 국립연구소, 로체스터대학교 등 미국의 주요 대학 및 국립 연구소에 배포하고 있다. 연구개발의 일부를 외부 기관에 맡기는 동시에 학계가 인텔의 하드웨어 플랫폼을 객관적으로 검증하게 만드는 영리한 전략이다.

더 나아가 이 전략은 차세대 양자 엔지니어들이 학위 과정에서부터 인텔의 기술에 익숙해지도록 훈련시키는 효과를 낳는다. 일본 산업기술종합연구소와의 협력도 인텔의 제조 중심 전략이 전 세계적으로 공감대를 형성하며 확장되고 있음을 보여준다.

현재 양자 컴퓨팅 분야의 가장 큰 어려움 중 하나는 하드웨어뿐 아니라 이를 활용할 인재와 응용 프로그램이 부족하다는 것이다. 인텔은 자사 생태계를 전략적으로 활용해 큐비트 칩을 자체 제작할 여력이 없는 연구자들에게 최첨단 하드웨어를 제공함으로써 강력한 충성도를 확보한다. 동시에 성능에 민감한 C++ 개발자라는 거대한 인재

풀을 공략하여 자사의 하드웨어와 연결된 독자적 생태계를 구축하는 것을 목표로 한다. 하드웨어 제조에서 경쟁사를 앞서는 것을 넘어, 양자 컴퓨터 실용화에 필수적인 인적 자원과 소프트웨어 생태계에서 장기적 우위를 점하려는 원대한 계획이다.

투자자 관점에서 인텔의 양자 컴퓨팅 사업은 높은 확신을 바탕으로 한 고위험 고수익 투자 기회라고 할 수 있다. 인텔의 성공은 특정 양자 알고리즘이나 단기적인 활용 분야에 달려 있지 않다. 대신 양자 컴퓨팅 경쟁의 최종 승자는 수백만 개의 균일하고 안정적인 큐비트를 경제적으로 생산할 수 있는 기업이 될 것이라는 가설에 기반한다. 인텔은 대규모 생산 문제를 자사가 세계에서 가장 잘 해결할 수 있다고 믿는다. 실제로 기존 반도체 시설로 수백만 개의 큐비트를 대량 생산할 수 있는 능력은 어떤 경쟁자도 쉽게 따라올 수 없는 비용과 규모의 우위를 만든다.

하지만 기술 실행이라는 큰 위험 요인이 존재한다. 제조를 통한 확장이라는 전략은 논리적이지만, 실리콘 스핀 큐비트 기술은 다른 방식에 비해 아직 성숙도가 낮다. 인텔이 양자 오류 정정에 필요한 큐비트 연산 정확도를 달성하고, 큐비트 간 간섭을 효과적으로 제어할 수 있을지가 관건이다. 인텔의 실리콘 플랫폼이 완성되기 전에 경쟁사가 다른 방식으로 내결함성 양자 컴퓨터를 먼저 구현할 가능성도 있다.

인텔은 자사가 단기적으로 경쟁에 뒤처질 위험을 감수하면서도 상업적으로 의미 있는 문제를 해결할 수 있는 내결함성 양자 컴퓨터로 잘 걸어가고 있다고 믿는다. 인텔의 양자 컴퓨팅 투자에는 산업적 규모의 반도체 제조 기술이 결국 양자 컴퓨팅의 승패를 가를 것이라는 믿음이 있다. 양자 컴퓨터 구현에 있어 순수한 물리적 발견보다 그것을 경제적이고 안정적으로 만들어 내는 공학의 힘이 더 중요하다는 데 승부수를 거는 것이다. 만약 인텔의 전략이 성공한다면 파급 효과는 상상을 초월하여 인텔은 시장 선두주자를 넘어 시장 그 자체가 될 수 있다.

인텔은 큐비트 수나 구체적인 일정에 대해 과도한 약속을 하지 않음으로써 투자자들의 기대를 효과적으로 관리하고 엔지니어들이 대외 홍보용 성과를 쫓는 대신 근본적인 문제 해결에 집중할 수 있는 환경을 조성한다. 양자 컴퓨팅은 인텔에게 당장의 주요 수익원이 아닌 장기적인 연구개발 과제다. 따라서 단기적인 재무 압박에서 자유로우며, 기술적으로 매우 어렵고 위험 부담이 큰 길을 꾸준히 추구할 수 있다.

인텔의 이러한 신중한 행보는 투자자에게 단기 성과가 더디더라도 올바른 문제를 해결하겠다는 확고한 의지가 있다는 신호로 해석될 수 있다. 장기적인 안목을 가진 투자자에게 인텔은 양자 컴퓨팅 분야에서 가장 설득력 있고 차별화된 선택지를 제시한다. 명확하고, 방어 가능하며, 세상을 바꿀 잠재력을 가진 거인의 인내심에 투자하라는 것이다.

결론적으로 세 기업은 각기 다른 방식으로 양자 컴퓨팅의 미래를 그려가고 있다. 퀀티뉴엄은 최고 품질의 하드웨어와 소프트웨어를 수직 통합하여 특정 문제에 대한 완전한 해결책을 제공하는 '완성형' 전략을 추구한다. 엔비디아는 특정 기술에 얽매이지 않고 모든 양자 컴퓨터가 필요로 하는 소프트웨어와 하이브리드 시스템을 제공하는 '조력자' 전략을 택했다. 마지막으로 인텔은 압도적인 반도체 제조 능력을 바탕으로 양자 컴퓨터의 대량 생산 시대를 열어 시장을 장악하려는 '마라톤' 전략을 고수한다. 투자자의 선택은 어떤 미래가 먼저 현실이 될지에 대한 통찰력과 위험 감수 능력에 달려 있다.

제4부

종합적 전략 분석 및 미래 전망

제10장

비교 투자를 위한
'퀀텀 투자 매트릭스'

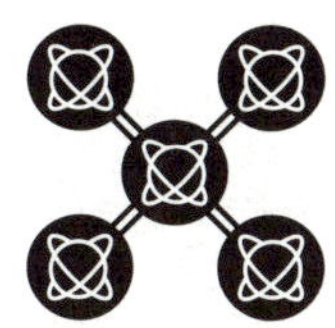

이전 장들에서는 양자 컴퓨팅 분야의 개별 기업들을 상세히 분석했다. 이제 한 걸음 더 나아가 시장 전체를 아우르는 종합적 시각으로 투자 전략을 살펴볼 차례다. 현재 양자 컴퓨팅 시장은 결함 없이 작동하는 컴퓨터라는 결승선이 아직 아득히 먼 경주와 같다. 각 기업은 저마다 다른 기술과 전략으로 경쟁에 참여하고 있어 투자자에게는 더욱 신중한 접근이 요구된다. 초기 단계에 있는 이 시장에서 투자자가 마주하는 가장 중요한 과제는 과학적 가능성과 실제 투자 대상을 명확히 구분하는 것이다.

이러한 상황에서 성공적인 투자를 위해서는 각 기업을 체계적으로 비교하고 평가할 수 있는 분석 틀이 필요하다. 이를 위해 이어지는 내용에서는 네 가지 핵심 요소를 기반으로 설계한 '퀀텀 투자 매트릭스'를 제시한다. 네 가지 핵심 요소는 각각 기술적 실행 가능성과 확장성, 상업적 성과와 사업 모델, 재무 및 실행의 위험성, 생태계와 전략적 경쟁력이다.

퀀텀 투자 매트릭스는 단순히 항목을 나열한 점검표가 아니라 각 기업의 강점과 약점, 기회와 위협 요인을 입체적으로 평가하기 위한 도구다. 투자자는 이 분석 틀을 통해 복잡하고 때로는 불투명해 보이는 양자 컴퓨팅 시장을 합리적으로 분석하고, 기업들이 내세우는 화려한 홍보 문구 너머에 있는 본질적인 가치를 파악할 수 있을 것이다.

기술적 실행 가능성과 확장성

첫 번째 핵심 요소는 기업이 채택한 기술의 과학적·공학적 역량을 평가한다. 큐비트 수를 넘어, 장기적 성공을 결정할 질적 측면을 정밀하게 분석하는 데 중점을 둔다. 주요 평가 지표는 큐비트 구현 방식과 품질이다. 현재 시장에서는 초전도 큐비트, 이온 트랩, 포토닉스, 양자 어닐링 등 다양한 방식이 경쟁하고 있다. 투자자는 각 방식의 장단점과 그것이 투자 위험과 어떻게 연결되는지 비교 분석해야 한다.

게이트 충실도, 결맞음 시간, 연결성 같은 지표들은 기술 완성도를 판단하는 핵심 기준이다. 게이트 충실도는 양자 연산의 정확도를, 결맞음 시간은 양자 상태의 안정성을 나타낸다. 예를 들어 게이트 충실도가 높을수록 양자 이점에 빨리 도달하며, 이는 직접적인 사업 가치로 이어진다. 그러나 가장 중요한 변수는 확장 계획의 신뢰성이다. 현재 양자 컴퓨터는 주변 환경의 간섭에 취약하여 NISQ 수준에 머물러 있다. 이 단계에서 오류를 스스로 보정하는 미래 컴퓨터로 나아가려는 각 기업의 계획이 얼마나 현실적인지가 투자의 성패를 가른다.

초전도 칩에서 발생하는 배선 문제나 이온 트랩 방식에 필요한 정밀한 레이저 제어 기술처럼, 각 방식이 마주한 구체적인 공학적 어려움도 파악해야 한다. 이에 대한 기업의 해결책이나 연구 방향을 평가하는 것이 중요하며, 각 기술이 양자 오류 정정 코드를 구현하기에 얼마나 적합한지도 FTQC 실현 시기를 가늠하는 중요한 잣대다.

다만 이 지점에서 시장이 종종 놓치는 부분이 드러난다. 시장은 큐비트 수 같은 단순한 지표에만 주목한다. 하지만 양자 컴퓨팅의 궁극적인 목표는 물리 큐비트 수를 늘리는 것이 아니라 오류가 보정된 논리 큐비트를 더 많이 확보하는 것이다. 논리 큐비트 하나를 구현하려면 수많은 물리 큐비트가 필요하며 배선, 냉각, 레이저 제어 같은 막대한 공학적 과제를 극복해야 한다.

따라서 현명한 투자자는 홍보용 수치가 아닌 공학적 구조를 분석해야 한다. 투자의 질문을 "지금 누가 큐비트를 가장 많이 보유했는가?"에서 "어느 기업의 기술이 수백만 개의 물리 큐비트로 확장할 때 가장 관리하기 용이한가?"로 바꿔야 한다. 예를 들어 단순히 잡음 많은 큐비트 수를 늘리는 기업보다 적더라도 고품질 큐비트를 기반으로 명확한 확장 계획을 제시하는 기업이 장기적으로 더 나은 투자 대상이 될 수 있다.

상업적 성과와 사업 모델

뛰어난 기술만으로는 성공적인 기업을 만들 수 없다. 두 번째 핵심 요소는 기업이 양자 컴퓨팅 기술을 시장에 내놓고 수익을 창출하는 전략과 실행력을 평가한다.

핵심 평가 항목은 시장 진출 전략이다. 클라우드를 통해 양자 컴퓨팅 서비스를 제공하는 데 집중하는 순수 양자 컴퓨팅 기업, 특정 문제 해결에 특화된 기술 공급업체, 하드웨어부터 소프트웨어까지 통합된 생태계를 구축하는 빅테크 기업의 사업 모델을 직접 비교해야 한다. 특히 아마존 웹 서비스의 아마존 브라켓이나 마이크로소프트의 애저 퀀텀 같은 주요 클라우드 플랫폼과의 통합 수준은 시장 접근성을 보여주는 중요한 지표다. 주요 플랫폼 모두에 서비스를 제공하는 회사는 상당한 유통 우위를 차지하고 있다고 볼 수 있다.

고객과의 협력 관계가 어떤 성격을 띠는지도 면밀히 검토해야 한다. 단순한 학술 연구 협력이나 마케팅용 개념 증명 프로젝트와 실제 사업 문제를 해결하여 지속적인 수익으로 이어지는 계약 사이에는 분명한 차이가 있다.

현재 NISQ 시대의 양자 컴퓨터는 기존 컴퓨터보다 상업적으로 가치 있는 문제를 더 잘 해결하지 못한다. 즉 양자 이점은 아직 광범위하게 실현되지 않았으며, 현재 발생하는 서비스 매출은 대부분 실험적 수준에 머물러 있다. 따라서 각 기업의 상업적 성공은 직접적인 매출액보다 생태계 구축 능력과 자사 기술에 적합한 시장 문제를 찾아내는 데 더 큰 의미가 있다.

그렇다면 현시점에서 상업 활동의 진정한 목표는 무엇일까? 바로 고객사가 자사 플랫폼에 익숙해지도록 사용자 커뮤니티를 구축하는 것이다. 훗날 양자 이점이 현실화되면 이 사용자들은 자연스럽게 익숙한 플랫폼을 선택할 것이기 때문이다. 즉 현재 계약 실적보다 활성 개발자 수, 소프트웨어 개발 키트의 완성도, 산업 파트너십의 깊이 같은 지표가 미래 시장 점유율을 더 정확히 예측하는 선행 지표다.

재무 및 실행의 위험성

세 번째 핵심 요소는 기업의 운영 및 재무적 안정성에 관한 것이다. 즉 상당한 수익이 발생하기 전까지 닥칠지 모르는 퀀텀 윈터를 버텨낼 수 있는 능력을 평가한다. 주요 분석 대상은 재무적 활주로다. 기업이 보유한 현금을 분기별 현금 소진 속도로 나눈 값으로, 외부 자금 조달 없이 얼마나 오래 운영할 수 있는지를 보여주는 실질적인 척도다.

자금 조달 방식 또한 중요하다. 벤처 캐피털이나 기업인수목적회사SPAC를 통해 자금을 조달한 순수 양자 컴퓨팅 기업은 막대한 연구개발 예산을 가지고 있는 빅테크 기업과는 다른 환경에 놓인다. 특히 위험 수준과 단기 성과에 대한 압박 강도에서 큰 차이를 보인다. 마지막으로 경영진의 과거 성과에 대한 정성적인 평가가 필요하다. 특히 기술을 연구실 단계에서 시장에 성공적으로 안착시킨 경험이 있는지가 핵심이다.

기업인수목적회사를 통한 상장은 순수 양자 컴퓨팅 기업들에게 구조적 모순을 안겨주었다. 기업 운영에 필요한 막대한 자본을 제공했지만, 동시에 분기별 실적 발표라는 끊임없는 시장의 감시 아래 놓이게 했다. 이러한 환경은 진정한 기술적 돌파구에 필요한 장기 연구보다 시장에 보여주기 좋은 단기 성과에 집중하도록 유도할 수 있다. 이 때문에 경영진의 관심이 월스트리트의 기대를 맞추는 것과 물리학·공학의 거대한 난제를 해결하는 것 사이에서 분산되는 '실행의 위험성'을 낳는다. 이러한 모순을 관리하는 능력은 매우 중요한 무형 자산이다. 투자자는 이 같은 구조적 위험을 줄이는 핵심 요소로서 경영진의 소통 방식과 전략적 원칙을 비판적으로 평가해야 한다.

생태계와 전략적 경쟁력

마지막 네 번째 핵심 요소는 핵심 기술을 넘어, 경쟁자들이 쉽게 따라올 수 없는 방어적 경쟁 우위를 평가한다. 주요 평가 항목은 기업이 보유한 지식재산 포트폴리오의 깊이와 넓이다. 컴파일러부터 사용자를 위한 응용 프로그램 라이브러리까지 전체 소프트웨어 기술의 성숙도도 중요하다. 금융, 제약, 자동차 등 주요 산업의 선두 기업이나 국립 연구소, 학술 기관과의 깊이 있는 전략적 제휴는 강력한 네트워크 효과를 창출하고 기업의 기술을 핵심 시장에 깊숙이 뿌리내리게 한다. 때로는 사용하기 어려운 우수한 하드웨어보다 '그럭저럭 쓸 만한' 하드웨어라도 뛰어난 소프트웨어 경험을 제공하는 쪽이 더 가치 있을 수 있다.

양자 컴퓨팅 경쟁의 궁극적인 승자는 최고의 큐비트를 가진 회사가 아니라 '양자 개발 생태계'를 통제하는 회사가 될 수 있다. 이는 과거 개인용 컴퓨터 혁명 당시, 인텔 같은 칩 제조사뿐 아니라 마이크로소프트의 윈도우 같은 플랫폼 소유주와 응용 프로그램 개발자에게 막대한 부가 축적된 것과 유사하다. 양자 컴퓨터는 본질적으로 개발자와 과학자를 위한 도구이며, 도구의 가치는 사용 편의성과 그것으로 무엇을 만들 수 있는지에 따라 결정된다.

구글, IBM, 마이크로소프트와 같은 빅테크 기업들은 이 전략을 깊이 이해하고 있다. 이들은 기존 클라우드 및 개발자 생태계를 활용하여 순수 양자 컴퓨팅 기업들이 넘어서기 어려운 강력한 초기 경쟁력을 구축하고 있다. 키스킷, 서크와 같은 풍부한 기능의 소프트웨어 개발 키트와 교육 자료를 제공하고 기존 클라우드 서비스에 양자 컴퓨팅 접근성을 완벽하게 통합하는 방식으로 플랫폼 구축 전문성을 양자 컴퓨팅 분야에 적용한다. 이는 개발자나 기업이 특정 플랫폼에서 학습하고 개발하면 다른 플랫폼으로 옮기기 어려워지는 높은 전환 비용을 발생시킨다. 결과적으로 순수 양자 컴퓨팅 기업은 뛰어난 하드웨어를 개발해도 기존 생태계에서 사용자를 확보해야 하는 힘겨운 싸움에 직면하게 된다. 이러한 이유로 '생태계 확보'는 결정적인 전략적 우위가 된다.

주요 기업 비교 평가

앞서 설명한 네 가지 핵심 요소를 바탕으로 시장의 주요 기업들을 비교해 보면 다음과 같다. 이처럼 특정 기업의 주장에 매몰되지 않고, 핵심 지표에 따라 경쟁사들과 객관적으로 비교하며 균형 잡힌 시각을 기르는 것이 중요하다.

- **기술적 실행 가능성과 확장성:** 큐비트 구현 방식은 기업마다 다르다. 아이온큐와 퀀티뉴엄은 이온 트랩 방식을, 리게티 컴퓨팅·구글·IBM은 초전도 큐비트 방식을, 디 웨이브 퀀텀은 양자 어닐링 방식을 채택했다. 확장성

면에서 아이온큐는 모듈식 구조로 선도적 비전을 제시하고, IBM은 명확한 로드맵을 갖추고 있다. 구글은 막대한 연구개발 투자로 이 분야를 이끌고 있다. 기술 성숙도 면에서는 IBM이 NISQ 단계에서 가장 앞서 있으며, 퀀티뉴엄은 큐비트 품질에서 두각을 보인다.

- **상업적 성과와 사업 모델:** 아이온큐와 리게티 컴퓨팅은 QCaaS에 집중하는 순수 양자 컴퓨팅 기업이다. 반면 구글과 IBM은 서비스 제공과 함께 강력한 개발자 생태계를 구축하고 있다. 퀀티뉴엄은 하드웨어부터 소프트웨어까지 아우르는 통합 사업 모델을 추구한다. 클라우드 통합 면에서 아이온큐는 아마존, 마이크로소프트, 구글 등 3대 플랫폼 모두에 진출하며 선도적 위치를 차지했다. 개발자 생태계 면에서는 구글의 서크와 IBM의 키스킷이 가장 강력하다. 엔비디아는 기존의 쿠다 플랫폼을 양자 컴퓨팅과 통합한 쿠다큐로 빠르게 영향력을 넓히고 있다.

- **재무 및 실행의 위험성:** 자금 확보 능력에서 기업 간 차이가 크게 나타난다. 구글, IBM, 퀀티뉴엄, 엔비디아 같은 대기업들은 막대한 자본을 바탕으로 안정적인 운영이 가능하다. 반면 기업인수목적회사를 통해 상장한 아이온큐, 리게티 컴퓨팅, 디 웨이브 퀀텀은 자금 확보의 불확실성이 상대적으로 크다. 이는 경영진이 단기 성과에 대한 압박을 더 많이 받을 수 있음을 의미한다.

- **생태계와 전략적 경쟁력:** 구글과 IBM은 방대한 지식재산 포트폴리오, 혁신적인 소프트웨어 기술, 강력한 브랜드를 바탕으로 생태계를 지배하며 강력한 경쟁력을 구축했다. 또한 퀀티뉴엄은 하드웨어와 소프트웨어의

수직 통합 전략을, 엔비디아는 기존 플랫폼의 압도적인 지배력을 양자 컴퓨팅 분야로 확장하는 전략을 택했다. 순수 양자 컴퓨팅 기업인 아이온큐는 기술적 우위로 경쟁력을 확보하려 한다.

투자의 딜레마 분석

여기서 소개한 퀀텀 투자 매트릭스라는 분석 틀을 활용하면 투자자가 마주한 핵심 전략 선택지를 명확히 이해할 수 있다. 이는 단 하나의 '최고의 주식'을 찾는 과정이 아니라, 여러 선택지의 장단점을 파악하는 과정이다. 다만 두 가지 주요 딜레마가 존재한다.

첫 번째 딜레마는 순수 양자 컴퓨팅 기업에 대한 고위험 고수익 투자와 빅테크 기업에 대한 생태계 투자 사이의 선택이다. 먼저 아이온큐나 리게티 컴퓨팅 같은 순수 양자 컴퓨팅 기업에 대한 투자는 벤처 캐피털 방식으로 볼 수 있다. 이들이 핵심 기술 공급자로 성공한다면 잠재적 수익은 기하급수적일 수 있다. 그러나 기술적 장벽, 불확실한 시장 성숙기, 빅테크 기업과의 치열한 경쟁으로 인해 투자금 전액을 잃을 위험도 상당하다. 퀀텀 투자 매트릭스에 따르면 이들은 특정 기술에서는 강점을 가지지만, 재무 안정성과 생태계 통제력에서는 약점을 보인다.

반면 구글이나 IBM과 같은 기존 강자에 투자하는 것은 양자 컴퓨팅 분야 전체의 성장에 대해 훨씬 낮은 위험으로 참여하는 것이다. 예를 들어 구글에 대한 투자는 양자 하드웨어 기술뿐 아니라 양자 클라우드, 소프트웨어, AI 통합 플랫폼을 지배할 능력에 투자하는 것이다. 설령 자체 하드웨어 개발이 실패해도 회사 전체에 미치는 영향은 미미하다.

퀀텀 투자 매트릭스에 따르면 기존 강자들은 특정 하드웨어 기술이 현재 결정적으로 우월하지 않더라도 상업화, 재무, 생태계 측면에서 압도적 강점을 가지고 있다. 결론적으로 순수 양자 컴퓨팅 기업과 기존 강자 중에 선택하는 것은 어떤 기술이 이길지 예측하는 문제가 아니라, 투자 포트폴리오 구성과 위험 관리의 문제다.

두 번째 딜레마는 특정 하드웨어 기술에 직접 투자할지, 아니면

기존 강자와 순수 양자 컴퓨팅 기업 비교

비교 영역	기존 강자	순수 양자 컴퓨팅 기업
핵심 역량	• 광범위한 기술 포트폴리오 • 클라우드 인프라 보유 • 대규모 R&D 예산	• 특정 기술에 집중 • 빠른 의사결정 • 혁신적 기술 방식
시장 전략	• 생태계 구축 • 다양한 기술 통합 • 기존 고객 레버리지	• 틈새시장 공략 • 기술 우수성 입증 • 얼리어답터 공략
재무적 안정성	높음 (다양한 수익원, 대규모 현금 보유)	낮음 (지속적 자금 조달 필요, 고위험)
경쟁 우위	인프라, 유통 채널, 브랜드 인지도, 고객 기반, 개발자 생태계	특정 분야 전문성, 혁신 속도, 기술적 독창성, 집중도

그 기술을 가능하게 하는 주변의 지원 기술에 투자할지의 문제다. 금광 채굴 경쟁에서 특정 광부에게 투자하는 대신, 모든 광부에게 필요한 곡괭이와 삽을 파는 회사에 투자하는 것과 같다. '경주마'에 해당하는 순수 양자 컴퓨팅 기업에 대한 투자는 이온 트랩이나 초전도 큐비트 같은 특정 큐비트 방식이 최종 승자가 되리라고 예측하는 것이다. 어떤 방식이 승리할지 아직 불확실하기 때문에 상당한 기술적 위험을 동반한다.

반면 '곡괭이와 삽'에 해당하는 지원 기술에 대한 투자는 어떤 하드웨어 구조가 승리하든 양자 컴퓨팅 산업의 성장 자체로부터 이익을 얻는 전략이다. 예를 들어 엔비디아의 GPU는 당분간 지배적일 하이브리드 양자-고전 알고리즘에 필수적이다. 퀀티뉴엄은 모든 하드웨어에서 실행 가능한 소프트웨어와 양자 응용 프로그램을 제공한다. 클라우드 플랫폼들은 모든 주요 하드웨어 기술에 대한 접근을 제공하며 수익을 창출한다. 다시 말해 이러한 기업에 대한 투자는 특정 기업이 아닌 분야 전체의 성장에 투자하는 것이다.

잘 구성된 포트폴리오는 이 두 가지 방식을 모두 포함할 수 있다. 투자자는 곡괭이와 삽 역할을 하는 기업들을 핵심 자산으로 삼아 안정적인 기반을 마련하는 동시에, 가장 유망한 기술과 실행력을 가졌다고 판단되는 순수 하드웨어 기업 한두 곳에 더 작은 자본을 배분할 수 있다. 이러한 혼합 전략은 잘못된 '경주마'에 투자할 위험을 줄이면서도 잠재적인 큰 상승 기회에 참여할 수 있게 한다.

이 장에서 제시한 퀀텀 투자 매트릭스는 특정 주식을 추천하기 위함이 아니라, 불확실한 환경에서 투자자의 체계적인 의사결정을 돕기 위함이다. 이 분석 틀은 투자자가 마주한 핵심 선택(순수 양자 컴퓨팅 기업과 기존 강자, 특정 하드웨어 기술과 지원 기술) 사이의 장단점을 명확히 드러낸다.

퀀텀 10년이라 불리는 이 시기를 성공적으로 헤쳐나가려면 명확한 투자 논리에 기반한 포트폴리오 접근이 필요하다. 성공적인 투자의 열쇠는 오늘 단 하나의 승자를 고르는 것이 아니라 순수 기술 개척자, 기존의 생태계 구축자, 필수 기술 제공자 등 다양한 참여자의 각기 다른 위험과 보상 구조를 이해하는 데 있다. 이를 바탕으로 투자자 개인의 목표, 투자 기간, 위험 감수 능력에 맞는 다각화된 포트폴리오를 구성해야 한다. 새로운 기술 성과가 꾸준히 발표되고 시장 지형이 계속 변하는 만큼, 이 분석 틀을 활용해 투자 포트폴리오를 정기적으로 재검토하는 것이 좋다.

제11장

퀀텀 어드밴티지와
내결함성으로 가는 길

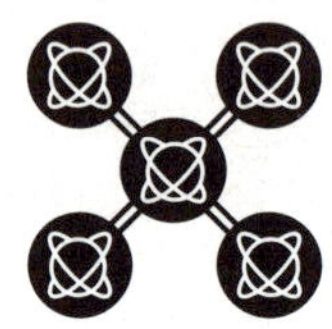

양자 컴퓨팅에 대한 투자는 현재 주요 기업의 기술적 한계와 앞으로 실현될 미래의 막대한 경제적 가치가 만나는 중요한 전환점에 놓여 있다. 이 장에서는 양자 컴퓨팅 산업이 맞이한 가장 결정적인 기술적 도약 과정을 보다 깊이 있게 살펴본다. 핵심은 현재의 NISQ 시대에서 궁극적 목표인 FTQC로의 전환이다. 이 전환이 왜 수조 달러 규모의 경제적 가치를 만들어 내는 열쇠인지, 그리고 주요 상장 기업들이 각각 어떠한 전략을 취하며 목표 일정과 로드맵을 어떻게 설정했는지 명확하게 밝히고자 한다.

현재 양자 컴퓨팅의 기술 수준

투자자에게 가장 중요한 과제는 현재 양자 컴퓨팅의 기술 수준과 최종 사업 목표의 간극을 이해하는 것이다. 오늘날의 양자 컴퓨터는 아직 상업적으로 널리 쓰이지 못한다. 이 상황을 바꾸려면 어떤 기술적 돌파구가 필요한지 분석하는 것이 중요하다. 투자자 관점에서 NISQ 시대 양자 컴퓨터는 세 가지 뚜렷한 한계를 지닌다.

첫 번째 한계는 높은 오류율이다. 양자 컴퓨터가 수행하는 모든 연산, 즉 '게이트'는 아주 작은 오류 확률을 포함한다. 이 오류는 연산이 반복될수록 기하급수적으로 쌓인다. 그 결과 수백 번의 연산만 실행해도 결괏값이 뒤섞여 신뢰할 수 없다. 양자 컴퓨터가 사실상 무작위 숫자를 만드는 기계가 되는 것이다. 실제로 2019년 구글의 획기적인 실험조차 99% 이상의 연산 정확도에도 불구하고 양자 정보가 얼마나 빠르게 손상되는지 보여주었다.

두 번째 한계는 얕은 회로 깊이다. 높은 오류율 때문에 NISQ 시대 양자 컴퓨터는 매우 제한된 수의 순차 연산만 처리할 수 있다. 이처럼 실행 가능한 연산 수가 적은 알고리즘을 '얕은' 알고리즘이라고 부른다. 바로 이 지점에서 현재 기술과 미래의 상업적 응용 사이에 '1만 배의 격차'가 발생한다. 오늘날 장비는 100개 미만의 연산을 처리하지만, 산업을 혁신할 응용 프로그램을 실행하려면 수천만에서 수십억 개에 달하는 연산이 필요하다.

세 번째 한계는 검증의 어려움이다. 양자 컴퓨터가 기존 슈퍼컴퓨터의 시뮬레이션 능력을 넘어서는 복잡한 문제를 풀었을 때, 그 결과가 정확한지 보장할 방법이 마땅치 않다. 이는 금융이나 신약 개발처럼 결과의 신뢰성이 무엇보다 중요한 분야에서 양자 컴퓨터의 활용을 가로막는 심각한 요인이다.

이러한 한계에도 불구하고 NISQ 시대는 양자 컴퓨팅 발전에 꼭 필요한 단계다. 많은 연구자가 이 시기에 하드웨어를 만들고 시험하며 제어 시스템을 정교하게 다듬고 있다. 또한 양자화학, 머신러닝, 금융 등 다양한 분야에서 초기 단계의 알고리즘을 개발하는 실험장으로 활용하고 있다. 즉 NISQ 기술은 최종 목적지가 아니라 목표로 가는 과정의 디딤돌인 셈이다.

양자 컴퓨팅 기술의 궁극적인 목표인 FTQC는 잡음과 오류가 계속 발생하는 환경에서도 신뢰할 수 있는 결과를 내놓는 컴퓨터를 의미한다. 이는 물리적으로 완벽한 큐비트를 만드는 방식으로 달성되지 않는다. 어쩌면 완벽한 큐비트를 만드는 것 자체가 불가능할 수 있다. 대신 여러 개의 큐비트를 영리하게 활용하는 '중복성'을 통해 오류의 영향을 효과적으로 억제하고 신뢰성을 확보한다.

이 목표의 바탕에는 양자 오류 정정이라는 기술이 있다. 이 기술의 원리는 미국 벨 연구소가 고전 컴퓨팅에서 개발한 해밍 코드Hamming Code와 비슷하다. 해밍 코드는 데이터에 추가 정보를 덧붙여 오류를 감지하고 수정한다. 하지만 앞서 말했듯이 양자 세계에는 '복제 불가능

원리'가 있어 데이터를 단순히 백업하는 방식으로는 오류를 수정할 수 없다. 이에 대한 해결책으로 양자 오류 정정 기술은 정보를 여러 곳에 나누는 일명 '쌍둥이 전략'을 사용한다. 이는 보호해야 할 하나의 논리 큐비트를 위해 여러 개의 물리 큐비트를 쌍둥이처럼 연결해 두는 방식이다. 정보를 저장한 뒤에는 신드롬 측정으로 오류를 검사한다. 이때 구체적인 정보를 확인하면 양자 상태가 붕괴되므로 주의해야 한다. 따라서 시스템은 쌍둥이가 무슨 색 옷을 입었는지 직접 묻지 않고 두 사람의 옷 색깔이 서로 같은지만 확인한다. 이렇게 관계만 파악하면 담겨 있는 정보를 훼손하지 않으면서도 오류가 생긴 부분만 찾아내어 감쪽같이 복구할 수 있다.

이 과정에서 하나의 논리 큐비트를 만드는 데 필요한 물리 큐비트의 비율을 오버헤드overhead라고 부른다. 오버헤드는 기술의 효율성을 보여주는 핵심 지표다. 초창기에는 이 비율이 1,000 대 1에 달할 것으로 추정되었지만, 기업들은 더 효율적인 오류 정정 기술과 하드웨어 정확도 향상으로 이 비율을 낮추고자 치열하게 경쟁하고 있다.

따라서 기업의 진정한 기술력과 자본 효율성은 물리 큐비트 총수가 아니라, 물리 큐비트 대비 논리 큐비트의 오버헤드 비율에서 드러난다. 장기적으로 볼 때, 오류 정정에 사용할 수 없는 수백만 개의 불안정한 물리 큐비트는 안정적인 논리 큐비트 몇 개를 만들 수 있는 수만 개의 고품질 큐비트보다 가치가 낮다. 예를 들어 1,000 대 1이 아닌 200 대 1의 비율을 달성하는 기업은 더 높은 연산 정확도, 더 나은 큐비트 연결성, 더 효율적인 오류 정정 코드와 같은 우수한 기반 기술을 가졌다는 의미다. 또한 상업적으로 의미 있는 FTQC에 더 빠르고 비용 효율적으로 도달할 수 있다는 뜻이기도 하다. IBM이 qLDPC 코드(양자 저밀도 패리티 검사 코드)에 집중하고, 아이온큐가 자사 큐비트의 높은 게이트 충실도를 강조하는 것도 이 효율성 경쟁에서 우위를 점하기 위한 전략적 움직임이다.

qLDPC 코드는 양자 컴퓨터의 오류를 효율적으로 찾아내고 수정하기 위해 고안된 방식으로, 현대 통신 시스템에서 데이터 오류를 바로잡는 데 널리 사용되고 있다. qLDPC 코드가 주목받는 이유는 기존 오류 정정 방식보다 훨씬 적은 수의 물리 큐비트로 하나의 논리 큐비트를 만들 수 있을 것으로 기대되기 때문이다. 즉 오버헤드를 획기적으로 낮출 수 있는 잠재력을 지니고 있어 양자 컴퓨터 상용화 경쟁에서 매우 중요한 기술로 떠오르고 있다.

이 방식의 핵심은 '저밀도'와 '패리티 검사'라는 개념에 있다. 패리티 검사는 데이터에 오류가 생겼는지를 확인하는 기본 방법 중 하나다. 예를 들어 여러 개의 큐비트가 특정 규칙을 만족해야 한다고 미리 약속해 두고, 이 규칙이 깨졌는지 주기적으로 확인한다. 만약 규칙이 깨졌다면 그 그룹 어딘가에서 오류가 발생했다는 신호다.

이때 저밀도라는 특징이 중요한 역할을 한다. qLDPC 코드는 한 번에 모든 큐비트를 촘촘하게 검사하는 대신, 몇 개의 큐비트씩 작은 그룹으로 묶어 '드문드문' 검사한다. 이렇게 하면 큐비트 간의 복잡한 상호작용을 최소화하면서도 오류를 효과적으로 감지하고 수정할 수 있다. 거대한 직소 퍼즐을 맞출 때 전체 그림을 한 번에 보는 것이 아니라, 몇 개의 조각(큐비트)이 서로 맞는지(패리티 검사)를 부분적으로 확인해 나가는 과정에 비유할 수 있다.

더 나아가 NISQ에서 FTQC로의 전환은 단순히 하드웨어만의 문제가 아니다. 이 전환은 양자 소프트웨어 구조의 근본적인 변화를 이끌어 내며, 소프트웨어와 미들웨어 분야에서 새로운 투자 기회를 만들고 있다.

NISQ 시대의 알고리즘은 하드웨어의 한계를 인식하고 잡음을 피하도록 설계되었다. 반면 FTQC 시대의 알고리즘은 오류가 완벽하게 정정된 이상적인 하드웨어를 가정하고 만들어진다. 이로 인해 높은 수준의 양자 알고리즘을 특정 오류 정정 기술이 요구하는 복잡하고 낮은 수준의 물리적 연산으로 효율적으로 변환해 주는 새로운 미들웨어, 즉 컴파일러에 대한 수요가 급증할 것이다.

또한 이 복잡한 변환 및 최적화 과정에 특화된 기업들은 고전 컴퓨팅 세계의 컴파일러나 운영체제 기업들처럼 양자 컴퓨팅 생태계에서 필수적인 역할을 하게 될 것이다. 구글이 내결함성 양자 휴리스틱 컴파일fault-tolerant quantum heuristic compile을 연구하는 것은 이러한 흐름을 보여주는 초기 신호다.

휴리스틱 컴파일은 알고리즘을 실제 하드웨어 연산으로 변환하는 기법을 말한다. 이 과정은 극도로 복잡하기 때문에 수학적으로 완벽한 최적해를 찾는 대신, 경험적 규칙heuristics이나 근삿값을 활용해 빠르고 효율적으로 '충분히 좋은' 실행 방식을 찾아낸다. 이는 복잡한 오류 정정 코드를 적용할 때도 하드웨어 자원을 최대한 효율적으로 사용하기 위한 핵심 기술이다.

FTQC의 경제적·산업적 잠재력

FTQC 기술 로드맵의 끝에는 어떤 경제적 보상이 기다리고 있을까? 이제 기술의 '방법'에서 투자의 '이유'로 초점을 옮겨서 내결함성 양자 컴퓨터가 해결할 수 있는 난제들과 그로 인해 창출될 막대한 산업적 가치를 구체적인 수치로 살펴보자.

FTQC의 경제적 잠재력은 실로 엄청나다. 주요 분석 기관들은 양자 컴퓨팅이 산업 전반에 혁신적인 변화를 가져올 것이라고 예측한다. 맥킨지는 양자 컴퓨팅이 2035년까지 주요 산업 분야에서 거의 1조 3,000억 달러에 달하는 가치를 창출할 것으로 전망했다. 다른 분석 기관들도 2035~2040년 사이에 4,500억 달러에서 최대 2조 달러 이상의 가치가 만들어질 것으로 예측한다.

여기서 투자자는 '양자 컴퓨팅 공급업체 시장'과 '총 경제 가치 창출'을 구분해야 한다. 하드웨어, 소프트웨어, QCaaS를 포함하는 공급업체 시장은 2035년까지 최대 720억 달러 규모로 성장할 전망이다.

하지만 더 큰 가치는 양자 컴퓨터를 '사용하는' 기업들이 얻게 될 이익에서 나온다. 주로 다음과 같은 분야의 기업들은 양자 컴퓨터로 비용을 절감하고 새로운 수익원을 만들며, 혁신적인 신제품을 개발하여 막대한 가치를 창출할 것이다.

- **제약 및 재료과학:** 신약과 신소재를 설계하려면 분자의 양자역학적 움직임을 정확히 예측해야 한다. 변수가 늘어날수록 계산 복잡성이 기하급수적으로 증가하기에 현재 가장 강력한 슈퍼컴퓨터로도 해결하기가 쉽지 않다. 양자 컴퓨터는 이러한 양자 현상을 모방하는 데 최적화되어 있다. FTQC는 알츠하이머병 같은 질병 관련 복잡한 단백질 구조를 정확하게 모델링할 수 있다. 또한 신약 후보 물질과 목표 단백질의 결합력을 예측하고 고성능 배터리, 효율적인 태양전지, 탄소 포집 기술에 필요한 촉매와 신소재를 설계하는 데 활용할 수 있다.

- **금융:** 금융 기관은 포트폴리오 자산 배분, 위험 분석, 사기 탐지, 파생상품 가격 책정 등 복잡한 최적화 문제에 끊임없이 직면한다. 양자 최적화 알고리즘은 방대한 경우의 수를 동시에 탐색하여 최적에 가까운 해를 훨씬 효율적으로 찾아낼 수 있다. 이를 통해 2035년까지 금융 산업에서만 약 6,220억 달러의 가치가 창출될 것으로 추정된다. 응용 분야로는 고객 맞춤형 포트폴리오 전략, 실시간 위험 시나리오 분석, 금융 사기 패턴 탐지 등이 있다.

- **첨단 제조 및 물류:** 기존 방식으로는 전 세계 공급망 관리, 공장 설비 배

치, 배송 경로 최적화 등의 문제를 해결하기가 쉽지 않다. 양자 최적화 기술은 이러한 문제를 해결하여 효율성을 높이고 비용을 절감할 수 있다. 경로 설정이나 설비 배치에서 몇 퍼센트만 개선해도 대규모 운영에서는 막대한 가치가 창출된다.

- **AI:** 현재 대규모 언어 모델LLM과 같은 고성능 모델을 훈련시키는 데 필요한 계산 비용과 에너지 소비가 폭발적으로 증가하고 있다. 양자 머신러닝 알고리즘은 새로운 방식으로 데이터를 분석하고 더 복잡한 패턴을 찾아낼 수 있다. 특히 자율주행차 개발 같은 분야에서 AI 시스템의 훈련 속도를 높일 잠재력을 지닌다.

FTQC가 가져올 경제적 파급 효과는 여러 차례의 파동처럼 번져 나갈 것이다. 첫 번째 파동은 FTQC 시스템을 직접 개발하는 양자 하드웨어 및 소프트웨어 공급업체에서 나타날 것이다. 이 책이 주목하는 직접적인 투자 대상이다.

두 번째 파동은 FTQC를 가장 먼저 도입하는 제약과 금융 같은 산업에서 나타난다. 각자의 가장 큰 문제를 해결하며 새로운 약물과 금융 상품을 개발하고 운영 효율성을 높여 가치를 창출할 것이다.

세 번째이자 아마도 가장 거대한 파동은 완전히 새로운 산업과 사업 모델의 등장에서 비롯될 것이다. 지금은 계산 도구가 없어 상상조차 할 수 없는 영역으로, 초창기 컴퓨터가 훗날 인터넷, 소셜 미디어, 앱 경제의 탄생을 가능하게 했던 것과 같다. 최초의 메인프레임을 만든 사람들은 이런 미래를 예측하지 못했다. 따라서 장기 투자자에게 FTQC의 궁극적인 보상은 기존 산업의 최적화를 넘어 완전히 새로운 산업의 탄생에 있을 것이다.

또한 기존 AI 기술의 막대한 에너지 소비 문제는 양자 컴퓨팅 도입을 촉진하는 강력한 요인이 될 수 있다. 대규모 언어 모델의 부상으로 데이터 센터의 에너지 수요가 폭증했고, 2026년에는 그 수요가 800테라와트시TWh에 이를 수 있다는 전망도 나온다. 양자 컴퓨터 역시 냉각과 제어에 상당한 에너지가 필요하기 때문에 심각한 경제적·환경적 우려를 낳고 있다.

하지만 특정 문제에 대해서는 매우 적은 계산 단계로 답을 찾을 수 있다. 특정 고부가가치 계산 작업의 에너지 효율을 크게 개선할 수 있다는 의미다. 에너지 비용이 상승하고 지속 가능성이 기업의 중요한 가치가 됨에 따라, 분자 시뮬레이션이나 최적화 같은 문제에서 슈퍼컴퓨터 대신 양자 컴퓨터를 사용하는 '에너지 차익거래'는 그 자체로 강력한 경제적 동기가 될 수 있다. 이는 계산 속도뿐만 아니라 에너지 효율성이라는 새로운 차원을 더하여 양자 컴퓨팅의 사업적 가치를 더욱 강화한다.

양자 컴퓨팅의 기술 변곡점이 될 2028~2029년

이제 FTQC라는 추상적인 목표를 기업들의 구체적인 로드맵이라는 경쟁 구도로 전환하여 실질적인 투자 정보를 설명하고자 한다. 주요 기업들의 목표 일정과 기술적 접근 방식을 분석하면 기술 진전을 추적하고 잠재적인 시장 선도자를 식별할 틀을 마련할 수 있다.

최근 업계에서는 주목할 만한 패턴이 나타나고 있다. 서로 다른 물리 큐비트 기술을 개발하면서도 자금력이 풍부한 주요 기업들은 모두 2028~2029년에 1세대 내결함성 양자 컴퓨터 출시를 목표로 하고 있다. 여러 독립적인 팀이 비슷한 시기를 목표로 삼는다는 사실은 이 기간이 업계의 현실적인 기술 변곡점이 될 것임을 시사한다. 양자 컴퓨팅에 대한 논의가 '과연 가능한가?'에서 '언제 누가 해낼 것인가?'로 전환되고 있는 것이다.

먼저 IBM은 2029년까지 세계 최초의 대규모 내결함성 양자 컴퓨터인 IBM 퀀텀 스탈링 출시를 목표로 한다. 이를 위해 IBM은 단계별로 핵심 부품을 시험하는 명확한 로드맵을 제시했다. 2025년에는 효율적인 오류 정정 코드의 구성 요소를 시험하고, 2026년에는 메모리와 로직을 결합한 모듈식 양자 프로세서를, 2027년에는 여러 모듈을 서로 얽히게 하는 기술을 구현하는 등 단계적으로 접근하고 있다. 최종 목표인 IBM 퀀텀 스탈링은 1억 개의 양자 연산을 실행할 수 있는 약 200개 논리 큐비트를 탑재할 예정이다. IBM의 핵심 기술은 여러 칩을 연결하는 모듈식 설계와 물리 큐비트 오버헤드를 최대 90%까지 줄일 수 있다고 주장하는 효율적 오류 정정 코드에 있다.

구글은 초전도 큐비트 기술의 규모를 확장하는 데 앞장서고 있다. 2029년까지 유용한 내결함성 양자 컴퓨터를 개발하는 것이 목표다. 구글은 2019년 양자 우위 시연 경험을 바탕으로 초전도 큐비트 기술을 확장하면서 체계적으로 오류를 줄여나가고 있다. 오류율을 특정 임계점 이하로 낮춰야 양자 오류 정정 기술이 효과적으로 작동하기 때문이다. 구글은 현재 기술 기준으로 약 100만 개 물리 큐비트를 사용해 1,000개 논리 큐비트를 갖춘 시제품을 구축하는 것을 목표로 한다. 오버헤드가 높은 표면 코드 기술을 확장 가능한 초전도 양자 프로세서에 구현하는 데 중점을 두고 있다.

아이온큐는 2028년까지 암호 해독용 양자 컴퓨터를 개발한다는 대담한 목표를 세우고, 전략적 인수를 통해 로드맵을 가속화하고 있다. 2027년까지 단일 칩에서 약 1만 개의 물리 큐비트를 달성하고, 2028년에는 두 칩을 서로 연결한 시스템을 구축할 계획이다. 특히 2028년에 구축할 예정인 시스템은 약 1,600개의 논리 큐비트를 탑재해 잠재적으로 현재 널리 쓰이는 RSA-2048 암호 체계를 해독할 수 있을 것으로 예상된다. 아이온큐는 옥스퍼드 아이오닉스의 2차원 이온 트랩 기술로 단일 칩 내 큐비트 밀도를 높이고, 라이트싱크의 광자 상호연결 기술로 칩들을 연결해 더 큰 규모의 모듈식 양자 컴퓨터를 구축하는 독특한 기술 조합을 활용한다.

이렇듯 IBM, 구글, 아이온큐의 로드맵은 위험을 감수하는 방식에서 근본적인 전략적 차이를 보여준다. IBM과 구글의 목표 일정은 내부 혁신 속도를 반영한다. 그래서 장기 연구 프로그램을 점진적으로 개선하며 보수적이고 수직 통합된 연구개발 경로를 따른다. 반면 아이온큐의 로드맵은 외부 기업 인수에 기반을 두고 가속화되고 있다. 거대 경쟁사들의 내부 혁신보다 빠르게 외부 최첨단 기술을 성공적으로 통합할 수 있다는 데 베팅하고 있는 것이다.

이는 투자자에게 명확한 위험-보상 구도를 제시한다. 아이온큐의 기술 통합이 성공한다면 경쟁사들을 뛰어넘어 공격적인 2028년 목표를 달성할 수도 있다. 그러나 서로 다른 기술을 통합하는 것은 매우 어려운 과제이며 상당한 실행 위험을 동반한다. 이질적인 기술들을 매끄럽게 연결하는 데 실패하거나 지연이 발생하면 전체 로드맵이 흔들릴 수 있다.

따라서 투자자는 기존 강자들의 꾸준하지만 잠재적으로 느린 경로와 도전자들의 위험은 높지만 성공 시 더 빠른 경로 사이에서 선택해야 한다. 특히 아이온큐는 인수한 기술들이 성공적으로 통합되는지를 꾸준히 살펴보는 것이 가장 중요한 투자 검토 항목이 될 것이다.

제12장

퀀텀 10년 항해를 위한 전략적 결론

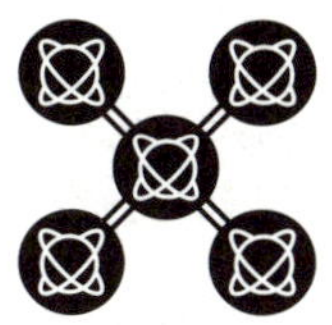

이 책은 제1부에서 퀀텀 경제의 시작을 알리며 논의를 시작했다. 이어서 큐비트 기술의 치열한 경쟁 구도와 QCaaS라는 새로운 사업 모델의 등장을 살펴보았다. 제2부에서는 이온 트랩, 초전도 큐비트, 양자 어닐링, 포토닉스 등 각기 다른 기술에 운명을 건 순수 양자 컴퓨팅 기업들을 심층 분석하며 고위험 고수익 투자의 본질을 탐구했다. 제3부에서는 구글, 마이크로소프트, IBM 같은 빅테크 기업들이 양자 컴퓨팅 생태계를 구축하고 시장의 규칙을 만들어 가는 과정을 들여다보았다. 이제 이 모든 분석을 종합해 향후 10년, 즉 '퀀텀 10년'을 헤쳐나가려는 투자자를 위한 최종 전략을 제시하고자 한다.

투자는 본질적으로 불확실한 미래의 가치를 현재의 자본으로 바꾸는 행위다. 양자 컴퓨팅은 이러한 투자의 특성이 가장 극명하게 드러나는 분야다. 따라서 이 장에서는 앞선 내용들을 단순히 요약하는 데 그치지 않고, 지금까지 축적된 분석을 바탕으로 복잡한 현실에서 실행할 수 있는 정교하고 능동적인 의사결정의 틀을 만드는 데 목표를 둔다.

이 책의 핵심 투자 주장은 다음과 같다. '양자 컴퓨팅은 인류의 계산 능력을 근본적으로 바꿀 잠재력을 지니고 있으며, 이로 인해 수십 년에 걸쳐 막대한 부의 이동이 일어날 것이다. 그러나 그 과정은 결코 순탄하지 않고 극심한 기술적 불확실성을 동반한다.' 이러한 주장은 제1장에서 다룬 수십억 달러 규모의 퀀텀 경제라는 기회, 제11장에서 제시한 FTQC가 가져올 1조 달러 규모의 파급력, 그리고 우리가 현재 마주한 NISQ 시대의 기술적 한계 사이의 긴장감에 바탕을 둔다.

이에 따라 투자자는 어디에 자본을 투입할지 결정해야 한다. 제2부에서 분석한 아이온큐의 이온 트랩 방식, 리게티 컴퓨팅의 초전도 큐비트 방식, 디 웨이브 퀀텀의 양자 어닐링 방식, 퀀텀 컴퓨팅의 포토닉스 방식처럼 특정 기술에 집중하는 순수 양자 컴퓨팅 기업들은 고위험 고수익 투자를 상징한다. 이들 중 하나가 최종적으로 시장을 지배한다면 초기 투자자는 엄청난 수익을 얻을 수 있다. 그러나 그 기술이 경쟁에서 밀려난다면 투자금 전부를 잃을 위험도 감수해야 한다.

반면 제3부에서 살펴본 구글, 마이크로소프트, IBM, 엔비디아, 인텔 같은 빅테크 기업과 퀀티뉴엄 같은 선도 기업들은 생태계 자체가 성장하면서 이익을 얻는, 보다 안정적인 투자 대안이다. 이들은 막대한 자본과 연구 인력, 그리고 기존 사업과의 시너지를 바탕으로 여러 기술 경로를 동시에 탐색하거나 시장 인프라를 장악하며 위험을 분산한다.

따라서 투자자의 핵심 고민은 이렇게 정리할 수 있다. "미래의 승자가 될 가능성이 있는 소수의 순수 양자 컴퓨팅 기업에 집중 투자해 막대한 초과 수익을 노릴 것인가, 아니면 생태계 전반에 분산 투자해 기술 경로의 불확실성에 대비하며 안정적인 성장을 추구할 것인가?" 이 책의 분석에 따르면 이 질문의 정답은 하나가 아니다. 각자 감당할 수 있는 위험 크기와 기간에 따라 최적의 투자 전략이 달라진다.

양자 컴퓨팅 투자 시 고려해야 할 핵심 세 가지

앞선 장들의 심층 분석을 종합하면 앞서 언급한 거시적인 투자 주장을 더욱 정교하고 실행 가능한 형태로 다듬을 수 있다. 양자 컴퓨팅 투자의 성공은 어떤 기술이 뛰어날지 예측하는 능력에만 달려 있지 않다. 오히려 성공 여부는 다음의 세 가지 핵심 요소를 종합적으로 평가하는 능력에 달려 있다.

1. QCaaS를 통해 제품이나 서비스를 판매할 경로를 확보했는가? 아무리 뛰어난 기술이라도 최종 사용자에게 닿지 못하면 가치를 만들 수 없다.

2. NISQ에서 FTQC로 나아가기 위한 핵심 기술 이정표를 달성할 능력이 있는가? NISQ 시대의 단기 성과에 머무르지 않고 양자 오류 정정 같은 근본 문제를 해결하며 장기적인 가치를 창출할 수 있는 기술적 깊이가 필요하다.

3. 자본 시장으로부터 연구개발 자금을 꾸준히 조달할 재무 건전성이 있는가? 양자 컴퓨터 상용화는 수십 년이 걸릴 수 있는 장기전이므로 기나긴 '죽음의 계곡'을 버텨낼 자본력이 기업의 생존을 결정한다. 따라서 단편적인 기술 지표를 넘어 사업 모델, 기술 로드맵, 재무 건전성을 모두 아우르는 종합적인 평가가 중요하다.

이렇게 정제된 투자 주장을 통해 순수 양자 컴퓨팅 기업과 빅테크 기업의 관계를 더 깊이 이해할 수 있다. 이들의 관계는 단순한 경쟁이 아니라, 공생과 경쟁이 복잡하게 얽힌 이중적 구조다. 제3장에서 논의한 QCaaS는 이들 사이에 정교한 상호의존 관계를 만들어 냈다.

아이온큐나 리게티 컴퓨팅 같은 순수 양자 컴퓨팅 기업들은 글로벌 유통망과 고객 기반을 자체 구축할 자본과 시간이 부족하다. 따라서 마이크로소프트의 애저 퀀텀이나 아마존 웹 서비스의 아마존 브라켓 같은 거대 클라우드 플랫폼을 통해서만 잠재 고객에게 효율적으로 접근하고 생존하며 성장할 수 있다.

역설적으로 클라우드 거인들 역시 혁신적인 하드웨어 스타트업들을 필요로 한다. 다양한 큐비트 기술을 자사 플랫폼에 통합함으로써 특정 기술 경로가 실패할 위험을 분산하고 고객에게 가장 폭넓은 '퀀텀 장터'를 제공하여 플랫폼 자체의 가치를 극대화할 수 있기 때문이다. 즉 클라우드 플랫폼은 유망한 기술을 선택하고 대중에게 선보이는 킹메이커 역할을 수행한다.

따라서 순수 양자 컴퓨팅 기업에 투자한다면 해당 기업의 기술적 우위뿐만 아니라, 거대 플랫폼과의 협력 관계가 얼마나 강하고 안정적인지를 반드시 분석해야 한다. 아무리 뛰어난 기술을 가졌더라도 주요 클라우드 플랫폼에서 외면받는 기업은 심각한 어려움을 겪을 수밖에 없다. 결과적으로 마이크로소프트 같은 빅테크 기업에 투자하는 것은, 간접적으로 그 플랫폼에 속한 여러 하드웨어 협력사의 성공 가능성에 분산 투자하는 효과를 갖는다.

더 나아가 제11장에서 강조했듯 현재의 NISQ 기술에서 미래의 FTQC 기술로 나아가는 과정은 양자 컴퓨팅 투자의 가장 중요한 장기 원동력이다. 하지만 동시에 상장된 순수 양자 컴퓨팅 기업들은 'NISQ 의 덫'이라는 심각한 위험에 직면해 있다.

분기별 실적 발표와 주가 변동에 민감하게 반응하는 주식 시장에서 이들 기업은 장기적인 FTQC 연구에 필요한 막대한 자본과 시간을 인내심 있게 투자하기 어렵다. 대신 단기 매출과 눈에 보이는 성과를 낼 수 있는 NISQ 시대의 최적화 문제 해결에 집중해야 한다는 강한 유혹을 받는다. 단기적으로는 긍정적인 언론 보도나 소규모 컨설팅 수익을 만들어 낼 수는 있지만, 양자 컴퓨팅의 진정한 가치를 실현할 양자 오류 정정 같은 문제를 해결하는 데는 뒤처질 수 있다.

투자자는 기업이 발표하는 매출이 실질적인 기술 발전 없이 단기 성과를 포장하기 위한 것인지, 아니면 FTQC 개발 계획에 따른 실질적인 진전을 반영하는 것인지 구분할 안목을 길러야 한다. 이러한 상황은 자금력이 풍부한 비상장 기업이나 빅테크 기업의 연구 부서와 상장된 순수 양자 컴퓨팅 기업 사이에 전략적인 차이를 만들어 낸다. 전자는 단기 수익에 대한 압박 없이 FTQC라는 최종 목표에만 집중할 수 있지만, 후자는 그렇지 못하다. 따라서 상장된 순수 양자 컴퓨팅 기업을 평가할 때 손익계산서의 숫자만 볼 것이 아니라 연구개발 지출의 질, 과학 저널에 발표된 성과, 양자 오류 정정의 기술 발전 등 장기 잠재력을 보여주는 지표를 더욱 면밀히 검토해야 한다.

위험 선호도에 따른 양자 컴퓨팅 투자 포트폴리오

앞서 재검토한 투자 주장을 바탕으로 투자자의 위험 선호도와 투자 기간에 따라 세 가지 구체적인 포트폴리오 전략을 구성할 수 있다. 이는 단순한 재무 조언을 넘어 양자 컴퓨팅에 대한 투자를 체계화하는 틀을 제공한다. 그러면 '양자 컴퓨팅이 과연 성공할까?'를 넘어 '언제 성공할까?'에 대한 자신의 믿음에 맞춰 포트폴리오를 능동적으로 구성하고 조정할 수 있다.

첫 번째 전략은 '선구자 포트폴리오'다. 제2부에서 설명한 아이온큐, 리게티 컴퓨팅 같은 순수 양자 컴퓨팅 기업들에 집중 투자하는 전략이다. 양자 컴퓨팅 혁명의 최전선에 있는 기업들에 투자해 가장 높은 수익을 노리지만 특정 기술이 실패하면 투자금 전액을 잃을 수도 있다. 따라서 한 기업에 모든 자본을 집중하기보다는 여러 큐비트 기술에 분산 투자하여 특정 기술이 실패할 경우 충격을 완화하는 접근이 현명하다. 예를 들어 아이온큐의 이온 트랩 기술(높은 큐비트 품질과 확장 가능성), 리게티 컴퓨팅의 초전도 큐비트 기술(빠른 연산 속도와 기존 반도체 공정과의 호환성), 퀀텀 컴퓨팅의 포토닉스 기술(상온 작동 가능성) 등 각기 다른 장단점을 지닌 기업들을 조합하는 것이다. 이 전략의 성과는 큐비트 수 증가, 퀀텀 볼륨 개선, 오류율 감소 같은 기술 이정표에 민감하게 반응하므로, 기술 동향을 꾸준히 관찰하고 깊이 이해해야 한다.

두 번째 전략은 '생태계 포트폴리오'다. '핵심-위성' 모델을 적용하여 안정성과 성장성의 균형을 추구하는 전략이다. 이 포트폴리오의 '핵심'은 제3부에서 다룬 빅테크 및 선도 기업들로 구성된다. 마이크로소프트, 구글, IBM 같은 빅테크 기업들은 자체적인 양자 연구와 QCaaS 플랫폼으로 양자 컴퓨팅 생태계 성장의 이익을 거둔다. 특정 하드웨어 기업의 성패와 무관하게 양자 컴퓨팅 수요 증가만으로 이들의 플랫폼 사업은 성장한다. 엔비디아 같은 반도체 강자는 양자 회로 시뮬레이션이나 AI 기반 제어 시스템에 필수적인 컴퓨팅 성능을 제공하며 간접 혜택을 받는다.

이렇게 안정적인 '핵심'을 구축한 다음, '위성' 부분에는 선별한 소수의 순수 양자 컴퓨팅 기업들에 소규모 투자하여 폭발적인 성장 잠재력을 노린다. 이 전략은 어떤 큐비트 기술이 최종 승자가 될지 예측하는 어려운 과제를 피하고, 양자 컴퓨팅 생태계의 전반적인 확장 자체에 투자하는 보수적이면서도 합리적인 접근법이다.

세 번째 전략은 '장비 및 인프라 포트폴리오'다. 19세기 골드러시 시대에 금을 캐던 광부보다 그들에게 곡괭이, 삽, 청바지를 팔던 상인들이 더 안정적인 부를 쌓았다는 역사적 교훈에 바탕을 둔다. 양자 컴퓨팅 분야에서 이 전략은 양자 컴퓨터 혁명을 가능하게 하는 기반 기술, 부품, 장비, 인프라를 제공하는 기업에 투자하는 것을 의미한다. 제9장에서 논의한 엔비디아(시뮬레이션 및 제어 시스템용 GPU), 퀀티뉴엄(수직 통합한 소프트웨어)이 대표적이다. 더 나아가 극저온 냉각 장비 공급업체, 정밀 레이저 및 광학 부품 제조업체, 특수 소재 개발업체, 큐비트 제어용 반도체 칩 설계업체 등 가치 사슬의 다양한 영역으로 확장할 수 있다.

예를 들어 이온 트랩이나 중성 원자 방식의 양자 컴퓨터는 큐비트 제어와 냉각을 위해 고도로 안정화된 정밀 레이저가 필요하다. 특수 레이저 및 광학 부품 시장의 대표 상장 기업은 미국의 코히런트Coherent다. 코히런트는 최근 AI의 폭발적인 성장에 힘입어 데이터 센터나

GPU 클러스터 내부의 방대한 데이터 전송을 처리하는 '고속 광통신 부품(광 트랜시버)'의 핵심 공급사로 부상하며 AI 관련주로 주목받고 있다. 이와 동시에 양자 컴퓨팅 분야에서도 필수적인 역할을 한다. 양자 연구에 필수적인 정밀 레이저 모듈과 광학 시스템을 공급하며 양자 컴퓨팅 생태계의 핵심 기반을 제공하고 있는 것이다.

이와 더불어 앞서 언급한 이온 트랩이나 중성 원자 방식의 핵심 기술인 레이저 냉각 분야에 특화된 전문 기업들도 주목할 필요가 있다. 이 기술은 원자나 이온을 극저온으로 냉각해 양자 상태를 제어하는 필수 과정이다. 이 시장은 독일의 토프티카 포토닉스Toptica Photonics와 영국의 엠 스퀘어드 레이저M Squared Lasers 같은 비상장 전문 기업들이 주도하고 있다. 이들은 양자 기술 및 원자물리학 연구에 필수적인 초정밀 레이저 시스템을 공급한다. 또한 '콜드콴타ColdQuanta'라는 옛 사명에서 알 수 있듯, 레이저 냉각 기술을 기반으로 양자 컴퓨터, 센서, 정밀 시계 등을 개발하는 미국의 인플렉션Infleqtion 역시 이 분야의 대표적인 시스템 통합 기업으로 꼽힌다.

한편 구글, IBM, 리게티 컴퓨팅 등이 주력하는 초전도 큐비트 방식에서는 희석 냉동기가 핵심 인프라다. 큐비트의 양자 상태를 안정적으로 유지하려면 절대영도에 가까운 극저온 환경이 필요하기 때문이다. 이 특수 냉각 장비 시장은 핀란드의 비상장 선두주자인 블루포스Bluefors나 최근 옥스포드 인스트루먼트Oxford Instruments의 희석 냉동기 사업부를 인수한 미국의 퀀텀 디자인Quantum Design 같은 소수의 전문 기업이 사실상 주도하고 있다.

이 세 번째 전략의 가장 큰 장점은 "어떤 양자 컴퓨터가 승리할까?"라는 불확실한 질문을 피하고 "양자 연구개발 활동이 계속될까?"라는 훨씬 확실한 흐름에 투자한다는 것이다. 더 많은 기업이 연구개발에 뛰어들수록 장비 및 인프라 기업에 대한 수요는 증가하므로 기술 경쟁의 승패와 관계없이 안정적인 성장을 기대할 수 있다.

이 세 가지 포트폴리오 전략은 투자자의 위험 선호도뿐 아니라 제11장에서 다룬 FTQC 달성까지 걸릴 '시간'에 대한 각기 다른 예측을 담고 있다. 즉 포트폴리오 구성 자체가 시간이라는 불확실성에 대비하는 수단이 된다. FTQC 실현 시점에 대해서는 전문가들 사이에서도 짧게는 10년에서 길게는 수십 년까지 의견이 분분하다. 순수 양자 컴퓨팅 기업들은 자금 소모가 빠르기 때문에 벤처 캐피털 투자처럼 5~10년 안에 가시적인 성과를 내지 못하면 생존이 위협받는다. 반면 빅테크 기업들은 수십 년간 연구개발 투자를 지속할 수 있는 재정적 여력이 있다. 장비 및 인프라 기업들은 주요 기술이 언제 달성되는지와 무관하게 지속적인 연구개발 활동 자체에서 수익을 창출한다.

따라서 선구자 포트폴리오는 FTQC가 비교적 짧은 시간 안에 도래할 것이라는 전제에 투자하는 전략이다. 순수 양자 컴퓨팅 기업이 자본을 소진하기 전에 결정적인 기술 돌파가 일어나면 막대한 수익을 얻을 수 있다. 생태계 포트폴리오는 중장기적인 시간에 대한 투자다.

핵심 자산인 빅테크 기업이 장기적인 퀀텀 윈터를 견디는 동안, 위성 자산인 순수 양자 컴퓨팅 기업이 예상보다 빠른 기술 돌파를 이루면 그 혜택을 얻을 수 있다. 마지막으로 장비 및 인프라 포트폴리오는 시간에 대해 사실상 중립적이다. 연구개발 경쟁이 지속되는 한 이익을 얻을 수 있으므로, FTQC라는 최종 목표는 믿지만 실현 시점에는 확신이 없는 투자자에게 가장 견고한 전략이 될 수 있다.

퀀텀 10년에 대비하는 장기적 관점

향후 10년, 즉 '퀀텀 10년'은 NISQ 시대의 학술적 성과가 실질적인 경제적 가치 창출로 전환되는 중요한 과도기다. 이 시기를 성공적으로 헤쳐나가려면 투자자들은 기술적 진보와 시장 성숙도를 가늠할 수 있는 핵심 변화의 순간들을 주의 깊게 지켜봐야 한다.

첫째는 '상업적으로 의미 있는 양자 이점'의 명확한 증명이다. 신약 개발, 신소재 설계, 금융 포트폴리오 최적화 같은 특정 산업 문제에서 기존 고전 컴퓨터나 슈퍼컴퓨터보다 더 빠르거나 정확하거나 유일하게 해결책을 제시하는 사례가 등장하는 것을 의미한다. 이러한 사례는 양자 컴퓨팅의 가치를 증명하고 기업 투자를 본격적으로 이끌어내는 기폭제가 될 것이다.

둘째는 양자 오류 정정 기술의 실질적인 구현과 논리 큐비트의 탄생이다. 앞서 논의했듯 이는 FTQC로 가는 길에 놓인 가장 중요하고 어려운 기술적 장애물이다. 물리 큐비트 수를 늘리는 것을 넘어, 안정적인 논리 큐비트를 구현하는 데 성공하는 기업이 진정한 기술적 주도권을 확보할 것이다.

셋째는 양자 하드웨어와 소프트웨어 기술의 표준화 및 성숙이다. 현재는 하드웨어마다 다른 프로그래밍 방식과 제어 시스템을 사용하는 등 개발 환경이 제각각 흩어져 있다. 이러한 환경이 점차 통합되고, 더 많은 개발자가 쉽게 접근할 수 있는 고수준 프로그래밍 언어와 표준 라이브러리가 등장하면, 양자 응용 프로그램 개발이 폭발적으로 증가하며 시장이 본격적으로 확대될 것이다.

향후 10년간 양자 기술의 발전은 기술 자체의 진보뿐만 아니라 거시적인 환경 변화에 큰 영향을 받을 것으로 보인다. 그중 가장 강력한 동력은 미국과 중국 사이에서 벌어지는 기술 패권 경쟁 같은 국제

2025~2035년 양자 컴퓨팅 산업 예상 시나리오

2025~2027년 초기 실용화 단계	2028~2030년 성장 가속화 단계	2031~2033년 산업 통합 단계	2024~2035년 주류화 단계
• 100~1000큐비트 시스템 상용화 • 특정 영역 최적화 알고리즘 개발 • 금융, 물류 분야 첫 ROI 사례	• 1,000~10,000큐비트 시스템 출현 • 내결함성 양자 컴퓨터 초기 출현 • 첫 양자 이점 산업 적용 사례	• 대규모 M&A와 산업 재편 • 클라우드 등 통합 양자 서비스 확산 • 기존 IT 인프라와의 완전 통합	• 다양한 산업에 양자 이점 확산 • 복합 양자-고전 하이브리드 시스템 • 1조 달러 시장 규모 도달

정세의 변화다. 양자 컴퓨터는 기존 컴퓨터가 수백만 년이 걸려도 풀지 못하는 암호 체계를 단시간에 해독할 수 있는 잠재력을 지니고 있다. 또한 신약 개발이나 새로운 소재 설계에 획기적인 발전을 가져올 수 있어 국가 안보와 경제의 판도를 바꿀 핵심 기술로 여겨진다.

이러한 이유로 주요국 정부는 양자 기술 우위를 확보하기 위해 막대한 규모의 공공 투자를 주도하고 있으며, 이러한 흐름은 앞으로 가속화될 가능성이 높다. 각국 정부가 주도하는 투자는 아직 명확한 수익 모델을 찾지 못한 초기 단계의 양자 기술 기업들에게 단비와도 같다. 당장의 상업적 성공에 대한 부담 없이 위험성이 큰 장기 연구를 지속할 수 있게 해준다.

지정학적 경쟁은 단순한 투자 배경을 넘어 투자 전략에 적극적으로 반영해야 할 핵심 변수이기도 하다. 한편으로는 강력한 촉진제 역할을 한다. 양자 기술이 국가 안보 기술로 지정되면서 막대한 규모의 비희석성 정부 자금, 즉 국방 계약이나 국가 주도 연구 프로젝트로 받은 자금이 양자 기업들에 유입되고 있다. 이는 주주의 지분을 희석하지 않으면서 자금을 확보할 수 있다는 의미로, 초기 단계의 자본 집약적인 연구개발 위험을 상당 부분 줄여준다. 따라서 아이온큐나 리게티 컴퓨팅과 같은 기업에게는 소규모 상업 계약보다 대규모 정부 연구개발 계약 수주가 훨씬 더 강력한 긍정 신호다. 장기적 생존 가능성과 기술력을 입증해 주기 때문이다.

그러나 다른 한편으로는 예측 불가능한 '시스템 리스크'를 만들어 낸다. 지정학적 긴장이 일어나면 극저온 냉각 장비, 특수 레이저, 희토류 같은 핵심 부품의 수출입이 통제되면서 공급망이 단절될 수 있다. 또한 국제 과학 협력과 인재 이동이 제한되어 혁신 속도가 둔화되거나 서방과 중국의 양자 생태계가 호환 불가능하게 분리되어 전체 시장 규모가 줄어드는 '시장 접근성 문제'로 나타날 수 있다.

따라서 투자자라면 기술 이정표를 추적하는 것만큼 지정학적 동향을 면밀히 관찰해야 한다. 기술 관련 긴장이 고조된다면 탄력적이고 현지화된 공급망을 갖춘 기업이나 국제 인재 의존도가 낮은 기업으로 포트폴리오를 재조정해야 한다는 신호일 수 있다.

양자 컴퓨팅에 대한 투자는 본질적으로 미래의 계산 방식 그 자체에 대한 장기 투자다. 양자 산업은 주가수익비율이나 할인현금흐름 같은 전통적인 가치 평가 지표가 힘을 잃는 미지의 영역이다. 최종 승자가 누가 될지, 또는 어떤 기술이 표준이 될지를 지금 예측하는 것은 시기상조일 수 있다. 따라서 이 영역에서의 성공은 자본뿐만 아니라 오랜 기다림을 견딜 인내심, 끊임없이 새로운 지식을 배우는 학습 능력, 그리고 과학적 진보와 시장의 과장된 홍보를 냉철하게 구분하는 깊은 통찰력에 달려 있다.

퀀텀 10년 그 너머를 향하여

현재 양자 컴퓨팅 투자 열기는 완전히 새로운 현상이 아니다. 과거의 기술 혁명, 특히 닷컴 버블과 주기적으로 반복된 'AI 겨울'에서 나타났던 심리적·시장적 움직임이 그대로 재현되고 있다.

1990년대 인터넷 상용화가 불러일으킨 투자 광풍으로, 당시 투자자들은 당장의 수익보다는 먼 미래의 잠재력으로 기업 가치를 평가했다. 현재 대부분의 양자 컴퓨팅 기업이 아직 수익 창출 이전 단계에 있다는 점에서 매우 유사하다. 기회를 놓칠지 모른다는 두려움에 벤처 투자가들이 신중한 접근을 포기했던 과거의 행태가 오늘날에도 반복되고 있다.

AI 분야의 ‘겨울’이라는 시기도 중요한 교훈을 준다. 과도한 약속이 넘쳐나고 과잉 투자가 이루어진 다음, 기대에 미치지 못하는 결과로 자금이 고갈되는 현상은 양자 컴퓨팅 산업에도 적용될 수 있는 강력한 경고다. 실제로 현재 양자 컴퓨팅 산업은 ‘과도한 약속’과 ‘과잉 투자’ 단계에 머물러 있다. 이는 미래에 환멸의 시기, 즉 퀀텀 윈터가 닥칠 수 있음을 암시한다.

이 두 가지 역사적 사례는 시장이 결국 본질적인 가치를 지닌 기업으로 돌아간다는 교훈을 준다. 닷컴 붕괴에서 살아남은 아마존이나 구글은 과대광고에 편승하기보다 근본적인 가치를 만들고 건전한 사업 모델을 구축하며, 실질적인 문제를 해결하는 데 집중했다. 이러한 역사적 패턴을 이해해야 과대광고가 이끄는 시장의 위험으로부터 스스로를 보호할 수 있다.

양자 컴퓨팅 투자의 가장 큰 위험은 기술 자체의 실패가 아니라 투자자들의 심리적 오판에 있다. 투자 심리가 기술의 실제 발전 속도와 멀어질 때 가장 큰 위험이 발생한다. 닷컴 버블과 AI 겨울의 사례를 분석해 보면, 시장 붕괴는 비현실적인 기대가 현실의 벽에 부딪혔을 때 발생하는 신뢰의 위기에서 비롯되었다. 자금줄이 마르면 시장 분위기는 비이성적인 과열 상태에서 깊은 비관론으로 급격하게 바뀐다. 따라서 양자 컴퓨팅 투자자에게 가장 중요한 능력은 기술의 가능성을 평가하는 것뿐만 아니라, 시장을 휩쓰는 강력한 심리의 흐름을 파악하고 그에 휩쓸리지 않는 것이다.

양자 컴퓨팅 투자를 FTQC라는 단 하나의 장기 목표에 모든 것을 거는 방식으로 보면 안 된다. 더 견고한 투자 논리는 서로 연결되어 있으면서도 뚜렷하게 구분되는 두 가지 가치 창출 요인을 인식하는 데서 시작된다. 하나는 양자 연구 과정에서 파생되어 곧바로 현실에 적용할 수 있는 '양자 영감' 혁신이 주는 혜택이다. 다른 하나는 FTQC 자체가 지닌 파괴적이고 세상을 바꿀 만한 잠재력이다.

이러한 관점은 양자 기술 연구개발을 승자가 독식하는 경쟁으로 보는 시각에 정면으로 반박한다. 양자 기술 연구는 그 과정에서 일반 컴퓨터에서도 실행 가능한 가치 있는 알고리즘을 만들어 내는 파급 효과를 낳는다. 양자 영감 알고리즘이란 양자역학 원리에서 아이디어를 얻었지만 일반 컴퓨터에서 작동하도록 구현된 기술을 의미한다. 이는 상업적으로 활용 가능한 내결함성 양자 컴퓨터가 등장하기 훨씬 이전부터 기업과 사회가 양자 연구의 혜택을 누릴 수 있음을 뜻하며, 투자 위험을 줄여주는 결정적 요소로 작용한다.

양자 컴퓨팅 산업은 하나의 연구를 통해 두 가지 목적을 달성하는 기술 생태계를 만들어 가고 있다. FTQC라는 혁신 기술을 추구하는 동시에 기존 일반 컴퓨팅의 역량을 강화하는 것이다. 연구자들이 내결함성 양자 컴퓨터를 개발하는 과정에서 얻는 새로운 수학적·알고리즘적 도구들은 양자 컴퓨터에 국한되지 않고 일반 컴퓨터를 위한 더 나은 알고리즘을 만드는 데도 영감을 준다.

따라서 양자 컴퓨팅 기업에 대한 투자는 단순히 하드웨어 개발 계획에 돈을 거는 행위가 아니다. 미래의 양자 컴퓨팅 시장과 현재의 일반 컴퓨팅 시장 모두를 위한 지식재산을 생산하는 연구개발 동력에 투자하는 것이다. 실제로 고객 입장에서 물류, 금융, 신약 개발 같은 최적화 문제를 더 효율적으로 해결해 주는 기술의 근원이 실제 양자 컴퓨터인지, 아니면 일반 컴퓨터에서 실행되는 양자 영감 알고리즘인지는 중요하지 않다. 중요한 것은 '지금 당장' 눈에 보이는 가치를 만들어 낸다는 사실이다. 즉 양자 연구의 결과물은 현재 시장에서도 실질적인 가치를 지니고 있다.

양자 컴퓨팅 산업이 성숙해짐에 따라 투자자들은 큐비트의 '양'에서 '질'로 초점을 옮겨야 한다. 진정한 발전의 척도는 오류를 극복하고 내결함성으로 나아가는 과정에서 나타나는 질적이고 구조적인 성과에 있다. 눈여겨봐야 할 핵심 지표는 결맞음 시간과 게이트 충실도다. 특히 표면 코드 같은 양자 오류 정정 기술이 작동하려면 오류율이 약 1% 미만이어야 하므로 게이트 충실도는 매우 중요하다. 양자 오류 정정 약속을 얼마나 잘 수행하는지 증명하는 능력도 중요한 평가 기준이다.

앞으로 양자 컴퓨팅 기술 발전의 중요한 변곡점은 잡음이 많고 규모가 중간 정도인 현재의 양자 시대에서 초기 FTQC 시대로 넘어가는 전환기가 될 것이다. 이 단계의 목표는 불완전한 다수의 물리 큐비트로부터 안정적이고 오류가 보정된 최초의 논리 큐비트를 만들어 내는 것이다. 큐비트의 수명을 늘려주는 빠른 연산 및 판독 기술의 발전이 언론의 주목을 끄는 물리 큐비트 수보다 생존 가능성을 훨씬 더 잘 보여주는 지표다.

따라서 양자 컴퓨팅 기업의 진정한 경쟁력은 오류를 정정하고 논리 큐비트를 확장해 나가는 전체 기술 구조에서 어떤 위치를 차지하는지에 달려 있다. 궁극적인 승자는 내결함성을 구현하는 '구조'를 완전히 이해하고 통제하는 회사가 될 것이다. 양자 오류 정정은 오류율이 낮은 물리 큐비트를 확보하는 것을 넘어 제어 시스템, 실시간 오류 분석, 내결함성 논리 게이트 설계 등을 포괄하는 시스템 공학 영역이다. 물리 큐비트가 증가하면 오류 관리 복잡성은 기하급수적으로 커진다. 잡음이 섞인 큐비트 100만 개는 아무 쓸모가 없지만, 견고하게 작동하는 논리 큐비트 1,000개는 세상을 바꿀 수 있다. 투자자의 '새로운 나침반'은 진정한 지식재산과 경쟁 우위가 존재하는 구조적·시스템적 통합 능력의 발전에 맞춰져야 한다.

양자 컴퓨팅에 수반되는 막대한 위험과 자본 투자를 궁극적으로 정당화하는 것은 재무적 수익을 넘어서는 가치다. 이는 인류가 마주한 난제를 해결할 잠재력을 지닌 기반 기술에 대한 투자이며, 과학적 발견과 사회적 진보를 위한 새로운 틀을 창조하는 일이다. 이러한 사회적 중요성은 이 책의 제목인 '퀀텀 스테이크'가 의미하는 바와 직접적으로 연결된다. 앞서 말했듯 스테이크란 미래를 건 중대한 판돈을 의미한다. 즉 양자 컴퓨팅 투자는 인류의 능력이 근본적으로 향상되는 미래에 대한 투자다. 여기에는 인내와 성실함, 그리고 과학적 여정에 대한 깊고 장기적인 분석이 요구된다. 이 투자의 잠재적 보상은 개인 자산을 넘어 문명 전체로 확장된다.

FTQC는 인류와 물리적 세계의 관계에 근본적인 변화를 가져온다. 관찰과 경험에 의존해 답을 찾던 방식에서, 컴퓨터로 미리 설계하고 결과를 예측하는 방식으로의 전환을 의미한다. 현재의 신약 개발과 재료과학은 수많은 화합물을 일일이 실험하고 반복적인 시행착오에 의존한다. 일반 컴퓨터가 분자의 행동을 지배하는 양자역학을 정확하게 모의실험할 수 없기 때문이다. FTQC는 이러한 한계를 제거한다. 자연의 작동 방식을 완벽하게 모의실험함으로써 과학자들은 원하는 특성을 가진 분자를 처음부터 설계할 수 있다. "이 기존 분자는 어떤 역할을 하는가?"라고 묻는 대신 "이 특정 결과를 얻기 위해 어떤 분자를 만들어야 하는가?"라고 물을 수 있게 되는 것이다. 이러한 변화는 과학을 발견의 과정에서 창조의 과정으로 변모시킨다.

FTQC가 구현되면 주요 산업 분야에 혁명을 불러올 것이다. 의료 및 신약 개발 분야에서 양자 컴퓨터는 분자의 상호작용을 양자 수준에서 정밀하게 모의실험하여 신약 개발 속도를 극적으로 높이고, 암이나 알츠하이머병 같은 질병을 정밀하게 표적 공격하는 치료법을 설계할 수 있다. 기존 방법으로는 약물을 개발할 수 없었던 질병의 원인에도 접근할 수 있게 될 것이다. 기후변화와 재료과학 분야에서는 양자 시뮬레이션을 통해 더 효율적인 배터리와 태양전지, 대기 중 탄소 포집 방법, 그리고 더 적은 에너지로 비료를 생산하는 새로운 촉매를 개발할 수 있다. 이는 기후변화와 식량 안보 문제를 직접적으로 해결하는 데 기여할 것이다. 또한 금융·물류·에너지 분야에서 일반 컴퓨터로는 불가능한 복잡한 최적화 문제를 해결함으로써 더 안정적인 금융 시장, 초효율적인 공급망, 최적화된 에너지망을 구현할 수 있다.

양자 컴퓨팅 투자의 궁극적이고 장기적인 논리는 이 새로운 창조적 패러다임을 위한 운영체제에 투자한다는 것이다. 이는 분기별 실적과 시장의 단기 변동을 초월한다.

이 책은 투자자에게 양자 컴퓨팅 산업을 항해하는 데 필요한 나침반과 지도를 제공하고자 했다. 이 불확실한 바다에서 무엇이든 함부로 예측하기는 어렵지만, 한 가지 분명한 사실은 양자 컴퓨팅 혁명이라는 과정에서 수많은 기회가 만들어질 것이라는 점이다. 신중하게 구성된 포트폴리오와 흔들림 없는 장기적 관점을 갖춘다면 퀀텀 10년은 투자자에게 전례 없는 가치 창출의 시대가 될 것이다.

퀀텀 스테이크

초판 1, 2쇄 인쇄 2025년 12월 17일
초판 1, 2쇄 발행 2026년 1월 2일

지은이 안유석
발행인 안유석
편집 고은희
디자인 스튜디오 글리
펴낸곳 처음북스
출판등록 2011년 1월 12일 제2011-000009호
주소 서울 강남구 강남대로 374 스파크플러스 강남 6호점 B219호
전화 070-7018-8812
팩스 02-6280-3032
이메일 cheombooks@cheom.net
홈페이지 www.cheombooks.net
인스타그램 @cheombooks
페이스북 www.facebook.com/cheombooks
ISBN 979-11-7022-313-9 (03320)